KB135033

조영식과 사회운동

조영식과
사회운동

하영애 · 이환호 지음

머리말

조영식, 그의 사회운동의 특색은 이론을 저술하고 그것이 이론에 그치지 않고 자신도 그 사회운동에 직접 동참했다는 점이다. 즉 밝은사회운동을 제창하고 밝은사회클럽이란 국제클럽과 한국의 밝은사회클럽 조직체를 가동하였으며, 필자들이 기억하는 조영식 박사는 해외 출장이 아니면 매월 '밝은사회 서울중앙클럽'과 '밝은사회 서울클럽'의 월례회에 빠지시지 않고 꼭 참석하셨다는 점이다. 그만큼 이 운동에 대한 큰 관심과 애정을 가지고 있었다고 하겠다. 필자 들이 조영식 박사와 만난 것은 1980년과 1990년이다. 어언 30-40년이란 세월이 흘렀다. 한 사람(하영애)은, 어느 분이 밝은사회 서울클럽에 추천하여 소공동 롯데호텔 '서울클럽의 월례회' 때 처음 뵙게 되면서부터였다. 세월이 정말 빠르다고 새삼 느끼게 되는 것은 그 신입회원이 지금은 서울클럽의 회장이 되어 머리도 희끗희끗해졌으니 말이다. 또 한 사람(이환호)은 1980년대 초부터 밝은사회운동의 최일선에서 전국의 단위클럽을 조직 및 관리하고 사업을 총괄하며, 봉사활동을 지원하고 화합과 협동을 위해 발로 현장을 뛰고 있는 한국본부의 사무총장을 역임하고 있다.

우리가 살아가면서 새겨두고 싶은 명언이나 글은 많이 있다. 그러나 우리는 B.A.R 생활을 하자라고 주위사람들이나 학생들에게 요청

한다. 즉, 아름답고(Beautiful) 풍요롭고(Affluent) 보람 있는(Rewarding) 사회를 만들어 이 세상을 밝고 건전하고 행복하게 하기를 원한다. 이 B.A.R 사회는 바로 조영식 박사가 주장하는 밝은사회운동이라는 사회운동의 근간이기도 하며 동시에 그의 [문화세계의 창조], [오토피아] 저서 등에서의 핵심 키워드이기도 하다.

　본 저서는 1부와 2부로 구성하였다.
　제1부는 조영식의 사회운동의 이론부분을 고찰하는 데 역점을 두었다. 제1장은 조영식의 오토피아 이론과 사회운동으로서 오토피아는 무엇인가에 대한 이론적 부분을 다루었다. 그리고 오토피아이론의 한국 외에 해외에서의 수용에 관해 고찰하였다. 특히 중화사상을 중시하는 중국이나 대만지역에서 오토피아 사상을 받아들이고 있는 점에 주목했다. 제2장은 조영식의 사회운동을 민간외교와 문명융합에 대해 다루고자 시도하였다. 제3장은 조영식의 B.A.R사회와 여성클럽의 사회운동으로서 특히 여성클럽에서 실천해 온 내용들을 다루었다. 한국본부의 초대 여성부장의 소임을 맡았던 필자는 기존의 밝은사회운동 중에 여성이 할 수 있는 역할은 무엇일까 라는 데 고심했고 그 결과 서울여성클럽과 '전국여성클럽 연합회'를 탄생시켰고 사회에서 보람 있는 사회운동에 중점을 두고 무료의료봉사운동과 김장김치 담기 및 나눔봉사에 지속적으로 노력하였다. 결코 쉬운 일이 아니었지만, 해야겠다는 의지를 가지고 노력했고 회원들과 함께 노력하면서 많은 회원들의 보람을 이끌어 내었다. 특히 김치가 세계문화무형유산으로 등재된 한국의 김치에 걸맞게, 우리는 올해로 '14회 사랑의 김장 김치담기 및 나누어주기'를 지속하고 있으며, 올해는 배추 390포기를 김장하여 수백 개의 박스에 나누어 담은 김장김

치를 독거노인, 자치하는 대학생, 도움을 필요로 하는 이웃들에게 정성껏 봉사하는 나눔의 운동을 펼치고 있다.

제4장은 조 박사의 사회운동이 어떻게 계승 발전할 수 있을 것인가에 초점을 두고 현재 지속화하고 있는 운동을 중심으로 학교 교육에서의 계승발전과 국내외적으로 나누어 고찰하였다. 특히 해외의 다양한 국제세미나 등을 통해 조영식의 사회운동이 정신 면에서나 실천 면에서 활성화할 수 있는 방안을 모색해보았다.

제2부는 조영식 박사의 사회운동의 근간인 밝은사회운동을 전국적으로 전 세계적으로 실천하는 방안에 대하여 기술하였다. 그리하여 밝은사회운동이 국제 사회운동으로서 자리매김 하여 인류역사에 보탬이 되는 사회운동으로 자리 잡을 수 있도록 노력하였다. 제1장은 밝은사회 회원의 효율적인 관리에 대해 연구 하였다. 사회운동으로서의 밝은사회운동은 그 핵심조직이 밝은사회클럽이다. 밝은사회클럽은 그 구성원인 회원을 주축으로 하고 있다. 그러므로 밝은사회클럽의 가장 핵심적인 구성요소인 회원의 관리는 대단히 중요하다. 회원의 효율적인 관리를 위해서는 첫째, 회원관리의 원칙을 잘 지켜서 인재를 영입해야 하며, 둘째, 밝은사회 회원으로 입회하려는 사람들의 기본자세를 밝은사회운동 기본철학 교육 등에 대하여 고찰하였다. 셋째, 밝은사회클럽의 신입회원이 되기 위한 조건에 대해 고찰하였으며, 넷째, 밝은사회 회원의 효율적인 관리를 위해서는 무엇이 필요한지에 대해 심층적으로 고찰하였다. 제2장에서는 GCS클럽의 효율적인 관리방안에 대해 연구하였다. 밝은사회운동의 핵심조직인 밝은사회클럽(GCS클럽)의 연구는 반드시 필요한 연구이며, 그 방법은 많은 회원들에게 전파되고 교육되도록 할 필요가 있다. 밝은

사회클럽의 효율적인 관리방안은 첫째, 클럽 관리가 왜 필요한지에 대한 개념정립을 고찰하였다. 둘째, 밝은사회클럽의 효율적인 관리방안으로서 행정적인 부분, 사업적인 부분, 각종 집회에서의 부분, 클럽의 위기발생 시의 대처방안 등 다양한 부분으로 나누어 심층적인 고찰을 하였다. 셋째는 밝은사회클럽의 효율적인 관리를 위한 선결과제에 대해 고찰하여 밝은사회클럽의 효율적인 관리는 클럽운영에 있어서 대단히 중요하다는 사실을 제기하였다. 제3장에서는 밝은사회클럽 회원의 자기계발 전략에 대해 연구하였다. 밝은사회클럽 회원은 사회의 구성원으로서도 활동하기 때문에 자기계발은 끊임없이 해야 한다고 생각된다. 그러므로 자기계발 전략으로서 첫째 자기계발에 대한 개념정립에 대해 고찰하였으며, 둘째, 밝은사회클럽 회원으로서의 자기계발 전략이 어떠해야 하는지를 6가지로 나누어서 고찰해 보았다. 셋째, 밝은사회클럽 회원으로서의 자기계발을 위해선 어떤 것들이 선결되어야 하는지에 대해서도 독서를 통한 간접경험 등의 다양한 전략에 대해 심층적으로 고찰하였다.

　제4장에서는 밝은사회 청소년클럽 활동 모델에 관한 연구를 하였다. 밝은사회운동은 청소년 시절부터 실천하고 활동해야 그 능률과 우리사회에 대한 기여도가 훨씬 다양화될 수 있기 때문이다. 첫째 성인클럽과 청소년클럽 관계 정립에 대해 고찰하였으며, 둘째 청소년클럽의 사업 및 활동 모델에 대해 다양하게 심층적으로 고찰하였다. 청소년클럽의 각종 활동에 대한 다양한 모델과 청소년클럽 사업의 다양한 모델을 성인클럽의 활동을 참고로 하여 제시하였다. 그것은 초등학생클럽, 중학생클럽, 고등학생클럽, 대학생클럽, 사이버클럽 등의 활동모델을 다양하게 제시하여 고찰하였다. 셋째 청소년클럽 활동모델 연구를 위해서는 선결과제들이 어떠한 것들이 있는지

에 대해 다양한 사례를 들어 고찰하였다. 제5장에서는 밝은사회 청소년클럽의 활성화와 과제에 대해 연구하였다. 청소년클럽은 미래의 우리사회를 이끌어가야 할 세대이기 때문에 많은 관심과 지원과 연구를 해야 할 것으로 판단된다. 그러므로 밝은사회클럽의 청소년클럽 부분은 항상 중요시하여 활동을 하도록 지도해야 한다고 생각된다. 첫째, 우리사회에서 청소년의 역할이 얼마나 중요한가에 대한 고찰과 둘째, 현재 우리나라의 청소년의 현화에 대한 전반적인 고찰을 하여 밝은사회 청소년클럽의 활동방향을 정하고자 하였다. 셋째, 청소년클럽 활성화 방안은 조직 활성화 방안, 사업의 활성화 방안, 회원의 교육을 통한 활성화 방안 등에 대해 다양하게 고찰하였다. 넷째, 청소년클럽 활성화를 위해서는 선결과제로서 전문지도자 양성, 성인클럽과 사이버클럽의 활성화를 통한 청소년클럽의 지도 지원 등의 다양한 방안들에 대해 심도 있게 고찰하였다.

본서가 지구공동사회를 건설하려는 사회운동의 한 분야의 지침서가 되었으면 하는 바램이며, 부족한 부분은 앞으로 계속 보완해 나가고자 한다. 또한 앞으로 시민사회 지도자들의 아낌없는 조언을 부탁드린다.

본서가 출판되기까지 밝은사회운동의 제창자이시며, 이론적인 기초와 실천운동에 대해 수십 년 동안 지도해 주시고 도움을 주셨던 고 조영식 박사님께 진심으로 존경과 감사드리며, 항상 밝은사회운동에 대해 관심과 발전을 위해 도움을 주신 조정원 국제본부 총재님과 또 추천사를 써주시고 항상 밝은사회운동의 실천운동에 직접 전국을 뛰어다니시는 심호명 한국본부 총재님께 진심으로 감사드린다.

끝으로 본 저서의 제1부는 경희대 후마니타스 칼리지의 하영애 교수가 담당하였고, 제2부는 경희대 인류사회재건연구원 교수 및 사단법인 밝은사회 한국본부의 사무총장을 맡고 있는 이환호 교수가 각각 담당 집필하였다. 필자들은 이 저서를 출간하며, 조영식 박사의 사회운동이 실천을 통해 이 사회가 더욱 평화롭고 보람 있고 인간적인 사회가 되기를 염원한다.

2016년 12. 20.
경희대학교 연구실에서
하영애, 이환호 씀

추천의 글

인간이 지금부터 약 300여 만년 전에 이 지구상에 출현했다고들 이야기합니다. 그 후 인간은 타 동물들과 끊임없는 생존경쟁을 치루면서 그 종족보존의 본능을 이어 왔습니다. 그러다가 인간이 우리 인류역사의 주인공으로 등장한 시기는 지금부터 약 50만 년 전, 불을 발견하면서부터라고 이야기하고 있습니다. 불을 통해서 타 동물들의 공격야욕을 분쇄하고 불을 통하여 음식을 익혀 먹으면서 인간은 점차 질병의 위험으로부터 벗어날 수 있었으며, 또한 수명이 점차 연장되는 결과를 갖고 왔다고들 합니다. 또한 인간은 끊임없는 사고력과 언어와 문자의 발명을 통하여 타 동물들과의 생존경쟁에서 살아날 수 있었다고 생각됩니다. 그리하여 인간은 문자를 통하여 인간이 개발하고 축적된 사항들을 후세에 전해줄 수 있는 길이 열렸으며, 이를 통하여 보다나은 삶을 추구하는 고등동물이 되었던 것입니다.

인간의 역사는 인간스스로 창조하고 개척해 가는 방법을 찾아서 오늘날의 이 찬란한 문명을 형성하였다고 볼 때, 이번『조영식과 사회운동』의 저서를 이환호 교수와 하영애 교수가 공동으로 출판한다는 이야기를 듣고 대단히 의미 있는 일이라고 생각했습니다. 조영식 박사는 평생을 우리나라의 교육사업과 세계 인류의 보다나은 삶의 발전을 위해 노력하신 분입니다. 그러므로 조영식 박사의 사상과 조 박사의 사회운동을 체계적으로 정리하여 앞으로 후세의 인류에게 족적을 남긴다는 것은 무척 기쁜 일이라 생각됩니다.

조영식 박사와 인연이 많은 두 저자가 『조영식과 사회운동』이라는 책을 편찬하는 일은 조 박사의 사상의 체계와 사회운동인 밝은사회운동에 대하여 보다 더 체계적으로 인식할 수 있고, 이 저서를 통하여 조 박사가 꿈꾸던 지구공동사회의 건설이 좀 더 빨리 도래할 수 있었으면 하는 바램입니다. 두 저자 중 이환호 교수는 1981년부터 조영식 박사의 사회운동에 함께 참여하여 37년여 동안을 한국 전역을 구석구석 발로 뛰면서 실제 현장에서의 봉사활동과 사회운동의 경험을 생생하게 정리하여 글로써 표현한 활동가이며 학자로 생각됩니다. 그리하여 우리나라에서 탄생한 밝은사회운동이 전 세계로 퍼져나가는 유일한 사회운동이라는 긍지와 자부심을 이 책은 심어주리라 생각합니다. 또한 공동 저자인 하영애 교수는 일찍이 대만에서 유학을 하고, 1990년부터 조영식 박사가 창립한 경희대학교 연구원에서 조 박사의 저작에 대하여 많이 연구한 학자입니다. 특히 하 교수는 『조영식과 평화운동』, 『밝은사회운동과 여성』 등의 저서와 교육사상의 논문을 발표하는 등 조 박사의 사상에 대해 심도 있는 연구를 하였으며, 이 저서의 내용도 조영식 박사의 사상체계 위주로 되어 있음을 볼 수 있습니다.

본인은 조영식 박사와의 만남이 1998년부터 입니다만 만날 때마다 조 박사님과의 대화에서 그의 세계관, 역사관, 인생관에 대한 이야기를 많이 들었습니다. 조 박사의 사상은 동양과 서양의 사상을 조화롭게 섭렵하여 인류가 보다 살기 좋고 평화로운 평화세계를 지향하고 있다는 것을 많이 느꼈습니다. 그리하여 조 박사가 제창한 밝은사회운동이라는 국제사회운동에 동참하여 한 분야를 담당하면서 지금도 조 박사의 사상이 대단히 원대하며 깊이가 있음을 계속 느끼고 있습니다.

이 저서 『조영식과 사회운동』이 이제 시작이긴 합니다만 앞으로 독자들에게 조영식의 사상과 사회운동에 대한 자극제가 되어 더욱 많은 연구와 업적이 나오기를 기대해 봅니다. 이 저서는 두 저자가 평생 동안 연구한 조영식 박사의 사상과 사회운동에 대한 연구를 압축하여 서술해 놓고 있다고 생각되며, 앞으로도 계속적으로 그의 사상과 사회운동이 더욱 심층적으로 연구되어 발표해 주시기를 기대해 봅니다. 인간은 항상 첫술에 배부를 수는 없다는 옛말과 같이 앞으로 조영식 박사의 사상과 사회활동의 업적이 더 많이 연구되기를 기대하며, 또 이 두 저자의 연구업적도 앞으로 계속되기를 기대해 봅니다.

2016. 12.
사단법인 밝은사회국제클럽 한국본부
총재 심호명

목차

제1부

하영애

1장
조영식의 오토피아 이론과 사회운동

1. 서론

과학기술과 물질문명은 풍요와 편익을 안겨주었지만 오늘날에는 한계점에 이르러 인간경시, 인간소외, 인간부재와 같은 대립과 갈등으로 치닫는 사회가 되었다. 이러한 현상을 보면서 일찍이 조영식이 주창한 오토피아 이론에 대해 새삼 재조명해 보고자 한다. 왜냐하면 그는 이러한 사회의 제 문제와 관련하여 인간문제를 중요시하였고 인간이 가지고 있는 긍정적인 생각과 관심을 그의 사상과 저작의 핵심이라고 할 수 있는 사회운동의 주의생성론을 통해 피력하고 있기 때문이다. 특히 조영식은 인간으로서 마땅히 그래야 하고 바람직하며 또한 이루어낼 수도 있는 당위적인 요청사회-오토피아(Oughtopia)[1] 사회운동을 제시하였으며 이를 바탕으로 다양한 실천운동을 전개하였다.

[1) '오토피아(Oughtopia)'는 조영식이 1979년 그의 평화론을 정리한 저서의 제목으로 '당위적으로 요청되는 사회(ought to be society)'를 의미하는데 지구상에 실현되는 이상사회를 말한다. 그는 이러한 사회가 정신적으로 아름답고 물질적으로 풍요로우며 인간적으로 보람 있는 사회라고 설명하였다. 이러한 사회를 이루기 위해서는 능동적이고 자주적인 삶을 영위할 수 있는 인간중심주의(Human centrism)와 외세에 쫓기며 다른 것에 기대지 않고 자립하여 살 수 있도록 하는 자주적 신념과 태도가 필요하다고 강조하였다. 조영식, 『오토피아: 전승화 이론을 기초로 하여』 (서울: 을유 문화사, 1979), p.2.

그는 또한 자신이 주장하는 사회운동들-특히 평화에 관해서는 시공간에 얽매이지 말고 꾸준히 '추구'해야 한다고 강조하였다. 본 문은 그의 오토피아이론에서 추구하는 대표적 사회운동 즉, **인간중심주의와 밝은사회운동**, **평화사상과 세계평화운동**, **교육사상과 실천교육운동**에 역점을 두고 고찰해 보고자 한다. 또한 조영식의 사회운동에 담긴 현대적 함의에 대해서도 살펴본다.

2. 이론적 배경과 선행연구

'사회운동(social movement)'이란 한 사회에서 사회변동의 제 양상을 저지하거나 영향을 미치고자 하는 사람들의 광범위한 집합적 행동을 말한다. 기든스(Giddens)에 의하면 사회운동은 첫째, 민주적 운동으로서, 정치적 권리를 유지하거나 형성하는 데 관심을 가지며 둘째, 노동운동으로서, 노동현장의 방어적인 통제와 경제 권력의 보다 일반적인 분배를 변화시키는데 관심을 갖는다. 더욱 중요한 것은 평화운동으로 민족주의와 군사력의 광범위한 영향에 도전하는 여성운동을 들 수 있다고 피력한다. 무엇보다도 이러한 사회운동은 가치(values), 규범(norms), 구조(structure), 그리고 인간행위(human behaviors)라는 네 가지 요소를 포함하게 된다. 첫째, 가치는 사회운동의 한 요소로서 사회공동체의 구성원으로서 인간이 추구하게 되는 요구(needs), 태도 혹은 욕구(desires)와 관련된 목표 또는 이 목표와 관련된 사물이라고 할 수 있다. 이러한 가치는 종종 많은 사람들의 그에 대한 수용이나 혹은 변혁을 거친 다음에 하나의 관념의 형성을 매개로 성취될 수 있다. 조영식의 사회운동의 가치관은 인간, 평화, 교육의 세

가지로 피력할 수 있다. 둘째, 사회운동의 규범(norms)적 요소는 일종의 규칙(rule), 표준(standard) 혹은 행동양식(pattern for action)을 의미한다. 조영식의 사회운동의 규범은 이론과 실천으로 분류할 수 있다. 이론적으로는 전승화이론과 주의생성론을 통해 피력하고 있으며, 사회실천운동의 규칙은 '밝은사회 헌장'과 '밝은사회운동의 3대 목표, 5대운동'으로 내실화하였다. 셋째, 조직구조는 사회운동의 중요한 요소이다. 사회과학에서는 여러 가지 조직과 역할에 대한 정의가 있는데 가장 보편적인 정의를 개략적으로 살펴보면, 조직구조란 특정조직의 각 구성요소 혹은 부분 간에 설립된 관계도식(pattern of relationships)[2]이라고 설명한다. 또한 조직 또는 조직체계(Organization)란 특정한 목표를 추구하기 위하여 의도적으로 구성된 인간 활동의 지속적인 체계를 일컫는다. 조영식은 조직을 통해 힘을 가질 수 있다는 것을 경험적 사실을 통해 알고 있었다. 그는 수많은 조직을 탄생시켰다. 사회봉사조직인 밝은사회운동은 대표적이라고 할 수 있다. 특히 라이온스, 로타리, 제이씨의 사회운동조직이 모두 미국에서 한국으로 유입됨에 비하여, 밝은사회운동은 한국인 조영식에 의해서 한국에서 태동하였고[3] 세계 각국으로 확산일로에 있다는 독창성이 있다. 그는 또한 실천교육운동에 역점을 두고 한국 최초라는 수식어가 붙는 다양한 연구소를 일찍이 설립하였다. 즉, 밝은사회연구소, NGO연구소, 사이버 연구소, 인류사회연구소, 국제평화연구소이다. 이를 총괄토록 하는 조직이 '인류사회재건연구원'이었으며 그 총재직을 조 박사 자신이 맡았다. 교육기관으로는 경희학원(초등학교, 중·고등학교, 여자 중·고등학교, 대학교)을 비롯하여 세계대학총장회

---

2) Fremont E. Kast and James E. Rosenzweig, *Organization and Management : A Systems Approach* (New York ; Mcgrow-Hill Book Co., 1970), p.170.
3) 하영애, 『밝은사회운동과 여성』(서울: 범한서적주식회사, 2005), p.275. 참조.

(IAUP), 인류사회재건연구원, 그리고 그의 사회운동의 한 축인 실천을 중시한 밝은사회운동조직은 대표적이라고 할 수 있겠다. 넷째, 인간의 행위이다. 앞서 말한 가치, 규범, 조직구조는 모두 사회운동의 정태적 요소이다. 이러한 요소들만 가지고는 그 사회운동이 제대로 기능을 발휘할 수가 없을 것이다. 그러므로 필히 인간이 개입되어 직위를 가지고 역할행위의 각종 활동을 할 때만이 비로소 조직체계에 동태적 현상이 발생하며 나아가 그 기능을 발휘하게 된다. 즉 사회운동을 포함한 하나의 조직체가 그 기능을 발휘하느냐 못 하느냐 하는 것은 실제로 어떤 직위의 어떤 사람의 행위와 상당한 관계가 있다고 할 수 있다. 비록 똑같은 제도나 법규라 할지라도 그 집행자가 어떤 사람인가에 따라 긍정적 기능과 심지어 잠재적 기능(latent function)을 발휘하기 때문에 어떤 인물인가에 따라 결과적으로 다른 효과가 나타난다. 조영식의 사회운동에서 대표적인 것은 1981년 유엔으로 하여금 '세계평화의 날'을 제정토록 한 의지적 노력과 남북한 이산가족의 상봉을 이끌어 낸 민족애를 들 수 있겠다.

조영식에 대한 선행연구로는 이화수(1981)[4], 안정수(1981)[5], 유도진(1981)[6], 하영애(2010)[7], 오영달·하영애(2010)[8], 라종일(2014)[9], 김상준(2014)[10], 김민웅(2014)[11], 이동욱(2014)[12], 하영애(2015)[13] 등에

4) 이화수, "인간중심주의와 오토피아", 인류사회재건연구원 편, 『오토피아의 이론과 실제』(서울: 양문각, 1981).
5) 안정수, "오토피아의 의미", 인류사회재건연구원 편, 『오토피아의 이론과 실제』(서울: 양문각, 1981).
6) 유도진, "오토피아의 이상과 현실", 인류사회재건연구원 편, 『오토피아의 이론과 실제』(서울: 양문각, 1981).
7) 하영애, "오토피아 이론의 내용과 전개: 중국과 대만 사회의 수용을 중심으로", 『한국동북아논총』 제15권 제1호 (2010)
8) 오영달·하영애, "칸트의 영구평화론과 조영식의 오토피아평화론: 세 수준의 이론적 분석", 『아태연구』 제17권 제2호 (2010)
9) 라종일, "뜻과 의지 그리고 실천의 세계: 미원 조영식의 사상과 생애", 미원 조영식박사기념사업회 편, 『문화세계의 창조: 새로운 미래를 향해』(서울: 경희대학교 출판문화원, 2014).
10) 김상준, "문화세계의 창조와 미도의 민주주의", 미원 조영식박사 기념사업회 편, 『문화세계의

의해 다양하게 이루어져 왔다. 이 외에도 적지 않는 학자들이 오토피아에 관해 연구하고 있다.[14]

3. 조영식 사회운동의 배경

1) 조영식의 생애

조영식은 남북한의 생활을 모두 체험한 사람이었기 때문에 누구보다도 민족애가 강했고 이러한 그의 조국통일의 소망은 이산가족재회운동추진본부를 통해 부분적이나마 이루기도 하였다. 조영식은 1921년 10월 23일 평안북도 운산에서 아버지 조만득과 어머니 강국수 사이에서 태어났다. 또한 부인 오정명 여사와의 사이에 2남 2녀를 두었다. 그는 유년시절 사서삼경 등 한학을 수학하며 동양 고전을 접한 뒤, 청년기에는 세계의 대표적인 사상가들에 대한 독서를 통해 동서양 사상가들의 철학을 공부하며 교육과 평화에 대한 사상을 정립하였다.[15] 일제 식민지 시기에서 성장했던 그는 일본에서 체육

창조: 새로운 미래를 향해』(서울: 경희대학교 출판문화원, 2014).
11) 김민웅, "거대사적 관점에서 본 문화세계의 창조: 문명융합의 회로,WWW", 미원조영식박사 기념사업회 편, 『문화세계의 창조: 새로운 미래를 향해』(서울: 경희대학교 출판문화원, 2014).
12) 이동욱, "문화세계의 창조, 깨어난 상상력", 미원 조영식박사 기념사업회 편, 『문화세계의 창조: 새로운 미래를 향해』(서울: 경희대학교 출판문화원, 2014).
13) 하영애, "조영식과 이케다 다이사쿠의 평화운동실천의 비교연구", 『평화학연구』 제16권 5호, (2015).
14) 金天一, 『當代韓國哲學 Oughtopia 解析』(서울: 경희대출판국, 2005); 金天一, 『重建人類社會的 燈塔-趙永植博士與 GCS運動』(서울: 경희대출판국, 2005); 경희대 인류사회재건연구원·요녕대학 오토피아연구센터, 『오토피아니즘을 통한 인류사회의 재건』(2003); 하영애, "오토피아 (Oughtopia)이론의 전개와 실천 그리고 세계평화를 위한 그 의미", 2009 한국국제정치학회 연례학술회의 발표논문(12월 12일); Jae Shik Sohn, *Restoration of Morality and Humanity*(Seoul : The Institute of International Peace Studies, 1994); Pedro B. Bernaldez, *Oughtopian Peace Model for Neo-Renaissance*(Legapzi: Aquinas University of Legazpi, Inc., 2002); Pedro B. Bernaldez, *Praxis of Oughtopia*(Seoul: The Institute of International Peace Studies, 1996).
15) 밝은사회운동 30년사 편찬위원회, 『밝은사회운동 30년사』(서울: 경희대학교 인류사회재건연구원 밝은사회 연구소, 2007), p.77.

대학을 다녔으며 1945년 평양 공병부대 소속으로 있다가 '학도병 의거사건'을 주도하여 감옥에 수감[16]되었다가 해방을 맞았으며 1947년 월남한 뒤 1950년 서울대학교에서 법학과를 졸업하였다.

조영식은 혼자 월남하였다. 후일 남하하여 학교교육에 전념할 수 있도록 물심양면으로 도움을 준 어머니에게서는 검소함을, 아버지로 부터는 평소 '생각'에 대해 많은 가르침을 받았다고 한다. 그의 부모에 대한 효심이 뛰어난 것은 잘 알려진 사실이다. 두 분의 묘소(북한에서 오시지 못한 부친을 위해 빈 묘소를 세워두고 있다)에 자주 들리는 것은 물론, 해외에서 돌아 올 때도 곧장 묘소에 들려 인사를 드리며 묘소에 24시간 라디오를 틀어드린다. 어머니와 부인은 조영식이 학교를 세우고 운영하는 데 적극적으로 도왔다. 당시 어려운 여건 속에서 평화복지대학원이 설립되었고 전교생이 장학생인 이 학교에서 초창기 학생들의 체력을 중시하였으나 체육복을 살 비용이 없어, 어머니와 부인 오정명 등이 시장에서 천을 사와서 직접 만들어 입혔다. 또한 학교 교직원들의 봉급날짜에 부족한 재원을 마련하기 위해 부인 오정명은 고심하며 걷다가 전봇대를 받아 이마에 그 흔적이 평생 남아 에피소드로 전해지고 있다.

우리는 누구나 그렇듯이 자신의 일생 중에 무엇을 하고, 어느 분야에 일하고 싶다는 생각과 꿈을 갖는다. 조영식은 초기에 '정치참여'를 꿈꿨다. 그는 한국의 근대화와 민주주의 실현을 위해 정치에 참여해야겠다는 생각으로 '한국정치학회'를 조직하고 설립하는 데 실질적인 역할을 하였다.[17] 그러나 일본인 후쿠자와 유기치의 교육

---

16) 하영애(2010), pp.27-51.
17) 한국정치학회 설립을 위해 1953년 10월 18일 모인 발기인은 이선근, 조영식, 신기석, 신도성, 민병태, 이한기, 이용희, 강상운 등 20여 명이었다. 이후 한국정치학회는 1956년 7월 17일 정기총회를 개최하고 사업계획과 규정을 확정하였으며 임원을 선출하였다. 회장에 이선근(57년 10월 성균관대 총장에 취임), 상무이사(부회장 대신 상무이사로 함)에 조영식(경희대 총장)이 선출되었다. 그 외 9명의 이사와 3명의 감사가 선출되었다. 조영식, "한국정치학회 설립과정", 한국정치학회 50주년편집위원회, 『한국정치학회 50년사』(서울: 한국정치학회, 2003), pp.504-505.

사상의 영향을 받고 그는 민주주의 실현을 위해, 정치보다 인재양성이 시급하다고 생각하게 된다. 그는 말하기를,

> 필자는 조국의 앞날은 무엇보다도 인재양성에 달려있다고 믿었기 때문에 정치보다는 교육이 급선무라는 것을 통감하고 대학을 설립하기로 결심하였다. 1951년 큰 구상을 갖고 경희대학의 전신인 신흥대학을 인수하였다. 후쿠자와 유기치(福澤諭吉)는 게이오 대학을 설립, 훌륭한 인재를 배출하여 일본 근대화의 기틀을 만든 정신적인 지도자가 아니었던가? 필자도 후쿠자와 유기치와 같은 한국의 근대화의 선구자적 역할을 하고 싶었다.[18]

> 이러한 그의 꿈은 오늘날에도 실천하는 교육사상가로써의 역할과 함께 IAUP의 역사에 기록되고 있으며[19] 명문사학 경희학원(慶熙學園)의 설립자로써 이제 곧 경희학원은 70주년을 맞이하게 된다. 특히 그는 경희대학이 15주년 개교기념일을 맞이했을 때 "50주년과 100주년 기념 메세지"를 남기는 미래지향적인 학자이기도 하였다.

4. 조영식의 오토피아 이론과 대표적 사회운동

1) 조영식의 오토피아(Oughtopia) 이론

앞서 언급했듯이 오토피아는 인간이 소망할 수 있고 또한 인간이 이룰 수 있는 당위적 요청사회로서, 정신적으로 아름답고 물질적으

---

18) 조영식(2003), pp.503-504.
19) 박용승, "A Plea for Peace: Young Seek Choue IAUP 1965", 경희대 연구회모임 제1회 학술세미나 및 간담회 발표논문 2016. 5. 18. 사이버대 회의실

로 풍요로우며 인간적으로 보람 있는 사회를 말한다. 오토피아 이론의 제창자 조영식은 세계평화의 중요성과 긴박성에 대해 각국 석학들의 결의를 모았고 1981년 이를 유엔에 제의하여 '세계평화'를 만드는 데 핵심적인 역할을 하였다. 당시 시대적 상황에서 평화에 대한 이러한 노력은 국제사회의 큰 반향을 일으켰고 미·소 양 대국의 화합을 가져오는 계기를 마련하기도 했다.

흔히 오토피아(Oughtopia)를 말할 때 유토피아(Utopia)를 떠올린다. 일반적으로 어떠한 형태의 이상사회론이든 그것은 왜 추구되어야 하고, 과연 실현될 수 있는가의 문제로 귀결될 수 있을 것이다.[20] 전통적인 사회관(社會觀)에서는 사회를 인식하기 이전에 통치관(統治觀)과 인간관계의 질서를 유지하기 위한 윤리관(倫理觀)으로서의 인간을 파악하는 데 그쳤다. 그러나 오토피아는 인간파악에 초점을 두었을 뿐만 아니라 인간의 사회파악에 초점을 함께 두었다는 데에 그 독특성이 있다[21]고 하겠다. 오토피아의 이상사회는 "인간이 행복하고 값있기 위하여 당위적으로 그렇게 살아야 한다는 의미에서 ought(當爲)와 topia(場所) 즉 Oughtopia라고 이름 한 것인데, 이것은 인간으로서 바랄 수 있고 또 당위적으로 그래야 할"[22] 실현가능한 사회라는 뜻에서이다. 즉 오토피아는 이상사회를 넘어 '실현가능성'에 초점을 두고 있다. 조영식은 이러한 이상의 논리적 기초로서 주의 생성론(主意 生成論)과 전승화론(全乘和論)을 제시한다. 주의 생성론은 인간의 의지를 강조하는 원리론으로 인간중심사상에 기초하고 있다. 이 이론은 인간에게 가장 중요한 것은 정신이 주도력을

---

20) 하영애, 「유토피아와 오토피아의 차이」, 『밝은 사회운동과 여성』(서울: 범한서적, 2005), pp.121-123.

21) 유도진, 「오토피아의 이론과 현실」, 인류사회재건연구원 편, 『오토피아-이론과 실제』(서울: 양문각, 1981), p.178.

22) 조영식, 『오토피아(Oughtopia): 전승화 이론을 기초로 하여』(서울: 을유 문화사, 1979), p.264.

가지고 있다는 것을 부각시키며 같은 맥락에서 인간의 '의지'를 강조한다. 오토피아 이론은 홉스나 로크, 루소처럼 인간성에 대해 긍정적이거나 부정적 측면에서 일원화하지 않고 상대성원리를 갖고 있음에 주목하였다. 특히 주리 생성론은 인간을 자유의지(自由意志)에 의한 인격적 존재(人格的 存在)로 파악하고 있음이 돋보인다.

중국 북경대학의 철학자 이에랑(葉朗)은 조영식의 주리 생성론에 대해 연구한 후 주리 생성론이 '주리'(主理) 혹은 '주의'(主意)의 주도적 작용을 강조하기 때문에 인류의 입장에서 보면 '주의' 는 결국 인류의 자유의지이자 인류의 인격이며, 인류의 자유의지와 인격의 주체는 곧 사람의 생명이며 생명은 곧 인간중심의 근간이 된다[23] 고 하였다. 이와 같이 주리 생성론은 인간의 의지와 인간중심주의를 강조한다. 인간중심주의는 서로 인격을 존중하여 수단이 아닌 목적으로 대하며 또 각자의 책무를 중요시하며 뿐만 아니라 서로 도우며 봉사하고 사회발전과 문화 창조에 기여하는 것을 강조한다. 이러한 오토피아 이념은 조영식이 전개해온 '밝은사회운동 헌장'과 '밝은 사회클럽 집회선서'에서 체현(体現) 되고 있는데[24] 이 헌장과 집회선서는 국내외 모든 밝은 사회클럽에서 월례회나 국제행사의 식순에 포함되고 있다.

오토피아의 중요한 이론 중 다른 하나는 전승화론이다. 전승화론은 오토피아 이론의 실현을 위한 기능론(機能論), 작용론(作用論)이라고 할 수 있다. 전승화론은 우주의 실재(實在)와 변화하는 여러 현

---

23) 葉朗, 「"和"와 "生"은 21세기 人類의 양대(兩大)깃발」, 경희대학교 인류사회연구소, 요녕 대학 오토피아 연구센터 공편, 『오토피아니즘을 통한 인류사회의 재건』(서울: 경희대 출판국, 2003), pp.335-336.
24) '밝은 사회운동 헌장' 중 "우리는 인간이 존엄하다는 것을 재확인하고 인간복권에 기여 한다", ; '밝은 사회 클럽의 집회선서'에서도 "우리는 선량한 인간본연의 자세로 돌아가 인간적으로 보람 있는 평화로운 인류의 문화 복지사회를 이루기 위하여 몸과 마음을 바쳐 일할 것을 다짐한다"고 명문화하고 있다.

상의 원리와 인과관계를 연구하여 우리의 미래에 의도적, 능동적으로 대비함으로써 보다 값있고 보람 있고 행복한 삶을 영위할 수 있도록 해야 한다는 작용론이다.[25] 전승화는 삼라만상이 원인-결과, 결과-원인에 따라 이루어지며, 이 이론에 따라 구명해야 하고, 그 상관상제(相關相制) 관계는 어떤 이치와 원칙, 즉 주의(主意:정신)를 근간으로 하여 이루어진다고 주장한다. 이를 가능케 하는 기제로서 시간, 공간, 환류(還流), 실체(實體)의 4기체(基體)를 제시한다. 이중에서 실체에 대해 살펴보면, 실체는 존재성을 가지고 무한소와 무한대의 그리고 고차원과 하차원의 형태로 자존자립하며, 특성과 속성을 주축으로 하여 상호 유관한 가운데 이합 집산하여 생멸한다.[26] 특히 실체 중에서 인간은 이실체(理實體)를 가지고 있음으로써 인간은 단순한 동물과는 달리 사색을 통하여 사상을 체계화할 수 있기 때문에 감성적 생활과 이성적 생활을 폭넓게 할 수 있으며, 영적 정신생활을 함께 할 수 있기 때문에 야수와 같은 낮은 행동을 하기도 하고 천사와 같은 어진 행동도 한다[27]는 주장을 편다.

2) 오토피아 이론에서의 대표적 사회운동

(1) 인간중심주의와 밝은사회운동

조영식의 사상의 첫 번째 특징은 '인간중심주의(human-centrism)'로 제창된다. 그는 인간중심주의의 논리적 기초로서 주의(리) 생성론(Chui-Saengsongism, 主意(理)生成論)과 전승화론(Chon-Sunghwa, 全乘和論)을 제시한다.[28] 주의(리) 생성론은 인간의 의지를 강조하는

---

25) 조영식, 『오토피아(Oughtopia)』(서울: 경희대 출판국, 1996), pp.156-157.
26) 조영식, 위의 책, pp.158-167.
27) 조영식, 위의 책, p.165.
28) Young Seek Choue, *Oughtopia* (Great Britain: Pergamon Press Ltd, 1981), pp.41-163.

원리론으로 인간중심사상에 기초 하고 있다. 이 이론은 인간에게 가장 중요한 것은 정신이 주도력을 가지고 있다는 인간의 '의지(意志)'를 강조한다. 북경대학의 이에랑(葉朗)은 조영식의 주의(리) 생성론에 대해 연구한 후 주의(리) 생성론이 '주리'(主理) 혹은 '주의'(主意)의 주도적 작용을 강조하기 때문에 인류의 입장에서 보면 '주의' 는 결국 인류의 자유의지이자 인류의 인격이며, 인류의 자유의지와 인격의 주체는 곧 사람의 생명이며 생명은 곧 인간중심의 근간이 된다[29]고 하였다. 조영식의 이론은 홉스나 로크, 루소처럼 인간성에 대해 긍정적이거나 부정적 측면에서 일원화하지 않고 상대성원리를 갖고 있음에 주목하였다. 특히 주의(리) 생성론은 인간을 자유의지(自由意志)에 의한 인격적 존재(人格的 存在)로 파악하고 있음이 돋보인다.

조영식의 이론 중 다른 하나는 전승화론이다. 전승화론은 우주의 실재(實在)와 변화하는 여러 현상의 원리와 인과관계를 연구하여 우리의 미래에 의도적, 능동적으로 대비함으로써 보다 값있고 보람 있고 행복한 삶을 영위 할 수 있도록 해야 한다는 작용론이다.[30] 이를 가능케 하는 기제로서 시간, 공간, 환류(還流), 실체(實體)의 4기체(基體)를 제시하였는데, 즉 전승화는 삼라만상이 원인-결과, 결과-원인에 따라 이루어지며, 이 이론에 따라 구명해야 하고, 그 상관상제(相關相制) 관계는 어떤 이치와 원칙, 즉 주의(主意:정신)를 근간으로 하여 이루어진다고 주장한다. 특히 실체 중에서 인간은 이실체(理實體)를 가지고 있음으로써 인간은 단순한 동물과는 달리 사색을

---

29) 葉朗, "'和'와 '生'은 21세기 人類의 양대(兩大)깃발," 경희대학교 인류사회연구소 요녕대학 오토피아연구센터 공편, 『오토피아니즘을 통한 인류사회의 재건』(서울: 경희대출판국, 2003), pp.335-336.
30) 조영식, 『오토피아(Oughtopia)』(서울: 경희대 출판국, 초판 1979년, 1996년 제3판), pp.156-157.

통하여 사상을 체계화할 수 있기 때문에 감성적 생활과 이성적 생활을 폭넓게 할 수 있으며, 영적 정신생활을 함께 할 수 있기 때문에 야수와 같은 낮은 행동을 하기도 하고 천사와 같은 어진 행동도 한다[31]는 주장을 편다.

조영식이 추구하고자 한 가치는 무엇일까? 조영식은 무엇보다도 인간, 교육, 평화 문제에 대해 고심하고 번민한 것을 볼 수 있다. 먼저 그의 인간에 대한 관점을 보면, 인간은 선천적이라고 하는 것 보다 후천적, 경험적이며 배워야 비로소 아는 현실적인 인간이라는 관점에서 '교육'의 중요성을 보았다. 기실 아무리 중요한 이념과 사고가 존재한다고 하더라도 그것이 교육을 통해 사람들에게 내면화되지 못하면 실천은 더더욱 어렵게 될 것이다. 그는 인간이 우주만물 중에서 가장 중요하다고 생각하였고 이러한 신념은 후일 그가 인재 육성을 위한 교육 사업에 종사하는 계기가 되었다. 특히 그는 평화 이념의 교육에 관심이 커서 경희대학교에 평화복지대학원, 국제평화연구소등을 설립하였으며, 또한 그가 IAUP를 통해 채택한 서울 결의문(1976)에서 '우리는 교육과정의 개정과 그 교육을 통하여 학생들의 마음속에 평화의 정신을 심어주는 데 최선을 다할 것을 결의한다'는 것을 명문화하게 하였다.[32]

이처럼 일관된 그의 사상은 우리 인간이 인류사회를 위해 봉사를 해야 하며, 봉사를 통하여 인간의 참된 보람과 가치를 느끼고 행복할 수 있다는 것을 많은 저서와 강연에서 누누이 강조한다.

인간과 교육에 대한 그의 이러한 신념은 1979년에 집필한 『오토피아』에서도 볼 수 있을 뿐만 아니라 이보다 30여 년 전에 펴낸 『문화

---

31) 조영식(1996), p.165.
32) 하영애, "오토피아 이론(Oughtopianism)의 전개와 실천 그리고 세계평화를 위한 그 의미", 2009 한국국제정치학회 연례학술회의, 2009. 12. 12. 발표논문. p.229.

세계의 창조』(1951)에서 인간이 여느 동물과 다른 것은 인간이 가지고 있는 인격(人格) 때문이며 인간은 육체와 정신을 가지고 있지만 이 육체와 정신 위에 주리에 해당하는 인격이 있음으로 동물 중에서도 높은 차원의 인간으로 완성시킬 수 있다고 주장한 데서도 잘 나타난다.[33] 또한 '인간의 의지작용(意志作用)'과 '인간의 의식적 지도성(意識的 指導性)'을 중시한다. 특히 주목할 것은 조영식은 인간이 왜 존재해야 하는가? 에 대한 전제를 제시하였는데 인간의 존재가치 즉, 인간의 임무는 대외적으로는 인류사회를 위해 '봉사(奉仕)'하고, 대내적으로는 인류사회를 가장 올바른 방향으로 이끌려는 '건설적인 정신을 가진 인간을 완성'하는 것에 둔다고 하였다. 즉, 그는 다음과 같이 주장한다.

> 인간은 인본주의적이며 현실적 과학적인 인생관을 가지고 나 자신의 행복을 인류의 행복 속에서 구하며 타인의 손실 중에서 자신의 손실감을 느끼는 인간이 될 뿐만 아니라 외부적 재물의 축적이나 신을 위한 자기완성에서 만족을 느낄 것이 아니요 인류사회를 위해 봉사를 남기고(대외적), 인류사회를 가장 올바른 방향으로 이끌려는 건설적인 정신에 장익한 인간을 완성 하는 곳(대내적)에 인간의 임무가 있다.[34]

이처럼 인간존재와 역할에 대하여 우리 인간이 인류사회를 위해 봉사를 해야 하며, 봉사를 통하여 인간의 참된 보람과 가치를 느끼고 행복 할 수 있다는 것을 많은 저서와 강연에서 누누이 강조한다. 예컨대, 그의 인간에 대한 이와 같은 관점은 '1999 서울 NGO 세계대

---

33) 조영식, 『문화세계의 창조』, p.7.
34) 조영식, 『문화세계의 창조』, p.21.

회'에서도 강조되고 있음을 볼 수 있다. 그는 기조 강연을 통해 "다가오는 사회가 진정으로 인간이 존중되고, 인간이 중심이 되는 인간적인 인간사회를 구현해야 할 것이다"[35]라고 강조하고 있다.

(2) 평화사상과 세계평화운동

오토피아 이론은 평화를 중요시한다. 이는 조영식 자신이 처한 시대적 배경과 무관하지 않을 것이다. 그는 1921년 평안북도 운산에서 태어났으며 민족적 수난기와 혼란기를 겪었고 일제 말 '학도병 의거 사건'을 주도하여 감옥 생활을 하였으며[36] 해방 이후 월남하였다. 또한 1970년대에 세계는 미국과 소련 등 강대국 간의 경쟁으로 긴장상태가 끊이지 않았다. 특히 당시 국제사회는 미소양국의 강대국체제에서 중국이 부상하기 시작했다. 1970년 4월 24일 중공은 최초의 인공위성을 발사하였다. 또한 유엔총회 개막일에 맞추어 폭발시킨 3 메가톤급 핵폭탄은 미·소 양 대국에 의한 국제질서에 대해 중공이 도전한다는 뜻에서 중요한 국제정치적 의의를 지니게 되었다. 특히 중국의 이러한 행동은 중국이 문화대혁명(1966-1976)과정에서 재확립된 정치적 통제력, 비용감당의 경제력, 고도의 과학 공학 기술적 수준, 군사전략의 확정 등으로 미·소 두 선진 초강대국에 대항할 수 있는 잠재력을 극적으로 과시한 것으로 해석 되었다.[37] 기존 미·소 양국에 중국까지 가세한 국제사회는 강대국의 세력이 나날이 격

---

35) 1999서울 NGO 세계대회조직위원회, 『1999 서울 NGO 세계대회 백서』, (서울 :1999 서울 NGO 세계대회조직위원회 발간, 2000), p.1 발간사 중에서.

36) 아직 일제시대인 1945년 1월 2일 당시 그는 평양의 공병부대 소속이었다. 만약 그때 그가 이 사건을 통해 영창에 감금되지 않았더라면 소속부대가 수송선을 타고 필리핀으로 이동 도중, 미국 전투기의 공격에 의해 격침 되었을 때 그도 함께 바다에 수장 되었을 것이라고 하였다. 2001년 10월의 둘째 목요일. '목요세미나 강연에서', 경희대학교 본관 2층 세미나 실.

37) 이영희 평론선, 창비 신서 4 『전환시대의 윤리-아시아, 중국, 한국』, (서울 :창작과 비평사, 1970), p.34.

렬해지고 있었고 이와 더불어 신예무기가 개발되어 세계 3차 대전의 발발 위기에 봉착하는 듯하였다. 따라서 조영식은 평화문제에 더욱 깊은 관심을 갖게 되었다. 1975년의『탈 전쟁의 인류평화사회』, 1981년의『평화는 개선보다 귀하다』에서 전쟁의 원인은 인간성 자체에 기인하는 것이 아니라 인간의 사회생활과 제도적 모순에서 비롯되는 것이며 따라서 전쟁방지를 위해 제도개선을 주장하였는데 특히 평화교육과 유엔의 강화를 중요시하였다.[38] 같은 맥락에서 1984년에 '오토피안 평화모델(Oughtopian Peace Model)'을 발표함[39]으로써 평화에 대한 이론체계를 확고히 하였으며 그가 회장으로서 운영을 주도했던 '세계대학총장협회'의 보스턴 선언, 테헤란 선언 등 각종 선언문[40]에서 유엔의 강화와 세계평화에 대해 각 국가가 힘을 모을 것을 제의한다. 당시 이러한 위기극복을 위해 평화를 위한 강력한 조치가 요구되었는데 평소 평화를 주창해온 조영식은 세계평화운동에 적극적으로 뛰어들었던 것이다.

(3) 교육사상과 실천교육운동

조영식의 초기 저서로는『민주주의 자유론-자유정체의 탐구』(1948),『문화세계의 창조』(1951) 등이 있으며, 70년대 초에『인류사회의 재건』(1975),『오토피아(Oughtopia)』(1979) 등을 저술하였다. 또한 "교육을 통한 세계평화의 구현", "한중일 대학교육의 사명" 등 수많은 논문을 발표하였다. 조영식의 교육사상의 핵심은 인류사회의 재건과 오토피아사상의 실천이라고 할 수 있다. 그렇다면 조영식 박사가 주

---

38) Pedro B. Bernaldez, *Oughtopian Peace Model for Neo-Renaissance*-Young Seek Choue's Peace Thoughts and Strategies-, (Legazpi : Aquinas University of Legazpi, Inc., 2002), pp.209-210.
39) *Ibid.*, Chapter V.
40) 각 선언문과 결의문. 보스턴 선언(1975), 서울 결의문(1976), 테헤란 선언문(1978), 방콕 선언문(1979).

장하는 '인류사회의 재건'이란 무엇인가? 1975년에 쓴 『인류사회의 재건』에서 그는 다음과 같이 말한다.

> 모든 민족이 동일생활권내에 들어감으로써 이방민족(異邦民族)·이민족 간에도 접촉과 협력이 없이는 하루도 지낼 수 없는 새로운 시대가 올 것이다. …(중략) 또 인류사회의 공해, 즉 방사진을 포함한 모든 오염과 그리고 지역전쟁도 그러할 것으로 본다. 공해의 문제, 질병의 문제, 기근의 문제, 자원의 문제 등도 어느 한 나라의 독선적·폐쇄적·배타적 방법으로는 해결될 수가 없다. 그것들은 이미 어느 민족이나 한 지역에만 국한된 문제가 아니라, 범 인류사회의 문제, 곧 인류가 서로 협력해야만 해결될 수 있는 세계 문제가 되기 때문이다.[41]

조영식은 이러한 인류사회의 재건을 위해서는 학교교육이 중요시되어야 하며, 그 역할은 세계의 대학이 중심이 되어야 한다고 보았다. 그리고 이 이념을 '세계대학총장회'(International Association University Presidents-이하 IAUP로 약칭)에서 대학의 목표로 설정하였다. 특히 그의 교육사상의 핵심가치인 인류사회의 재건을 위해서는 세계시민교육이 이루어져야 하고 인간중심주의, 지구공동사회(GCS, Global Commom Society), PAX UN 등을 주장했다.

대학을 중심으로 한 실천운동에 대해 구체적으로 살펴보자. 조영식은 인류사회의 재건을 위해 학교 교육을 중요시 하였다. 조영식의 민주주의에 대한 열망은 경희대학교의 건학이념으로 구체화되었다. 그는 경희대학교를 설립하면서 1951년 8월 부산의 임시 교사에서 "본 대학은 민주주의적 사고방식과 처리능력을 가진 국민의 양성을

---

41) 조영식, 『인류사회의 재건』(서울: 경희대학교 출판국, 1975년 초판, 1997년 8판), pp.215-216.

목표로 하여 학원의 민주화, 사상의 민주화, 생활의 민주화를 교훈으로 삼고 교육방침으로 문화 복지사회 건설에 공헌하려 한다."고 창학(創學)의 소신을 밝힌 바 있다.[42]

조영식이 설립한 경희대학은 1949년 5월 12일 신흥초급대학을 인수하면서 시작되었고, 1960년에는 경희대학으로 명칭을 변경하여 지금에 이르고 있다. 교육제도는 4년제 정규대학과정, 석·박사의 대학원 과정을 비롯하여, 유치원부터 초등학교, 남녀 중·고등학교가 있다. 또한 경희의료원 및 대학 부속병원으로 강동 경희대학교병원, 강남 경희한방병원이 설립되어 있으며 서울캠퍼스, 국제캠퍼스, 강릉캠퍼스의 3개의 캠퍼스를 운영하고 있다.[43] 그중 무엇보다도 조영식은 평화지향적인 교육사상을 실천하기 위해 평화복지대학원(The Graduate Institute of Peace Studies: GIP)을 설립하여 한국에서 평화연구의 새로운 지평을 개척하였으며 평화 인재를 육성하였다. 평화복지대학원은 1983년 제3캠퍼스로서 설립 인가를 받고 학생정원 100명에 6개 학과에 26개 전공을 세분화하고 석사과정의 교육을 시작하였다. 특히 평화학과에서는 평화학, 국제기구, 분쟁조정, 통합이론, 평화통일 등으로 전공을 세분화하였으며 재학생들을 모두 전액 장학생으로 선발하여 학업에만 전념할 수 있도록 배려하였다.[44]

또한 1983년 평화복지대학원 설립 과정에서 평화 분야의 사전이 존재하지 않는다는 사실을 알게 된 조영식 박사는 평화백과사전을 편찬하기로 결정하고 간행준비위원회를 조직했다. 40여 개국의 세계

---

42) 그는 1952년 12월 9일 4년제 대학을 설립할 때 이를 부연하여 전문(前文)과 3항의 본문으로 성문화한 창학 정신을 정식으로 공포하였다. 『경희 50년(상)』(서울: 경희대학교 출판국, 2003), pp.143-147.
43) 조영식은 1971년 10월 5일 경희의료원을 개원하면서 인사말에서 "의료원을 국민에게 바친다."고 설립취지를 설명하였다. 『경희대 50년사』(서울: 경희대 출판국, 2003), pp.144-361.
44) 경희50년 편찬위원회, 『경희 50년(하)』(서울: 경희대 출판국, 2003), pp.367-368.

적 석학 350여 명으로 집필진을 구성했고 세계 식량기구, UNESCO 등 국제기구도 집필에 참여했다. 4년간의 노력 끝에 1987년 영문판 '세계평화대백과사전' 초판(전 4권)이 세계 최초로 출간됐다. 1984 년 9월 25일 첫 입학식을 가진 평화복지대학원은 평화 이념을 가르치고 평화세계를 선도할 미래 지도자를 양성한 공로를 인정받아 1993년 UNESCO에서 평화교육상을 수상하였으며 국내외적으로 많은 교수인력 및 적지 않은 평화인재를 배출하였다.

조영식은 1976년에 그의 교육사상의 중심이었던 인류사회의 문제를 연구 실천하기 위하여 [인류사회재건연구원]을 설립하고 평화교육의 중요성과 그 역할을 강조했다. 그는 '내일의 인류사회와 교육의 역할'에서 인간은 교육적 산물이이기 때문에 참다운 인간, 옳은 인간 …(중략) 협동하고 봉사하며 사는 인간을 중요시하였으며 이것이 교육의 근본 임무라고 했다. 또한 인류가 앞으로 어떻게 살아야 한다는 세계인으로서의 목적의식을 명확히 알아야 하며 이 목표달성을 위하여 인간중심의 교육, 평화교육, 민주시민교육이 행해져야 한다45)고 강조했다.

조영식은 '인류사회재건'이라는 커다란 교육이념을 가지고 있었을 뿐만 아니라 이를 실천에 옮기기 위해 미국과 한국에 이에 관련한 설문조사를 실시하였다. 인류의 미래 목표는 무엇이며 그에 대해 세계의 대학들은 무엇을 할 수 있을까? 하는 문제에 대해 고심하였고 대학교육에서 가장 중심개념인 보편적인 목표가 제4차 IAUP회의(1975년 11월 미국 보스턴에서 개최된 Boston Conference)에서 논의되었다. 이 회의는 45개국 이상에서 온 600개 이상의 대학의 대표

---

45) 그는 대학의 초기에 '세계 시민론' 강좌를 본관 앞 대학교정에 교수 및 전교생을 모아놓고 직접강의 하였다고 한다. 이화여대 최영희 교수와의 대화에서. 구체적인 자료는 조영식, 『인류사회의 재건』(서울: 경희대학교 출판국, 1997(8판 인쇄)), pp.257-263.참조

들이 다함께 모여서 인간사회의 평화와 복지 그리고 안전에 관련된 대학들의 적절한 역할에 대해 논의 했고, 인류가 지향해야 하는 새로운 목표로써 '인간중심의 선언', '민주적 평화주의', '과학기술의 발전과 통제', '인간정신의 배양', '인류 의식'의 5가지 원칙에 대해 한국과 미국 Maryland Far East Division 대학에 설문조사한 후 발표하였다.[46] 연구의 결과는, 미국인과 한국인 학생들이 IAUP 목표를 보편적이라고 여기는 방법에 있어서 다르지 않다는 것을 명백하게 보여주었다. 이처럼 1970년대에 세계대학들의 목표를 설정하기 위해 한국과 미국의 대학생들에게, 그리고 한국에서는 남녀대학을 각각 선정하여 설문조사를 한 것은 대단히 고무적이라고 하겠다.

뿐만 아니라 [인류사회재건연구원]에는 인류사회 연구소, 밝은사회 연구소, 국제평화연구소, NGO 연구소, 사이버 연구소 5개의 연구소를 두고 국제사회의 다양한 문제와 평화이념에 대한 연구를 추진하였다. 이러한 조영식의 대학의 지구적 책임을 실천하고자 한 노력은 2009년 창립된 세계시민포럼(World Civic Forum)[47]과 2011년 출범한 지구사회봉사단(Global Service Corps, GSC)[48]의 활동으로

---

46) 한국에 2개 대학(남자대학과 여자대학)의 사회과학을 전공하는 대학생 142명과 미국 Maryland Far East Division 대학의 41명의 미국 대학생들에게도 영문으로 준비하여 설문조사를 하였다. (1) 이 목표가 오늘날 인간 사회에서 얼마만큼 중요하게 간주되는가? (2) 이 목표가 미래에 얼마만큼 중요하게 간주되어야 하는가? 이 조사의 목적은 한국과 미국학생들 사이에 IAUP 목표의 중요성에 대한 그들의 의견을 제시하는데 이종 문화 간의 차이가 존재했는가에 관해서였다. 이 연구에서 가장 중요한 가설 중의 하나는 만약 미국과 한국 학생들 사이에 상당한 차이가 존재한다면, IAUP 목표가 사실상 '보편적'이라는 것을 합리화하는 것이 어렵다는 것이다. 이는 '보스턴 선언(The Boston Declaration)의 5개 항목(1. declaration of humancentrism, 2. democratic pacifism 3. development and control of scientific technology 4.cultivation of sound human spirit 5. mankind-consciousness)에 명시되어있다. The Boston Declaration, *The International Association of University President Fourth Conference,* Jointly with the American Association of State Colleges and Universities, November 10-13, 1975. (Seoul: Kyung Hee University Press, 1976), pp.377-379.

47) 세계시민포럼(World Civic Forum)은 대학을 중심으로 전 세계 학술기관, 정부, 기업, 시민 사회, UN 등이 네트워크를 형성해 기후변화, 환경, 인권, 평화, 에너지, 식량 문제와 같은 전 지구적 이슈에 대한 해결책을 모색하는 상설 협의체다. 개교 60주년을 기념하면서 사회 공헌의 새로운 모델을 제시하기 위해 경희가 주도적으로 출범을 준비했다.

이어지고 있다.

5. 결론 : 국제사회에서의 오토피아 이론의 수용

오토피아 이론은 밝은사회운동의 확산과 함께 점차 국제사회로 확대되어나가고 있다. 콜롬비아의 임파우대학에서는 교과목으로 편성되기도 하고, 중국의 요녕대학에서는 석사반과정의 과목으로 '오토피아 연구소'가 설치되어 연구를 추진하였다. 무엇보다도 오토피아는 중국과 대만의 많은 사람들, 특히 지식인들과 교육기관에 영향을 끼치고 있다고 할 수 있다. 먼저 대만학자들의 경우를 보면, 대만의 '중화문화건설위원회' 부주임이며 딴쟝(談江)대학의 콩치우첸(孔秋泉)은 오토피아의 정신을 '아름다운 인간의 낙원'에 비유한다. 그는 말하기를, 조영식 박사는 그의 저서『오토피아(Oughtopia)』를 통해 문화세계를 창조하고, 밝은 미래를 향해서 매진하는 것만이 인류의 이상이라고 주창하고 그 이론을 발표하자 세상 사람들, 특히 지식인들은 그제서야 아름다운 인간의 낙원을 보게 된 듯한 충격에 사로잡혔다. 조 박사의 필치는 스펭글러와는 너무나 다르다. 이야말로 늘 신중하면서도 대담한 당위적 희망론자의 관점인 것[49]이라고 평가받고 있다. 콩치우첸은 또한 오토피아를 '인문학의 신대륙 발견'

---

48) 2011년 출범한 지구사회봉사단(Global Service Corps, GSC)은 교육, 연구, 실천을 창조적으로 융합한 새로운 차원의 사회공헌을 전개하는 범 대학 차원의 공적 실천기구다. 대학의 다양한 자원과 프로그램으로 구성원의 자발적 사회공헌을 이끌고 지원하는 새로운 거버넌스다. 지구사회봉사단은 자발성 및 지속성, 상호성, 지구시민성, 연구·교육·실천의 창조적 결합, 전공 연계 및 학제 간 융·복합이라는 5대 원칙하에 대학다운 사회공헌 활동을 지향하고 있다. 또한 NGO, 지자체, 기업 봉사단, 언론, 정부기관과의 사회공헌 네트워크와 UN, KOICA, 국제 NGO, 해외 대학과의 지구적 네트워크를 구축함으로써 지구적 실천의 장을 마련하고 있다.

49) 孔秋泉, "공자, 콜롬부스와 조영식", 인간 조영식 박사 101인집 편집위원회, 『조영식 박사, 그는 누구인가 인간 조영식 박사 101인집』, (서울: 교학사, 1994), p.171.

에 비유하면서 정신문화에 끼친 오토피아 이론의 영향을 극찬한다. 콩치우첸의 평가의 구체적 내용을 보면, "세계 문명사적, 거시적인 각도에서 조영식 박사의 사상-전승화 학설을 고찰해 볼 때 그것은 인류문명사에 있어서의 하나의 커다란 발견이다. 그것은 한줄기 맑은 물길과도 같은 것이어서 혼탁한 사상적 조류에 있어 정화작용을 하는 것으로 세상 사람들에게 빛과 희열로 가득 찬 오도피안(悟道彼岸) 즉 깨달음에서 펼쳐지는, 그래서 도달하는 한 널찍한 낙토가 있음을 깨우쳐"50)주는 것이다. 뿐만 아니라, 그는 오토피아의 정신적 철학에 대해, "비교사(比較史)적인 각도에서 조 박사의 철학을 통한 정신적인 발견을 본다면 이는 인문학의 역사와 정신문화의 역사에 있어서의 신대륙이나 다름없다"51)고 역설하였다. 또한 쟝지에스(蔣介石) 총통의 차남인 쟝웨이궈(蔣緯國) 장군은『오토피아』의 평화사상과 자신의 홍중도(弘中道)의 일치성에 공감을 표명하고 그가 연구할 때 백과사전으로 활용하였다고 술회한다. 즉, "오토피아가 필자의 '홍중도(弘中道)'와 추구하는 이념과 사상이 일치하나 10여 년이나 앞선 사상으로 필자의 사상에 많은 영향을 끼쳤으며 대작『오토피아』는 필자의 백과사전이 되었다"고 하였다.52) 또한 중화민국(中華民國) 감찰원(監察院) 감찰위원장이며 입법위원(立法議員: 한국의 國會議員)인 린치우산(林秋山)은 "저서를 통해 본 조 박사의 사상과 철학"에서 인류는 세계와 역사, 문명의 주인으로서 가장 존중을 받아야 한다는 '7개 항목의 선언'을 명시하고 이 선언은 옛 중국의 '인본주의'와 '천하위공(天下爲公)', '세계대동(世界大同)'의 사상과 일

---

50) 孔秋泉, 위의 논문, p.172.
51) 위의 논문, pp.172-173.
52) 蔣緯國, "조 박사는 한국의 공자요, 선지 선각자", 인간 조영식 박사 101인집 편집위원회,『조영식 박사, 그는 누구인가 인간 조영식 박사 101인집』, (서울 :교학사. 1994), pp.105-106.

맥상통한다고 오토피아 이론과 그 철학의 심오함을 역설하였다.[53]

오토피아 이론은 시대정신과 정신문화를 강조한다. 중국학자들 중에 지린(吉林)대학의 까오칭하이(高淸海)는 "조영식선생의 미래의 이상세계를 보여준 오토피아가 현시대의 정신문화적 조건에서 충분히 실현될 수 있는 원인은 그것이 인간의 본성을 보여줬기 때문"이라고 하였다.[54] 북경대학 철학과의 이에랑(葉朗)은 중국의 슝스리(熊十力)의 철학과 한국의 조영식의 철학을 비교 연구하였다. 그는 중국의 공자, 맹자, 노자, 선진제가를 비롯하여 인도의 석가모니, 이스라엘의 이사야, 그리스의 탈레스 등 모두가 인류가 직면한 근본문제들을 지적했음을 말하고 이들 사상가들에서 조 박사가 말한 '인류의 동질성' 혹은 '동시대성'을 읽을 수 있으며 "진정한 철학은 모두 시대적 산물이며 전 인류성(全 人類性)을 담고 있다"고 강조한다.[55] 또한 "조 박사의 철학은 '生'의 철학과 '仁'의 철학의 복귀를 지향하지만 훨씬 더 높은 경지를 지향한다. 그것은 인류문명이 직면하고 있는 심각한 위기에 대한 인류문화의 위대한 부흥이자 희망이다. 뿐만 아니라, 오토피아는 동양전통철학과 세기전환기의 시대정신이 상호결합한 산물이며, 동방인자(東方仁者)의 철학(趙永植的 哲學, 乃是東方傳統哲學和世紀轉變期的時代精神相結合的産物, 乃是東方仁者的哲學)"이라고[56] 높이 평가하였다. 중국의 대철학자로 칭송받는 그가 "오토피아는 미래학이다. 21세기는 오토피아의 이상사회

---

53) Chou-Shan Lin, "Dr. Choue's Thoughts and Philosophy Expressed in his Writings", The Publication Committee of Global Leader With Great Vision, *Global Leader With Great Vision*, (Seoul : Kyohaksa, 1997), pp.182-185.

54) 高淸海 '時代精神的視覺理解 Oughtopia' 2002. 8. 12. 경희대 인류사회재건연구원 초청강연. 자료. p.4.

55) 葉朗, 「東方仁者的哲學」, 『GCS 運動과 社會平和』, GCS 國際學術會議, 1998. 5.17 서울 롯데호텔, 國際學術會議 發表論文 p.47.

56) 葉朗, 위의 논문, p.51.

를 창건하는 인류미래의 무한한 믿음을 품고 신세기를 창조해야 한
다"[57]고 주장하는 것은 우리에게 시사하는 바가 크다고 하겠다.

이 외에도, 중국의 교육기관에서 오토피아를 다루고 있는 사례로
는 여러 곳이 있다. 중국 하남성(河南省)의 정주(鄭州)대학에는 승달
관리학원(昇達管理學院)이라는 대학원 교육과정이 있는데 이는 왕꽝
야(王廣亞)가 설립하여 이미 15년 넘게 교육을 통한 인재양성에 주
력하고 있다. 왕꽝야는 중국에서 태어났지만 대만의 교육계에 특히
많은 영향력을 끼쳤고 육달(育達) 교육재단을 설립하여 중·고등학
교 및 전문대학을 운영하고 있다. 그는 학교운영에 조영식의 교육이
념을 많이 활용하고 있다. 그래서인지 많은 사람들은 왕꽝야를 '중
국의 조영식'이라고 평가하였다.[58] 뿐만 아니라 조영식의 교육이념과
평화관념은 이케다 다이사쿠 회장이 경영하는 일본의 창가대학(創價
大學: Soka University)에서도 보여진다. 이케다 회장은 조영식의 철학
에서 많은 공감을 얻었고, 이는 그를 초청하여 명예박사학위를 수여
하는 계기가 되었다.[59] 특히 2002년 중국 요녕 대학교에서는 '오토피
아 연구센터'를 개관하였고 동시에 "오토피아니즘을 통한 인류사회의
재건"을 주제로 국제학술세미나를 개최하였다. 이 국제세미나에서는
북경 대학, 청화 대학, 길림 대학 및 요녕 대학의 철학자들과 한국의
대학 교수 20여 명이 주제발표를 통해 오토피아 이론과 철학에 대한
심층적인 논의를 하였다.[60] 또한 『오토피아(Oughtopia)』는 1979년에

---

57) Ye Lang, "The Great Reconstruction of Human Civilization", The Publication Committee of
    Global Leader With Great Vision, *Global Leader With Great Vision*, (Seoul : Kyohaksa, 1997),
    p.138.
58) 중국 정주대학(鄭州 大學) 대학원 승달 관리학원(昇達 管理學院)의 창립 10주년 기념식의 포럼
    에 필자가 참석하여 교수, 대학관계자들과의 대화에서. 2004. 10. 15.
59) 1997년 11월 2일 일본 성교신문(聖敎新聞). 일본 창가대학(創價 大學: Soka University)에서는
    개교 제27주년 기념일을 맞이하여 경희대학 창립자 조영식 박사를 초청 명예박사학위를 수여
    하였으며 필자를 포함한 10여 명의 인류사회재건연구원 교수들이 참여하여 양 대학의 교수들
    과 좌담회 및 토론회를 개최하였다.

한국에서 처음 발간된 이후 중국어를 비롯한 다양한 언어로 번역출판 되었다. 뿐만 아니라 대만의 중국문화대학에서 교과서로 사용되는 등 국내외에서 오토피아니즘에 대한 연구가 심도 있게 진행되고 있으며 특히 중국학자들에 의해 많이 연구되어오고 있음을 알 수 있다.

---

60) 경희대학교 인류사회연구소 · 요녕 대학 오토피아연구센터 공편, 『오토피아니즘을 통한 인류사회의 재건』, pp.6-7 발간사.

2장
조영식의 민간외교와 문명융합의 연구

1. 서론

'민간외교와 문명융합'이란 주제는 금년 10월 22일부터 23일까지 중국의 남개대학이 개최한 국제세미나의 대주제이다. 필자는 한국의 경희대학 설립자 조영식 박사의 민간외교와 융합문명에 대해 고찰해보고자 하였다. 어쩌면 그가 이루어 놓은 '세계평화의 날' 제정과 '이산가족재회운동'을 통해 나타난 성과, 즉 분단이후 남북한의 이산 가족이 최초로 만날 수 있도록 각국의 많은 정치인, 학자, 지도자, 유엔의 관련지도자들과의 만남과 교류활동으로 달성하였다고 할 수 있으며, 이는 국가가 미처 못 한 일들을 조영식이 민간외교를 통해 이루었다고 평가하지 않을 수 없다. 또한 이 글을 시작으로 앞으로 조영식의 민간외교에 대해 더 많은 자료의 발굴과 연구를 할 수 있 는 계기가 되었으면 한다. 다음은 조 박사의 생애에 관해 간단히 고 찰해보자.

2. 조영식의 생애와 사상의 배경

우선 조영식의 생애와 사상의 배경에 대해 살펴보자. 우리는 살아가면서 많은 사람들을 만나게 되고, 그들을 통해서 자신의 인생에 영향을 받기도 하고 운명이 바뀌게도 된다. 조영식의 인생에 도움을 준 사람들은 누구일까? 그는 수많은 저서를 필독했으며 다양한 분야에서 활동을 하였고 폭넓고 광범위하게 국내외적으로 많은 사람들을 만났다. 그는 칸트, 아리스토텔레스, 간디, 공자 등 동서양의 석학들의 연구들을 섭렵하여 폭넓은 사고를 가지기도 하였다. 본 논문은 다양한 사상 중에서 평화에 대해 집중적으로 조명해보고자 한다.

1) 조영식의 생애와 오토피아 사상

조영식은 1921년 10월 18일 평안북도 운산에서 태어났다. 운산지역에서 금광업을 하는 아버지의 영향으로 인생에 가장 중요한 것은 매사를 '생각하라'는 교훈이었다고 한다. 이 '생각'을 중요시하는 사상은 그가 평생 사랑한 경희대학교의 교정과 도서관에 '생각하는 자 천하를 얻는다'라는 제어에서도 볼 수 있으며, 그가 뛰어난 평화사상가 실천가로서 외국인들에게 위대한 국보급 인물(偉大的 國寶人)로[61] 칭송되는 배경이기도 할 것이다. 그는 어린 시절 민족적 수난기와 혼란기를 겪었고 '학도병 의거사건'을 주도하여 감옥 생활을 하였으며 해방이후 월남하였다. 조영식의 인생에 있어 부모에 대한 효심이 뛰어난 것은 잘 알려진 사실이다. 그는 혼자 월남하였고, (북한에서 오시지 못한 부친을 위해 빈 묘소를 세워두고 있다) 후일 남

---

61) 세계평화의 날 행사에 참여한 외국인들은 경희대학교 국제캠퍼스의 교문개막식에 참석하여 독일 통일을 상징하는 형상의 교문 제막식에서 입을 모아 환호하였으며, 한 중국학자는 조영식 박사를 위대한 국보급인재(偉大的 國寶人)로 호칭하였다.

하하여 학교교육에 전념할 수 있도록 물심양면으로 도움을 준 어머니 강국수 씨와 부인 오정명의 숨은 공로를 뺄 수 없을 것이다. 당시 어려운 여건 속에서 평화복지 대학원이 설립되었고 전교생이 장학생인 이 학교에서 초창기 학생들의 체력을 중시하였으나 체육복을 사는 비용이 없어, 어머니와 부인 오정명 등이 시장에서 천을 사와서 직접 만들어 입혔다. 또한 학교 교직원들의 봉급날짜에 부족한 재원을 마련하기 위해 부인 오정명은 고심하며 걷다가 전봇대를 받아 이마에 그 흔적이[62] 평생남아 에피소드로 전해지고 있다.

조영식은 평화에 대한 깊은 연구와 사색에 기초 하여 독특한 '오토피아'[63] 평화론을 제시하였고 이를 바탕으로 한평생 인류사회의 복지를 위해 전쟁방지 등 세계평화에 관한 여러 문제들을 논의했을 뿐만 아니라 또한 평화 운동을 실천에 옮기기 위해 현장에서 혼신의 노력을 기울여왔다. 그는 이미 그의 20대 후반인 1948년『민주주의 자유론-자유정체의 탐구』, 1951년『문화세계의 창조』, 1975년『인류사회의 재건』, 그리고 1979년『오토피아: 전승화 이론을 기초로 하여』, 등 주요 단행본으로 출판하였었다. 뿐만 아니라 그가 주도적으로 조직해왔던 수많은 국내외 회의들에서 행한 연설의 원고들이 2001년과 2003년에 각각 3권(영문)과 5권의 전집(국문)으로 발간되었다. 대표적으로 '세계평화의 날'을 제정하게 되었고 세계평화 국제세미나를 수십 년간 지속적으로 추진하였으며, 세계평화사전을 만들었

---

62) 자금 마련을 위해 고심하다가 집 골목길의 전봇대에 이마를 찌여 80세에도 마치 부처의 앞이 마처럼 흉터가 남아 있다.

63) 오토피아(Oughtopia)는 저서의 이름이자, 이 용어는 조영식 자신이 조어한 것으로 '당위적으로 요청되는 사회(ought-to-be society)'를 의미하는 것이다. 흔히 '정신적으로 아름답고(spiritually beautiful), 물질적으로 풍요로우며 (materially affluent) 그리고 인간적으로 보람 있는(humanly rewarding) 사회'를 그 구체적인 내용으로 한다. 그는 오토피아가 하늘나라 개념적 낙원이 아니라 이 지구상에서 실현가능한 사회로서 역사적으로 이와 유사한 개념들인 플라톤의 이상세계, 칸트의 목적의 왕국, 토마스 모어의 유토피아와 다르다 고 말한다(Young Seek Choue 2001, p.235).

고, 평화인재 육성을 위해 분투하였다. 상술한 것처럼 시대적인 배경과 환경은 조영식으로 하여금 평화에 대한 정신과 집념이 남달랐다고 하겠다.

3. 조영식의 생애와 사상의 배경

조영식은 조국 한국을 초월하여 세계적인 민간외교를 펼쳤다. 조영식은 1981년 코스타리카 산호세에서 열린 '세계대학총장협의회'의 회장으로써, 제3차 세계대전이 발발할 수 있는 심각한 국제 정세 속에서 세계의 석학들과 논의한 결과 '세계평화의 날'을 유엔에 제의하였다. 당시 한국은 유엔미가입국이었으며 대단히 어려운 난관속에서 결국 유엔으로 하여금 '세계평화의 날'을 제정하도록 하였다. 그는 실로 수많은 각국의 정치가, 지도자들과 만나 민간외교를 통해 세계대학의 중요한 사명과 역할을 모색하였으며, 교육과 평화를 위한 노력을 아끼지 않았다. 뿐만 아니라 조영식은 세계의 평화와 관련하여 많은 사람들을 만났다. 많은 국제평화세미나를 개최하였고, 수많은 국가를 방문하여 석학들과 만나고 대화를 했다. 인도의 시인 타고르, 고르바쵸프, 역대의 유엔 사무총장들을 만났으며[64] 주요회의에서 선언서, 결의문이 채택되었고 이러한 내용은 영어, 독어, 중국어 등으로 번역되었으며 각 국가에서 자료를 요청하기도 하였다. 특히 그의 평화운동의 궁극적인 목적은 인류의 복지를 위함이며 제2르네상스 운동, 인류사회재건 운동, 지구공동사회 등을 통해 끊임

---

64) 세계의 저명인사를 비롯하여 평화관련 전문가들 등 101인이 그에 대해 기록하고 있다. 인간 조영식 박사 101인집출간위원회, (1994) 참조.

없이 추구되고 있다고 하겠다.

조영식이 펼친 민간외교의 결과는 세계적으로 시사하는 바가 적지 않다. 대표적인 몇 가지의 사례를 들면, 조영식의 불굴의 노력으로 유엔이 제정한 '세계평화의날'을 제정하였고 각 국가는 평화함양을 위해 35년이 진난 지금에도 꾸준히 다양한 활동들을 하고 있다. 평화 관련 국제세미나 개최, 세계석학 초청 세미나 개최, 평화보트(peace boat)운영, 대학생들이 만들어 가는 평화모임 등이 있으며, 고르바쵸프 소련 대통령은 그 후 조영식을 만나, "그때 조 박사님의 평화의 날 제정 덕분으로 오늘날 평화가 이만큼 이루어졌다"고 회고하였다.

특히 그는 평화운동전개를 위한 "민간외교의 실천가"였다고 할 수 있다.

4. 조영식의 문명융합

조영식은 이 세상 모든 사람들의 궁극적 목표는 우리의 생활이 정신적으로 아름답고, 물질적으로 풍요로우며, 인간적으로 보람 있는 BAR 사회를 만들어야 하고, 그 BAR 사회 속에서 사는 일이라고 강조한다. 그러기 위해서는 RCS, 즉 지역공동사회(Regionall Common Society)를 만들고 그것을 더 크게 키워 GCS, 즉 대협동사회(Global Cooperation Society)로 확대하고, 그 다음 모든 것이 성숙되었을 때 지구공동사회를 만들게 해야 하는데 이 사회는 사실상 모든 인류가 하나의 인간가족의 구성원이 되고, 세계의 국가들이 다양한 하나의 인간가족으로 구성원이 되고 무엇보다도 세계의 국가들이 다양한 하나의 교차문명(交叉文明, Cross Culture)을 가진 공동체롤 통합되게 되는데 이 지구통합사회를 지구공동사회(Global Integrated Society)라고 하였다. 무엇보다도 그는 이 지구공동사회는 이 세계의 모든 민족과 국가와 지역들이 정치, 경제, 문화적으로 완전히 하나로 통합되는 인류사회의 앞날의 목표가 되어야 한다고 강조하였다. 그 방안으로 PAX UN, 문화세계의 창조, 정신문명과 물질문명이 하나가 되는 것을 의미하였다.

나아가 조영식은 종합문명사회의 건설을 주장하였다. 현대사회가 안고 있는 많은 문제들 중에서 물질주의와 패권주의에 대한 폐해를 지적하고 이해 대한 해결책으로 종합문명사회를 주장하였다. 그는 국제사회에서 지금까지 진행되어온 지구공동체 즉, EC, COMECOM, 북유럽회의(Nordic Council), ASEAN, 등을 예시하면서 본인의 명칭으로는 지구협동사회를 주장하였다. 그는 지역협동사회의 형성은 개별국가들의 정치, 경제, 사회, 문화들이 하나의 지역문화로 승화되기 시작하는 것이며 이와 같은 지역문화들의 통합은 궁극적으로 하나의 세계 문명으로 만들어진 지구공동사회(GCS-Global Common Society)를 창조해 나가게 될 것이다.[65]

그러므로 이러한 종합문명사회를 건설하기 위해서는 인간을 중시한다. 인간의 미래사회는 자신의 아름다운 꿈과 이상을 가지고 스스로가 바라는 사회를 이루어나가야 하며 즉 '이상과 현실에 입각하여 당위적으로 이루어야 할' 요청적 미래사회, 오토피아(Oughtopia)사회를 말한다. 그는 또한 인간문명사회가 종합문명사회라고 명시한다. 인간을 이 사회의 주인으로서 가장 존중히 여기며 인간사회의 모든 제도와 조직과 문명이 인간에게 바로 봉사하는 인간문명사회가 바로 본인이 말하는 종합문명사회입니다.[66] 이를 위해서는 인류의 공

---

65) 조영식, p.637. '종합문명사회의 도래를 위하여', 『아름답고 풍요롭고 보람있는 사회를 위하여 II』 p.637.

동 규범(Common Norm)을 세워야 하는데 그것은 공통의 가치기준을 세우고, 공동의 이해의 장을 마련하는 공동목표(Common Goal)를 세우고 공동과업(Common Task)을 세움으로써 온 인류가 분열과 투쟁과 충돌로부터 벗어나 인류의 한 가족이 될 수 있다고 주장하였다. 또한 그는 세계의 국가가 하나의 교차문명을 가진 지구공동사회가 될 것으로 예측하고 제시하였다.

조영식은 이러한 이상을 실현하기 위한 공동의 과제로서 첫째로는 민주화, 국제와, 인간화, 지구촌화를 제시하였다. 즉 모든 사람들에 의한 그리고 모든 사람들을 위한 민주화(Democratization). 둘째, 사람들이 지역과 인종, 제도와 이념, 국적의 차별 없이 공존공영할 수 있는 국제화(Imternationalization). 셋째, 과학과 기술, 제도와 조직 등 문명이 인간에게 바로 봉사하며 인간을 세상에서 가장 귀중하고 가치 있는 존재로 만드는 인간화(Humainzation) 그리고 모든 지역들을 온 인류를 위하여 하나의 생활터전으로 하여 상호 협력게 하는 지구촌화(Globalization)이다.[67] 이러한 그의 사고와 철학은 1986년 세계평화의날 5주년 국제회의에서 '21세기를 향한 인류대가족회의에 즈음하여'라는 기조연설을 통해 더욱 강조하고 있다.

조영식은 말하기를, "인류는 어느 특정국가 또는 특정한 주의(主義)밑에서 그 자체만을 위해 사는 노예가 아니며, 인류자신의 현실적인 복리, 문화·문명의 향상과 발전을 통해 얻어지는 행복을 추구하며 살아가야 한다. 그러기 위해서는 '전 인류가 가능한 고차원적

---

66) 조영식, p.637. '종합문명사회의 도래를 위하여', 『아름답고 풍요롭고 보람있는 사회를 위하여 II』 p.638.

67) Pedro B. Bernaldez, UN International Year of Peace And Global Transformation (Seoul: Kyung Hee University Press, 2001), pp.29-30.
當時韓國的家族和友人為其深夜祈禱, 因為當時趙永植博士明確指出如果在聯合國無法通世界和平日的決議案, 沒有打算回國, 因此, 家族以及身邊友人為其擔心, 金鳳任. '當決議世界和平日的那一天', <<趙永植博士101人集>>, p.521.

인 문화사회를 건설해 문화인으로서 삶을 사는 것이다'[68]라고『문화세계의 창조』라는 저서를 통해 주장하였다.

차후 이러한 민간외교와 융합문명에 관한 연구의 폭을 넓히고, 다른 사상가나 평화운동가의 비교연구를 통해 공통점과 차이점 분석 등 더욱 심도 있게 연구하여야 할 과제를 남긴다.

본 연구의 결과, 다음과 같은 시사점을 얻을 수 있었다. 조영식이 이루어낸 민간외교의 대표적인 사례는 '코스타리카 결의문'을 기초로 유엔을 설득하여 '세계평화의 날'(1981년 제정, 매년 9월 21일)을 제정하도록 실천한 장본인이다. 또한 그는 수많은 국가를 방문하였고 토인비, 고르바쵸프, 갈퉁 등을 만나 대담하였으며 평화에 대해 전파하였다. 또한 그는 세계평화백과 사전을 발행하기도 하였다. 무엇보다도 조영식의 민간외교의 실천과 융합문명의 궁극적인 목적은 인간을 중시하며 인류의 복지에서 찾을 수 있겠다.

---

68) 조영식 저, 미원전집편집위원회 편저, 『문화세계의 창조』(서울: 경희대출판문화원, 2014), pp.70-72.

3장
조영식의 B.A.R 사회와 여성클럽의 사회운동

조영식은 일생 동안 다양한 연구에서 '인간'을 중요시하였다. 인간이 해야 하는 중요한 일은 내적으로는 장익한 인간, 즉 사회적으로 유익한 인간으로서의 역할을 하는 것이고 외적으로는 '봉사하는 인간'을 강조하였다. 밀스키가 '미래는 여성이다.'라고 그의 글에서 강조한 것과 같이 조영식도 미래사회에서 남성 못지않은 역할을 할 수 있을 것이라고 갈파하였다. 그리고 그가 오토피아에서도 주장하였듯이 오토피아의 궁극적인 목표 중 하나는 역시 사회운동을 통해 미래를 밝히고 싶었고, 이는 한국에서 밝은사회클럽을 창시하였으며 전국적으로 밝은사회클럽들이 결성되어 다양한 사회운동을 펼쳐나가고 있다.

그는 이 운동을 펼쳐나감에 있어서 여성인력을 활용하여 미래의 동력에서 여성동량으로 펼쳐보고자 하였는지 모른다. 그럴 즈음이었을까 어느 날 그는 필자에게 밝은사회운동을 확산해야 하며 여성인재를 모아 '여성클럽'을 결성해보라고 약 1시간가량의 독대를 통해 강조하였다. 그간 밝은사회클럽은 남성클럽 혹은 남녀의 혼성클럽이 있었으나 독립된 여성클럽은 극소수였다. 무엇보다도 그의 사회운동 중에는 아름답고 풍요롭고 보람 있는 사회 B.A.R Society(Beautiful Society, Affluent Society, Rewarding Society)를 만들자는 정신을 가지고 있으며 또한 이루어나가도록 추구하였고 실천하였다. 그 후 다양한 분야에서 여성들이 동참하도록 필자는 노력하였고 적지 않은 여성클럽이 결성되었고, 그 결과 '전국여성클럽 연합회'가 네트워크를 이루었다. 이 글에서 우수한 여성클럽으로 알려지고 있는 여성클럽들은 어떤 사람이 어떻게 클럽을 이끌어나갔는가? 그 클럽의 회장이나 임원진은 어떻게 리더십을 발휘하였으며, 클럽이 어려움에 직면하였을 때 이를 어떻게 해결해 나갔는지를 개괄적으로 분석해보고자 한다.

1. 초기의 우수여성클럽과 사회봉사운동

1) 목련클럽(목련어머니회)

목련클럽은 여성클럽으로서 역사가 가장 오래된 클럽이며 1978년 6월에 결성하여 30여 년간 활동하였다. 목련클럽의 회장은 조영식 국제본부총재의 부인 오정명 여사가 추대되었으며 회원들은 경희대학교의 학장부인들로 구성되었으며 회원이 증가하여 목련클럽 A, 목년클럽 B로 나누어졌다. 목년클럽의 주요활동으로는 다음과 같다.

국내유일의 유네스코학술상을 수상한 평화복지대학원의 학생들에게 20여 년간 묵묵히 어머니로써의 역할을 해오고 있다. 즉 목련클럽어머니회 회원들은 학생들의 입학식과 졸업식은 물론 홈커밍데이 등 1년에 최소한 3-4차례씩 학교를 방문하여 겨울스웨터나 잠바, 츄리닝, 면내의 등의 생필품을 정성껏 마련하여 전달한다. 특히 흥미로운 점은 입학식 때 목련어머니회와 신입생들은 제비뽑기 추첨방식으로 1대 1 어머니를 맺고 목련가족이 탄생하게 되는데 이 목련가족은 손주 손녀까지 합해 17명이 되는 어머니도 있으며 학교생활 외에도 함께 모여 좋은 시간을 보내기도 한다. 특히 한국에서 개최되었던 '1999년 서울 NGO세계대회'에서 이들 목련 회원들은 수십 년간 한푼 두푼 모은 기금 수억 원을 보람 있게 써달라고 찬조금으로 내놓았다.

또한 이들은 장학금을 정기적으로 지급하고 있다. 초기에는 학생들의 체육복이나 속내의를 직접 재봉틀로 만들어 입히기도 했으며 그때가 오히려 더욱 인간미가 있었고 유대도 깊고 화목했다고 오정명 회장은 회고했었다. 이들 목련클럽은 또한 매년 1월 신년하례모임을 개최하고, 교수와 학생들은 물론 전체 교직원들에게도 감사의 정성스런 선물과 함께 떡국을 끓여 대접하였으며, 학교의 발전에 정성을 보탰다.

지금은 많은 분들이 연세가 많아져서 초기와 같은 다양한 활동은 못하고, 이들 자제들을 대표하는 경희대학교 평화복지대학원출신들이 '밝은사회 삼정클럽'을 결성하여 홍기준교수가 회장을 맡아 국제행사에 참여하고 있다. 아마 이 대학의 졸업생들은 목련어머니회의 정성과 사랑을 잊지 못할 것이다.

2) 삼척여성 클럽

강원지역에 소재하고 있는 삼척여성클럽은 1995년 10월 12일 결성하였다. 초창기 창립멤버로 시작하여 회장을 맡은 이춘희 회장은 손과 발로 뛰면서 여성클럽을 알뜰하게 이끌어가는 대표적 여성클럽이라고 하겠다. 지방클럽의 어려운 경제생활을 극복하기 위해 매월 정기월례회를 가정에서 국수를 삶아 먹으면서 친목을 유지하며 큰 행사를 유치하여 타 클럽에 귀감이 되었다. 그들은 전 회원이 만두를 빚어 복지회관을 찾아서 직접 만두를 끓여주고, 목욕과 몸 씻겨 주기를 하여 홀로 있는 노인들과 함께 어울려 봉사를 체험하고 끈끈한 정을 느끼게 하였다. 또한 2003~2004년에는 '새우젓갈 판매'행사를 추진하여 그 기금으로 클럽운영자금을 마련하였고 타 클럽의 행사에도 적극적으로 참여하는 모범을 보였다.

3) 평택여성클럽연합회

평택여성클럽은 1996년 11월 7일 결성되었다. 98명으로 많은 회원이 동참하였고 이들은 회원 유니폼(곤색 스커트, 흰색 자켓)을 입고 경기지역의 대표적 여성클럽으로서 다양한 활동을 하였다. 장부강 회장을 중심으로 펼친 대표적 운동으로는 김장으로 불우이웃 돕기, 나무심기, 8.15 인간 띠 잇기 동참 외에도 2004년 2월 5일에는 '어르신을 위한 척사대회'와 '요양소 노인 세뱃돈 드리기', '효 잔치', '영정 사진 찍어 드리기' 등 다양한 활동으로 3개 클럽으로 분리하여 활동을 하였다.

4) 동해여성클럽

동해여성클럽은 1997년 6월 27일 결성되었다. 동해여성클럽의 주요행사로는 2001년에는 이재민 돕기 행사로 강릉 MBC에 의류 3박스와 성금을 기탁하였고, 동해종합복지관 재가 노인들에게 매월 '생일케이크 전하기'를 전개하였고 2004년에는 무의탁노인 밑반찬과 생일케이크 전하기를 지속적으로 실천하였다.

5) 울산 한벗여성클럽

한벗 여성클럽은 1999년 6월 25일 결성하였다. 비교적 젊은 층으로 구성되어 김선화 씨가 회장을 맡아 열정을 쏟았다. 김선화 회장의 회원관리의 비결 중의 하나는 회원 수가 점차 적어지자 오히려 회원을 엄격하게 선정하는 방법[69]으로 적극적인 리더십을 발휘하였

---

69) 무작정 많은 회원들을 받아들이지 않고, 회원자격을 엄선하고 연회비를 높이고 적극적인 회원 영입을 함으로써 예전보다 더욱 많은 신입회원이 입회함으로서 회 운영에 효율을 높일 수 있었다고 말했다. 2001년 7월 필자가 울산 방문 시 김선화 회장과 인터뷰에서.

다. 그 후 울산지역중심의 '밝은사회 영남지구'의 여성 부총재를 맡게 되었고 역시 역대 한벗여성클럽의 회장을 역임했던 김순덕 회장이 연합회의 여성국장에 각각 추대되었다.

한벗여성클럽의 주요활동으로는 울산지역의 태연학교에 잔디 심어주기, 장학기금마련일일찻집 행사 후 매년 장학금 지급 등을 들 수 있다.

6) 다산여성클럽

다산여성클럽은 1999년 2월 25일 결성되었다. 구리 남양주지역 여성들의 힘을 결합하여 지역의 특성을 감안한 후 명칭을 '다산 여성클럽'으로 명명했다. 초대 회장에는 부득이 하영애 교수[70]가 클럽을 이끌었으며 2대회장으로는 구리여성합창단을 역임했던 배유금 단장이 추대되었다. 현재 여성클럽연합회 회장을 맡아 역점사업인 '사랑의 김장김치 담기 및 나누어주기'를 지속적으로 추진하고 있다. 다산여성클럽의 주요사업으로는 다산 정약용 묘역답사, 여군학교 회원일일 입소 및 군 생활 체험하기, 여군학교 위문공연 등이 있다. 특히 1999서울 NGO 세계대회에서 '여성분과 워크샵 개최 및 주관'하였고 미국, 중국, 일본, 한국 여성NGO 들과 함께 '가정평화와 밝은사회를 위한 여성NGO의 역할[71]'을 개최하였고 커다란 성황을 이루었다.

7) 서울여성클럽

서울 여성클럽은 2001년 1월 17일 결성되었다. 여성인력을 밝은

---

70) 당시 한국 본부 여성부장을 맡고 있던 필자가 2년 동안 회원영입을 하였으나, 회장직을 선뜻 맡을 사람이 없어서 초대회장을 겸하게 되었다. 이 작은 다산여성클럽의 결성식에 조영식 총재는 바쁜 일정을 뒤로 하고 참석 하셔서 회원들을 격려해 주심으로서 그의 밝은사회 만들기의 사회운동에 대한 열의와 정신을 읽을 수 있겠다.

71) 주제발표자로는 미국의 정순영 박사, 일본 가나가와 현의 여성NGO 회장 후사노 케이, 중국 북경대학의 鄭必俊 교수, 인도의 Dr. Radha Devi Mohapatra, 한국에서는 하영애 교수가 발표를 하였으며, 대규모의 국제행사와 각종 세미나에 여성회원들도 전국적으로 참여하여 NGO에 대한 이해를 인식을 향상시키는 계기가 되었다.

사회 운동에 영입하여 아름답고 풍요롭고 보람 있는 인류사회를 건설하려는 원대한 이념에 동참할 수 있도록 한국본부에서 부단한 노력을 하였다. 서울여성클럽의 결성은 그 대표적인 사례라고 할 수 있다. 따라서 서울여성클럽은 여성 사업가, 유아교육전문가, 체육가, 사회봉사전문인, 고위직 여성 및 외교가들로서 인적구성에서 우수성과 독특성을 가지고 있었다고 하겠다.[72] 대표적 활동사업으로는 국내외로 나눌 수가 있다. 국내활동으로는 매년 이웃돕기 꽃 판매, 바자회, 무료의료봉사에 적극적인 참여와 2003년 '제1회 가출청소년 쉼터마련을 위한 일일찻집', 2004년 노인잔치 및 불우이웃돕기 행사를 지속적으로 실천하였다.

국제활동으로는 2002년 GCS인도 연차 대회 한복차림의 안내, 인도 기아어린이 분유돕기 기금협찬, 2003년 GCS마닐라 연차대회에 참여하여 여성클럽으로써 다양한 활동을 적극적으로 개최하였다.

2. 전국여성클럽연합회의 대표적 사회봉사운동

1) 밝은사회 전국여성클럽연합회의 무료의료봉사의 실천

한국본부의 여성클럽활성화 방안으로 전국의 여성클럽의 회장을 중심으로 밝은사회전국여성클럽연합회가 창립되었다. 이 전국여성클럽연합회는 2002년 6월 30일 회장단취임식을 개최하고 황경희 서울여성클럽 회장을 추대하였으며 다양한 사회운동을 실천하였다. 그 중에 대표적인 것은 '밝은사회 전국여성클럽연합회의 무료의료봉사

---

72) 고위직 여성외교관들이 이 운동에 대해 긍정적인 생각을 가졌고 결성준비회의에는 참석하였으나 외교관들의 잦은 해외출장 등 바쁜 일정으로 인해 정회원의 역할로는 참석 하지 못하였다. 그러나 우수회원의 입회는 클럽의 발전을 위한 중요한 요소 중의 하나라고 할 수 있다.

의 날' 사업으로서 8회 동안 2,400여 명을 진료하였다.[73] 이 의료봉사는 서울에서는 종로구청 강당, 광진구청 강당, 향군회관 강당을 비롯한 서울지역 외에도 경기도 구리시청, 구리시의회 등에서 지역의 주민들을 위해 내과 (침, 한방과), 안과, 치과 진료를 위해 경희대 의대, 동서한방병원 등의 의사들과 간호사들까지 참여하였고 주민들의 커다란 호응을 받았다. 또한 노인 중에 새로운 질환을 발견하여 그 비용을 대학병원에서 거의 무료로 혜택을 받는 등 봉사활동에 동참하는 여성회원들은 하루 종일 어르신들 부축하랴 간식 드리랴 힘들기도 하였지만 인간의 도리라고 할 수 있는 혹은 조영식 박사가 예견했던 가슴 뿌듯한 보람을 느꼈다. 이러한 봉사운동은 해가 갈수록 호응을 받고 정착이 되어갔고 경상북도의 읍 소재지인 안강읍에서는 서울에서 출발하여 거리가 멀기 때문에 1박2일간의 일정으로 의료진 버스까지 총 버스 3대가 움직였으며 아침 일찍부터 시작하여 늦게까지 1천여 명을 진료하기도 했다. 또한 강원도 삼척여성클럽과 협의하여 이 의료봉사운동은 삼척에서도 실천하였다.

전국여성클럽연합회는 또한 여성클럽회원들의 사업 활동과 연대를 위해 '밝은사회 여성회원 수련회'를 2003년에 개최하였고 광주여성클럽, 강원지역의 삼척여성클럽, 동해여성클럽, 울산지역의 한벗 여성클럽과 서울여성클럽 등 서울 외의 지방여성클럽행사에 연합회 회장 및 임원이 참석하여 밝은사회 여성클럽회원으로서 긍지를 가지고 상호 연대를 더욱 굳게 하는 계기를 마련하였다. 뿐만 아니라 수해돕기 기금마련 바자회를 당일 개최하고 수익금을 피해가 가장 많았던 '마산 여성클럽'에 전달하는 등 수련회를 통해 GCS 운동에 대한 이론과 실제를 배우고 익히며 상호교류하는 실천의 장을 마련하였다.

---

73) 하영애, 『밝은사회운동과 여성』(서울: 범한서적, 2005), pp.87-88.

2) 사랑의 김장김치 담기와 나눔봉사의 실천

'전국밝은사회 여성클럽연합회'가 시작한 사랑의 김장담기는 해를 거듭할수록 참가하는 단체클럽이 늘어날 뿐만 아니라, 더 많은 분량의 김장김치를 담고 더 많은 결손가정이나 독거노인들에게 배달이 되고 있다. 서울지역에서의 이러한 '사랑의 김장담기와 나눔봉사'는 2016년에 현재 제14회에 이른다. 경희여고 학부모클럽인 이삭클럽을 비롯하여 꿈초롱클럽, 동산학부모 클럽, 나눔클럽, 무지개 클럽, 사임당 클럽, 서울 여성클럽, 다산 여성클럽, 청록클럽[74]에 이어 '경희대 여교수회'와 '경희대 교직원 모임'에서도 동참하여 이틀 동안 이루어지는데, 첫날에는 배추를 다듬고 절이는 등 기초작업이 끝나고 둘째 날에는 수백 명의 회원들이 함께 모여 김장담기가 진행된다. 모든 경비는 참가하는 단체가 공동으로 나누어 분담하며, 김장김치는 수백 통의 하이얀 김치 박스에 담은 후 역시 균등하게 분배하고 각 클럽별로 독거노인이나 결손가정 및 소년소녀가장, 필요한 이웃들에게 나누어진다.

지방의 단위클럽들도 역시 김장김치 나누어주기에 동참하고 있으며, 한국본부와 전국여성클럽연합회에서 7일간 일시를 정해놓고 전국적으로 동시에 시행하기도 하였다. 예를 들면, '밝은사회 전북 여성클럽'에서는 전라북도 도청에 계획서를 제출하여 재정적 지원을 받아서 5천여 포기의 김장김치를 담아 이들의 손길을 요하는 이웃은 물론 외국인 가정에도 전달하는 등 적극적인 김장봉사를 하였다.[75]

---

74) 유공조, 『밝은사회운동 30년사』(서울: 경희대학교 인류사회재건연구원 밝은사회연구소, 2007), p.234; "영남지구 사례 발표", 『제33회 밝은사회지도자 수련회 자료집』(서울: 밝은사회 국제클럽 한국본부, 2016), p.24.
75) '밝은사회 전북여성클럽 연합회' 김장담기 봉사 참석. 당시 밝은사회 한국본부의 초대여성부장을 담당한 하영애 교수는 그 당시 사무총장에 재임 중인 유공조 교수의 "사랑의 김장 동시담기"의 아이디어와 지침에 따라 전국적으로 확산시켜 나갔다.

4장
조영식 사회운동의 계승과 발전모색

1. 서론

조영식 박사가 유엔을 통해 이루어 놓은 '세계평화의 날'과 '세계평화의 해'가 올해로 각 각 35주년과 30년이 된다. 그간(각 국가는 평화를 위한 노력과) 조 박사의 평화의 중요성 강조와 미소양국의 노력 등으로 비록 제3차 전쟁의 발발을 막기는 하였으나 아직도 수많은 국지전을 비롯하여 우리 사회는 평화와는 동떨어진 생활들을 하고 있는 실정이다. 흔히 평화를 소극적 평화(negative peace)와 적극적 평화(positive peace)로 구분한다.[76] 적극적 평화를 주장한 조영식은 세계평화에 관한 수 십 년간의 국제세미나와 결의문 채택, 세계대학총장회의의 활동을 통한 대학교육과 세계평화 등을 통해서

---

76) John Galtung, "*Peace Research: Past Experiences and Future Perspectives,*" 『*Peace and Social Structure Essays in Peace Research*』, Vol. 1, Atlantic Highland: Humanities Press, 1975-85, pp.244-252 ; 조영식"전쟁없는 인류사회를 바라보며, "국제평화연구소 편, 『세계평화는 과연 이루어질 수 있는가』(서울 : 경희대 출판국, 1984), pp.29-34. 소극적 평화란 전쟁이 없는 상태를 말하며, 적극적 평화란 다양한 의견이 있다. 갈퉁은 사랑과 인도주의에 기초한 사회조화를 위한 열망이라고 했으며, 조영식은 전쟁이 없는 상태는 물론이고, 인도적이며 개인과 집단을 막론하고 모든 적대관계가 없을 뿐만 아니라 상부상조하고 있을 때, 즉 조화된 상태를 평화로 보아야 한다고 강조한다.

팔목한 족적을 남겼다. 그럼에도 불구하고 조영식이 추구했던 세계 평화는 아직도 요원하고 특히 이산가족재회촉진운동을 펴 2천여 만 명의 서명을 받아 세계 기네스북 1위를 기록하면서 염원했던 남북한의 통일은 더욱 나빠지고 있는 현실이다.

필자는 최근 조영식과 이케다 다이사쿠에 대한 몇 편의 논문과 몇 권의 저서를 출판하였다. 그 과정에서 특히 한국 SGI를 방문하여 자료를 찾거나 일본 SGI를 탐방했을 때나, 소카대학을 탐방했을 때 한 사람 한 사람이 '이케다 다이사쿠'에 대한 진심 어린 존경의 마음을 느낄 수 있었다. 무엇이 그들을 이러하게 만들까? 하는 생각을 지속적으로 하게 되었다. 또한 어느 세미나가 끝난 후 사석에서 필자의 주제발표에 대해 지정토론자로 참석했던 어느 교수가 "50년 이후에 조영식을 생각하는 사람이 얼마나 될까요?"라는 질문을 하였다. 이는 필자로 하여금 조 박사의 사상과 운동에 대한 지속적인 연구를 해야겠다는 학문적 의지를 갖게 하였다. 본 논문은 이러한 취지에서 어떻게 조영식의 사상과 정신을 발전시키고 계승할 수 있을까? 하는 데 역점을 두고 시작하였다.

계승이란 무엇인가? 사전에 따르면, 계승이란 선대의 업적, 유산, 전통, 지위를 물려받아 이어 나가는 것이라고 명시하고 있다. 그간 조영식에 관한 연구로는 칸트의 영구평화론과 조영식의 "오토피아평화론"[77], "오토피아(Oughtopia) 이론의 내용과 전개"[78], 『조영식과 평화운동』[79], 『조영식과 이케다 다이사쿠의 교육사상과 실천』[80]

---

77) 오영달, 하영애 "칸트의 영구평화론과 조영식의 오토피아평화론: 세 수준의 이론적 분석", 『아태 연구』 제17권 제2호 (2010년 8월).
78) 하영애, "오토피아(Oughtopia) 이론의 내용과 전개: 중국과 대만사회의 수용", 『한중사회 속 여성리더』, (파주: 한국학술정보, 2015).
79) 하영애, 『조영식과 평화운동』, (파주: 한국학술정보, 2015).
80) 하영애, 『조영식과 이케다다이사쿠의 교육사상과 실천』, (파주: 한국학술정보, 2015).

등이 있으며, 그의 사회활동에 관한 연구로는, "공동체의식 함양을 위한 밝은사회클럽의 활동사례"[81] 등을 비롯하여 조 박사가 저술한 자료들이 상당수 있다.[82] 그러나 이들 대부분은 조영식의 사상과 업적들에 관한 연구에 중점을 두고 있으며 계승과 관련한 연구는 드물다. 따라서 본 연구는 조영식의 평화실천운동에 중점을 두고 고찰한 후 차후 어떻게 계승 발전시킬 수 있는지를 모색해본다.

연구의 방법으로는 정치학, 평화학과 관련한 다양한 문헌연구를 중심으로 하고 부분적인 직접 인터뷰를 병행하였다. 이는 필자가 일본 소카 대학 (創價大學) 방문과 대만의 중국문화대학교 이케다연구소 방문, 중국 남개대학의 세미나참석 등에서의 인터뷰한 자료들을 활용하였다.[83]

2. 조영식 평화사상의 재조명

1) 학교교육을 통한 평화사상의 실천

조영식의 교육사상은 인간교육, 정서교육, 과학교육 및 민주교육을 표방하였으며 많은 교과과정에서 교육을 통한 평화를 강조하였다. 조영식은 교육의 목적을 인류의 평화에 두고 있다. 조영식은 자

---

81) 이환호, "공동체의식 함양을 위한 밝은사회클럽의 활동사례", 밝은사회연구소 편, 『밝은사회연구』제27집, (서울: 경희대 인류사회연구원 밝은사회연구소, 2006).
82) 조영식, 『민주주의 자유론』(서울: 경희대학교 출판문화원, 2014); 조영식, 『문화세계의 창조』(서울: 경희대학교 출판문화원, 2014) 등 그 자신이 저술한 수십 권의 저서가 있다.
83) 필자는 1997년 11월 1일-3일까지 일본 창가대학을 방문하여 관련 자료를 수집하였고, 2015년 10월 8일 한국 SGI를 방문하여 김규식 문화홍보국장, 구형모 대외협력부장, 이희주 부인부장과 인터뷰 하였다. 또한 2016년 2월 22일부터 24일까지 조희원 교수와 일본 소카대학, 일본 SGI 본부를 방문 많은 학자들과 인터뷰 하였고, 또한 두 사람은 10월 21일부터 23일까지 중국의 남개대학 세미나에 참석하였다.

신의 저서명이기도 한 '문화세계의 창조'라는 교시탑을 경희대 서울 캠퍼스의 한가운데에 높이 세워놓고 모든 이들이 실천해주기를 원했다. 이는 정신적으로 아름답고, 물질적으로 풍요롭고 인간적으로 보람 있는 B.A.R(Spiritually Beautiful, Meterially Affluent, Humanly Rewarding)사회를 만들자는 그의 사상의 핵심이기도 하다. 그는 교육평화에 대한 이상과 꿈을 실천적 교육을 통해 펼쳐나갔다.

조영식의 민주주의 대한 교육평화사상은 경희대학교의 건학이념으로 구체화되었다. 그는 경희대학교를 설립하면서 1951년 8월 부산의 임시 교사(校舍)의 개강에 즈음하여 "본 대학은 민주주의적 사고방식과 처리능력을 가진 민주적인 선량한 국민의 양성을 목표로 하여 학원의 민주화, 사상의 민주화, 생활의 민주화를 교훈으로 삼고 인간교육, 정서교육, 과학교육, 민주교육을 교육방침으로 문화 복지사회 건설에 공헌하려 한다."고 창학(創學)의 소신을 밝힌 바 있는데, 그는 1952년 12월 9일 4년제 대학을 설립할 때 이를 부연하여 전문(前文)과 3항의 본문으로 성문화한 창학 정신을 정식으로 공포하였다.[84] 경희대학교가 추구하는 건학이념인 학원의 민주화, 사상의 민주화, 생활의 민주화는 소통을 통해 새로운 창조를 모색하는 것이다. <표 1>에서 보는 바와 같이, 조영식은 1949년 5월 12일 신흥초급대를 인수하였다. 그 당시의 학과편제는 영어과, 중국어과, 체육과 3과목으로 각각 50명씩 총 150명이었다. 1952년에는 신흥대학을 4년제 대학으로 설립을 인가받고 법률학과, 정치학과, 문학과, 체육학과를 법정학부, 문학부, 체육학부로 편제를 개편하였다. 특히 눈에 띄는 것은 체육학과로써 이는 신흥무관학교를 계승한 정통민족대학으로 한국 최초로 체육대학을 만들게 된 것이다. 1960년에는 신

---

84) 경희50년 편찬위원회, 『경희50년사 상권』, (서울: 경희대 출판국, 2003) p.143

흥대학을 경희대학으로 명칭을 변경하였다. 또한 1965년부터 의과
대학과 약학대학을 신설하였고, 1970년에 경희간호전문대를 개편
인가 받았으며, 1972년에는 치과대학의 신설과 1973년에는 한의과
대학을 신설함으로써 종합의과대학의 면모를 갖추게 되었다. 또한
1971년 10월 5일 경희의료원을 개원하면서 조영식은 인사말에서

〈표1〉 조영식의 교육평화 사상의 내용

설립자	조영식(趙永植 / Young Seek Choue)
일반 교육 사상	인간교육, 정서교육, 과학교육, 민주교육.
교육의 목적	인류의 평화/문화세계의 창조, 아름답고, 풍요롭고, 보람있는 (B.A.R) 사회만들자
교육의 내용 (편제, 교육과정)	1949.5.12. 신흥초급대 설립. 학과편제 영어과, 중국어과, 체육과. 1951년 조영식 재단이사장 취임 및 장학제도설치.1952. 신흥대학 4년제 설립인가. 법률학과, 정치학과, 문학과, 체육학과를 법정학부, 문학부, 체육학부로 편제개편 1955. 신흥대 (종합대) 설립인가. 3.1 조영식 초대 총장에 취임. 1960. 신흥대학을 경희대학으로 명칭변경 1963. 음악대학 신설. 1965. 의과대학 약학대학 신설. 1967. 산업대학 신설. 1969. 공과대학 신설. 1970. 경희간호전문대 개편인가. 1972. 치과대학 신설. 1973. 한의과대학 신설. 1976. 인류사회재건연구원 설립
부속기구	경희 의료원 개원(1971. 10. 5.) -부속병원(내과, 외과 등 14개과) -치과병원(보존과 보철과 등 7개과) -한의원(한방내과, 침구과 등 4개과) 제3의학 개발(동서협진센터)
교육제도	- 경희대학교, 각 대학원 (서울 캠퍼스/ 국제 캠퍼스) - 평화 복지 대학원 - 경희 중, 고등학교 - 경희여자 중, 고등학교 - 경희 유치원
대 축제준비	2019년 (개교 70주년)

자료출처: 『경희대 50년사』(경희대 출판국, 2003), pp.144-361. 숙독 후 필자 구성.

"의료원을 국민에게 바친다"고 국민의 복리를 위한 설립취지를 설명하였다. 부속병원으로는 경희의료원(강북), 강동경희대학교 병원, 강남경희한방병원이 설립되어있다. 1972년에 의과대학의 첫 졸업생이 배출되었는데 총장, 교수, 학생이 혼연일체가 되어 노력한 결과 졸업생 전원이 100% 국가고시시험에 합격하는 우수한 결과를 가져옴으로써 의과대학과 한의과 대학의 명성은 높아지기 시작했다. 이는 간단한 일인 것 같지만 설립한 지 겨우 20여 년 된 대학에서 그것도 처음 입학한 학생들의 졸업이었으며, 1기생들에 대한 모든 이들의 기대를 학생들은 저버리지 않았다[85]고 하겠다.

교육제도를 보면, 경희대학교는 4년제 정규대학과정, 석·박사의 대학원 과정을 비롯하여, 유치원부터 초등학교, 남녀 중고등학교를 설립하였고, 서울캠퍼스, 국제캠퍼스, 강릉캠퍼스의 3개의 캠퍼스를 운영하였다. 무엇보다도 대한민국 최초의 국제대학원으로 '평화복지대학원'을 설립한 것은 역시 그의 평화이념을 실천에 옮기고자 한 사상의 실현이라고 할 수 있겠다.

2) 사회단체를 통한 평화운동 전개

조영식은 평화운동을 실천하기 위하여 학교교육 외에도 다양한 사회단체를 설립하였다. 가장 대표적인 것으로 1975년에 밝은사회클럽을 결성하였으며, 남북한 분단으로 부모형제가 떨어져 생활하는 비참한 현실을 목격하고 이들을 위한 이산가족재회운동본부를 발족하였다. 밝은사회클럽은 G.C.S클럽(Good will, Cooperation, Service 약칭 GCS클럽)으로 이미 세계적으로 많이 알려지고 있다. 미국, 독일,

---

85) 그 이면에는 학생들을 '단체 기숙'시키면서 공부에 여념이 없도록 모든 것을 뒷바라지 한 조영식 총장과 교수들의 노력이 있었기 때문에 가능했다. 『경희 30년사』 pp.598-600.

중국, 남아프리카, 대만 등을 비롯하여 전세계 40여개 국가에서 이 GCS운동이 전개되고 있다. 미국의 임파우대학(IMPAU University)에서는 '제2의 르네상스'란 과목을 정규과목으로 설강하고 콜롬비아 클럽에서는 GCS 활동소식지 발행 등을 간행하여 알리고 있다.[86] 중국의 요녕대학에서는 조영식의 사상을 대표하는 '오토피아 사상연구소'가 개설되었으며 중국에서는 이 운동의 전개로 187차에 걸쳐 유학생 보건사업으로 많은 학생들이 의료혜택을 받았다.[87] 최근에는 밝은사회국제클럽에서 각 국가의 태권도의 확산과 더불어 GCS 미얀마 양곤클럽, 일본의 동경클럽 등이 확산되고 있는 대표적 사례이다.[88] 이러한 활동에 관하여 다음 장에서 구체적으로 고찰해 보자.

3. 조영식 평화사상의 사회실천운동과 계승

1) 조영식 평화사상의 사회실천운동

(1) 밝은사회운동과 계승발전

조영식 평화사상의 대표적인 사회실천운동은 밝은사회운동, 이산 가족재회운동 추진본부, 김장담기 나눔봉사 등을 들 수 있다. 그는 로타리클럽, 라이온스클럽, 제이씨(JC)활동이 중추를 잡고 있는 한 국에서 밝은사회운동을 창시하였으며 특히 정신적인 면과 물질적 측면을 아울러 중시하면서 독특한 BAR 사회를 목표로 전국적으로

---

86) 『GCS 각 국가별 활동 보고서』(서울: 경희대 밝은사회연구소, 1997), 콜롬비아 보고에서 발췌.
87) 하영애, 『조영식과 평화운동』, pp.79-81.
88) 하영애, 『한중사회 속 여성리더』, pp.34-35.

확산하였다. 그는 또한 밝은사회 국제본부 초대총재로 추대되었다. 이를 개괄하면,

첫째, 밝은사회 국제클럽 한국본부는 1975년에 밝은사회운동결성과 함께 이루어지고, 1978년 6월 15일에 한국본부가 결성되었다. 1970년 후반은 주로 경희대 교직원과 의료원, 병설학교 교직원 중심으로 조직되었으나 1980년대의 확산기에는 총 299개 클럽이 결성[89] 되는 등 지속적으로 확산·발전하였다. 특히 경희의료원 연합회, 목련연합회, 여성클럽 연합회, 광주전남지역 연합회 등 26개 연합회와 6개의 지구가 결성되어 밝은사회운동은 지역, 성별, 청소년 클럽, 성인클럽 등으로 전국적으로 확산되었다. 한국본부의 초대 총재에는 안호상(초대 문교부 장관)이 역임하였고 그 외 13명의 총재들 중에는 대학총장을 역임한 교육자들이 많았다. 최근 한국본부는 사단법인화되어 활동하고 있다.

둘째, 2000년대에는 밝은사회클럽의 국제화시기라고 할 수 있는데, 밝은사회 국제본부 조영식 총재가 1999년 10월에 공동 개최한 [1999서울NGO 세계대회]는 밝은사회운동의 새로운 도약의 계기를 마련하는 계기가 되었다. 2001년에는 인도 뉴델리에서 국제대회, 2003년 필리핀 마닐라 국제대회에서는 아동우유기금과 현지에서 모금을 개최하여 사회운동을 지원하였다.[90] 최근에는 2014년에 미얀마 양곤 국제대회, 2015년 일본 도쿄국제대회[91]를 비롯하여 2016년 11월에는 네팔에서 개최하였다. 2012년 조영식 박사가 타계한 후 후임으로 제2대 밝은사회국제클럽 총재는 조정원 세계 태권도 연맹 총재

---

89) 1980년 2월 1일 산울림 클럽(양승례 회장)을 시작으로 1982년 10월 26일 대은클럽(권용설 회장)을 비롯하여 1989년 11월 25일 울림통 클럽(김종필회장) 등 299개 클럽으로 확산 및 발전되었다. 밝은사회운동 30년사, "1980년대 클럽결성 현황", pp.186-189.
90) 『밝은사회운동 30년사』, p.191.
91) 2015년 10월 일본 동경 개최. 필자 현지참석.

가 추대되어 태권도와 함께 밝은사회운동의 세계화가 더욱 가속화되고 있다.

밝은사회운동이 추진하고 있는 역점사업으로는 장학금 지원사업, 수해 및 자연재해지역 지원사업, 경로잔치 및 독거노인 집 지어주기, 도서지역 무료 의료 봉사활동, 시각장애자 개안수술지원 등 30여 년 동안 물질적 정신적 측면에서 한국사회에 적지 않은 기여를 해오고 있다.

셋째, 특히 밝은사회한국본부에서 시행하고 있는 특별한 제도로서 고등학생들에게 공부 외에도 선행을 중시하여 대학에 입학할 수 있도록 시행하고 있는데 이는 사회 전반적으로 좋은 반응을 얻고 있다. 예를 들면 '제21회 전국 고등학생 밝은사회 선행자 상 공모 안내'[92]은 지역사회와 학교에서 선행, 효행, 봉사를 활발하게 전개하여 다른 사람의 귀감이 되는 청소년들을 선발하여 대학교에 입학전형하는 방안이다. 추천대상자 내용에는 '부모를 공경하고 가족을 사랑하며, 화목한 가정생활에 기여한 학생, 불우이웃 돕기, 노인 및 이웃사랑에 솔선수범하는 학생'이 명시되어있다. 이는 조영식 총재가 처음 제도를 만들어 시행하였고 2016년 현재 21회째를 맞이하여 지속화하고 있으며, 해당 단체가 추구하는 화목한 가정, 불우이웃돕기 등 인간다움을 일깨워 주는 정신을 엿볼 수 있다.

<표2>는 한국사회에서 사회운동의 하나를 구축하는 있는 밝은사회국제클럽, 라이온스 국제클럽, 로타리 국제클럽, 제이씨에 대한 창립배경과 이념에 대해 일목요연하게 나타내고 있다. 이들 사회운동의 단체는 그간 한국사회에서 정신적 측면과 물질적 측면에서 커다란 기여를 하였다. 물질적 측면에서 이들은 로타리클럽의 연간 수십억 원을 비롯하여 라이온스클럽, 제이씨, 밝은사회클럽에서도 많은

---

92) 사단법인 밝은사회국제클럽 한국본부 심호명 총재의 명의로 전국의 고등학교 교장선생님 앞으로 발송된 공문이다. 문서번호, 밝국한 제 2016-17호, 시행일자 2016. 3. 30.

<표 2> 주요 4개 사회단체의 사회운동의 창립배경과 이념

기 준	밝은사회 국제클럽 (GCS)	라이온스 국제협회 (LIONS)	로타리 국제협회 (ROTARY)	JC(JUNIOR CHAMBER)
1. 창립 배경 1) 창시자 2) 국적 3) 당시직업 4) 창립년도	조영식 박사 한국 前 세계대학총장회 회장, 前 경희대총장 1978년	Melvin Jones 미국 보험대리점경영, 사업동호회 총무 1917년	Paul P.Harris 미국 변호사 1905년	Henrry Giessenbier 미국 은행원 1915년
2. 슬로건 및 Motto	선의·협동·봉사기여 밝은 사회 이룩합시다	자유·지성·우리국가 의 안전 우리는 봉 사한다.	초아의 봉사 (Service Above Self)	개인의 수련 (Training) 사회봉사(Service) 우정(friendship)

3. 이 념
  (목적 및
  정신)
	철학적 기초:
	주리생성론(主理生成論)
	전승화이론(全乘和理論)
	
	3대 목표:
	단란한 가정
	건전한 사회
	평화로운 세계
	
	3대 정신:
	선의
	협동
	봉사·기여
	
	5대 운동:
	건전사회 운동,
	잘살기 운동,
	자연애호 운동,
	인간복권 운동,
	세계평화 운동
		목적: 세계 인류의 상
		호이해 정신을 창조·
		배양한다 외 5개항
		윤리 강령 : 자기 직
		업에 긍지를 가지고 근
		면·성실하여 힘써
		사회에 봉사한다 외
		7개항
			목적: 로타리의 목적
			은 봉사의 이상을 모
			든 가치 있는 사업활
			동의 기초가 되도록
			고취하고 육성하며, 특
			히 다음 사항을 힘써
			행하는데 있다.
			4대강령: 첫째, 봉사
			의 기회를 마련하기
			위하여 교우의 범위
			를 높인다.
			 둘째, 사업과 전문직
			업의 도덕적 수준을
			높이고 모든 유익한
			직업의 진가를 인식하
			여 로타리안 각자는
			자기 직업을 통하여 사
			회에 봉사할 수 있도
			록 직업의 품위를 높
			인다.
			 셋째, 로타리안 개개
			인의 개인생활이나 사
			업 및 지역사회 생활에
			있어서 항상 봉사의 이
			상을 실천한다.
			 넷째, 봉사의 사상으
			로 결합된 사업인과 전
			문직업인들은 세계적
			우의를 통하여 국제간
			의 이해와 헌신과 평
			화를 증진한다.
				목적: 이데올르기
				를 초월한 순수 국제
				민간단체로써, 세계
				평화와 복지증진을
				위해 노력하는 미
				래 지향적인 지도력
				개발
				
				3대 원칙:
				개인의 능력개발
				지역사회 개발
				세계와의 우정

자료출처 : 1) 히영애, "밝은사회(GCS), 라이온스(LIONS), 로타리 (ROTARY)클럽과 J. C의 활동현황과 발전방향",
          『조영식과 평화운동』, p.152.
       2) GCS 헌장, Lions 정관, Rotary 강령, J.C 정관 4개단체의 관련자료 참고.

장학금을 지급하여 초, 중, 고, 대학생들과 해외로 유학생활을 할 수 있는 학문의 길을 여는 데 큰 힘이 되어주었다. 뿐만 아니라, 의료봉사와 각종 사회사업과 운동을 통하여 국내의 수많은 사람들에게 보람된 생활의 기쁨을 안겨주기도 하였다. 정신적 측면에서는 수많은 지역봉사를 꾸준히 지속적으로 추진하고 있으며 계층별, 연령별, 사회단체별 높은 비중으로 기여하고 있음을 알 수 있었고, 의식개혁 및 계몽운동으로 한국의 시민사회운동에 적지 않은 선구자적 역할을 하고 있음을 볼 수 있다.[93] 특히 4개의 사회단체의 사회운동 중에 "사회발전을 위한 시민단체운동의 역점사항은 무엇입니까"라는 항목에서 '밝은사회클럽'이 추구하고 있는 '인간성 회복 운동'에 관해, 설문연구결과 밝은사회클럽이 68.9%, 라이온스클럽이 46.5%, 로타리 클럽이 45.2%, 제이씨가 48.2%를 나타냄으로써 밝은사회클럽의 회원들이 가장 높은 비율을 나타내고 있음을 알 수 있으며[94] 이는 해당 단체의 인간중심사상의 이념과도 일치함을 보여주고 있다고 하겠다. 이는 동시에 밝은사회운동이 사회운동으로 계승발전하는 데 중요한 가치를 시사한다고 하겠다.

(2) 일천만 이산가족 재회추진위원회를 통한 민족의식과 조국애의 실천

'일천만 이산가족 재회추진위원회'는 1982년 12월에 사단법인으로 창립이 되었고 초대 위원장에 조영식 박사가 추대되었다. 이는 비록 1972년부터 남북적십자회담이 진행되었으나 정체되어 가족상봉의 실마리가 보이지 않게 되자 5백만 월남동포들은 '우리문제를 우리 손으로 풀어보자'라는 결의로 이북 5도민회가 주축이 되어 이루어낸 것이다.[95] 조영식위원장과 이재운 부위원장을 중심으로 추

---

93) 하영애, 『조영식과 평화운동』(서울: 한국학술정보(주), 2015), pp.137-186. 참조
94) 하영애, 『조영식과 평화운동』(서울: 한국학술정보(주), 2015), p.173.

진위원회는 1년 뒤인 1983년 6월에 KBS와 대한적십자사와 공동으로 "이산가족찾기"사업을 전개하여 피란길에 헤어진 가족들이 재회를 이루어내었으며, 나아가 1985년 9월에는 고향방문단 50명이 서울과 평양을 오가면서 해방이후 40년 만에 처음으로 혈육이 상봉하는 실로 감격적인 만남을 주선하였다. 뿐만 아니라, 조 위원장은 남북한 이산가족 문제해결에 좀 더 적극성을 발휘 할 수 있도록 국제적인 설득과 압력을 행사하고 도움을 요청하기 위해 유엔의 '케야르' 사무총장 및 '휄리스 가에르' 국제인권연맹 사무총장, '알렉산더 헤이' 적십자 국제위원회 총재 등을 수시로 예방하여 한국이산가족문제에 대한 지원을 요청하였고, 서독, 프랑스, 영국 등의 최고 지도자들과 적십자책임자들에게도 한국이산가족문제의 비극성과 한국정부의 노력을 홍보하는 등 국제협력을 전개하였다.[96] 조 위원장은 1989년 7월 위원회 간부들과 백두산을 탐방한 그 즉석에서 '하나가 되라'는 시를 짓고 백두산을 향해 기도하며 남북이 하나가 되기를 기원하였다.

이러한 노력의 결과, 1993년에는 153개 국가가 이 운동에 동참하는 서명을 하였으며 1년 뒤인 1994년 11월 4일 발표한 집계에 의하면, 어느 주부는 혼자서 10만 명[97]의 서명을 받아내는 집념 속에 21,202,192명이 서명을 하여 세계기네스 북 제1위에 올랐다. 이는 민족, 동족의 아픔을 딛고 통일을 염원하여 남북한 동포들의 왕래를 촉구하는 커다란 전환점을 마련하는 데 단초를 제공했다고 평가할 수 있다.

---

95) Jae Woon Lee, "A Savior To Fulfill The Hope of The Separated Families", The Publication Committee of Global Leader With Great Vision, *Global Leader With Great Vision* (Seoul: Kyohaksa, 1977), pp.360-370.
96) Jae Woon Lee, "A Savior To Fulfill The Hope of The Separated Families", p.370.
97) 하영애, 『밝은사회운동과 여성』(서울 : 범한서적, 2005), pp.147-148.

(3) '사랑의 김장담기와 나눔 봉사'의 계승 및 전국적인 발전

20여 년 전 '전국 밝은사회 여성클럽연합회'가 시작한 사랑의 김장담기는 해를 거듭할수록 참가하는 단체클럽이 늘어날 뿐만 아니라, 더 많은 분량의 김장김치를 담고 더 많은 결손가정이나 독거노인들에게 배달이 되고 있다. 서울지역에서의 이러한 '사랑의 김장담기와 나눔 봉사'는 2015년에는 경희여고 학부모클럽인 이삭클럽을 비롯하여 꿈초롱클럽, 동산학부모 클럽, 나눔클럽, 무지개 클럽, 사임당 클럽, 서울 여성클럽, 다산 여성클럽, 청록클럽[98])에 이어 '경희대 여교수회'와 '경희대 교직원 모임'에서도 동참하여 이틀 동안 이루어지는데, 첫날에는 배추를 다듬고 절이는 등 기초작업이 끝나고 둘째 날에는 수백 명의 회원들이 함께 모여 김장담기가 진행된다. 모든 경비는 참가하는 단체가 공동으로 나누어 분담하며, 김장김치는 수백 통의 하이얀 김치 박스에 담은 후 역시 균등하게 분배하고 각 클럽별로 독거노인이나 결손가정 및 소년소녀가장, 필요한 이웃들에게 나누어진다.

지방의 단위클럽들도 역시 김장김치 나누어주기에 동참하고 있으며, 한국본부에서와 전국여성클럽연합회에서 7일간 일시를 정해놓고 전국적으로 동시에 시행하기도 하였다. 예를 들면, '밝은사회 전북 여성클럽'에서는 전라북도 도청에 계획서를 제출하여 재정적 지원을 받아서 5,000포기의 김장김치를 담아 이들의 손길을 요하는 이웃은 물론 외국인 가정에도 전달하는 등 적극적인 김장봉사를 하였다.[99]) 또한 '밝은사회 영남지구'에서는 전체 단위클럽의 회원 및 부

---

98) 유공조, 『밝은사회운동 30년사』(서울: 경희대학교 인류사회재건연구원 밝은사회연구소, 2007), p.234; "영남지구 사례 발표", 『제33회 밝은사회지도자 수련회 자료집』(서울; 밝은사회 국제클럽 한국본부, 2016), p.24.

99) '밝은사회 전북여성클럽 연합회' 김장담기 봉사 참석. 당시 밝은사회 한국본부의 초대여성부장을 담당한 하영애 교수는 그 당시 사무총장에 재임 중인 유공조 교수의 "사랑의 김장 동시

인회원들의 참여로 이루어지는 활동봉사를 개최하고 있다. 울산광역
시의 지원과 지구 내 단위클럽의 자발적 참여로 영남지구의 회관 앞
에서 단위클럽별 김장 부스를 마련하고 손수 김장을 하여 불우한 이
웃 및 결손가정, 해당 관활 등 자치센터 등에 담근 김치를 박스에 담
아 기부하였다.[100] 이러한 활동 등은 밝은사회운동이 추구하는 봉사
활동의 지속적인 사업의 하나로서 K-POP과 더불어 한국문화의 상
징과 의미이며 동시에 중요한 가치로 등장하고 있는 "김치 한국"의
전통적인 문화를 일구어 나가는데도 커다란 역할을 하고 있다. 이는
또한 전국적인 클럽이 지속적으로 추구하고 계승해나가고 있으며
주위의 좋은 평가를 받고 있는 봉사활동으로 자리매김하고 있다.

아무리 좋은 이상을 가지고 있어도, 그것이 실천되지 않으면 아무
런 소용가치가 없게 된다. 조영식이 이루어 놓은 교육분야의 업적은
어떻게 계승 발전되고 있는가.

2) 조영식 사상의 교육분야에서의 계승운동

(1) 후마니타스 칼리지와 인간교육의 중시

조영식의 평화사상은 인간교육의 중요성을 제기했다. 그의 평화사
상은 교육현장에서 어떻게 녹아 있는가? 후마니타스칼리지(Humanitas
College)는 조영식의 인간교육이념을 기초로 하여 조인원 총장이 핵
심적으로 추진하고 있는 미래지향적 인간교육이다. 대학을 설립한
조영식의 평화사상은 역대 총장들[101]에 의해 나름대로 유지 발전되

담기"의 아이디어와 지침에 따라 전국적으로 확산시켜 나갔다.
100) "영남지구 사례 발표", 『제33회 밝은사회지도자 수련회 자료집』(서울; 밝은사회 국제클럽 한
     국본부, 2016), p.24.
101) 초대 총장 조영식에 이어 경희대 총장을 역임한 사람은 2대 고병익, 3대 조영식, 4대 안치열,
     5대 심태식, 6대 박양원 7대, 8대 조영식, 9대 공영일, 10대, 11대 조정원, 12대 김병묵 총장
     에 이어 현재는 조인원 총장이 13대, 14대로 재임하고 있다.

어왔지만 조인원 총장은 '문화세계의 창조'라는 뜻을 살려 '후마니타스 칼리지'를 국내대학 최초로 받아들여 인간교육, 미래사회, 미래대학에 중점을 두고 교수, 대학생이 다양한 의견을 주고받는 대화시간을 통해 구성원들의 소리와 그리고 나아가야 할 방향을 함께 논의하였다. 예컨대, 총장과 학생들의 대담의 자리에서 한 학생(박예지, 정치외교학과 학생)이 질문하였다. "해외 자료를 찾아봤는데 미국 브라운 대학의 경우 독립연구(independent study)라는 과목이 있었는데, 학생들이 자율적으로 연구하고 싶은 주제를 선정해 심도 있게 연구하는 프로그램입니다. 물론 교수님에게 지도를 받습니다. -- 우리학교에서 이런 제도를 도입했으면 좋겠습니다."[102]라고 건의사항을 얘기하였다. 이에 대해 조인원 총장은 "독립연구 도입을 적극적으로 생각해 볼 필요가 있다"고[103] 답변하였다. 총장은 이 학생의 의견을 받아들여 시행을 지시하였다. 그 결과 경희대는 2016년도 1학기부터 '독립연구'가 시행되고 있으며, 42개 분야에 70여 개 팀이 신청하여 연구되었고, 2016년 2학기부터는 독립연구 IIFMF 추진하고 있으며, 학생들은 자신이 공부해보고 싶은 주제를 가지고 독자적으로 연구할 수 있어서 좋은 반응을 얻고 있다.

(2) 미원렉처와 미래문명원의 활동

경희대학은 초창기에 어려움이 적지 않았으나 현재는 더 나은 대학, 세계일류대학으로의 꿈과 목표를 가지고 매진하고 있다. 설립자 조영식의 유지를 이어 70주년을 맞이하는 2019년을 향해 새 꿈과 목표를 가지고 다양한 발전계획을 추구하고 있다. 특히 14대 조인원 총장은 국제기구의 인턴십(Internship Program) 선발과 미원렉처, 석

---

102) '대학, 그 현실과 이상사이에서', 조인원 『내 손안의 미래』 p.167.
103) 조인원 총장의 답변, '대학, 그 현실과 이상사이에서', 조인원 『내 손안의 미래』 p.168.

학특강 등을 추진해오고 있다. 예컨대, 2015 KHU-UN/국제기구 Internship Program 선발이 있는데 2006~2016년까지 10년 동안 95명을 해외 인턴십을 보냈으며, 2016년 현재 5명도 합격하여 준비 중에 있으니 그 인원은 총 100명이다. 학부2학년 이상 재학생 및 대학원 재학 중인 학생으로 UN 및 국제기구의 인류평화나 공영 활동에 대한 관심과 참여 의지가 있는 사람들이 선발되는데,[104) 미국 일본 제네바 방콕 등을 비롯하여 다양한 NGO활동을 하게 된다.

또한 "미원렉처"는 경희대학교 설립자 故 조영식 박사의 호 '미원(美源)'을 따서 이름 지은 특별 강연이다. 경희대는 '문화세계의 창조'를 창학 정신으로, '학문과 평화'의 전통을 면면히 이어오고 있다. 미원렉처/석학초청특강은 세계적인 국내외 석학과 거장, 실천인을 연사로 초빙해 우리 사회와 인류문명의 새로운 안목, 평화로운 미래를 여는 데 기여하기 위해 출범했다. 제1회 미원렉처는 2010년 2월에 Paul Kennedy 예일대학교 역사학과 교수가 "교육과 인류의 미래"를 주제로 개최됐다. 이어 고이치로 마쓰우라 전 유네스코 사무총장이 "인류와 문명"(2010년 9월), 프레드 블록 UC DAVIS 사회학과 교수가 "지구적 근대, 그 위기의 기원"(2011년 9월)에 대해 강연했다. 2012년 8월에는 이리나 보코바 유네스코 사무총장이 "UNESCO에서 본 21세기 평화의 토대"에 대해서, 2012년 12월에는 미국 정치학회 회장을 역임한 바 있는 코넬대학교 국제학과 피터 카첸슈타인 교수가 "세계 정치 속 문명: 동서양을 넘어"를 주제로 강연했다.

또한 석학특강에서는 이정식 펜실베이니아대학교 정치학과 명예교수가 "21세기에 다시 보는 해방후사(解放後史)"를 주제로 2011년

---

104) 대학원생 및 학부생 총 100명으로 지원내용은 왕복항공료 및 소정의 생활비 지급한다. 이는 경희대 '미래 문명원'이 발족한 이래 NGO인재양성을 야심찬 프로그램이라고 할 수 있겠다.

11월에 4회에 걸쳐 강연했고, 슬라보예 지젝이 2012년 6월 27일에 "정치를 위해 무엇을 할 것인가?"를 주제로 특별 강연했다.

이들 미원렉처와 석학특강의 프로그램 진행 중에는 대학생과 대학원생, 교수들이 참여하여 예리한 질문과 응답을 통해 함께 인류사회의 사회상 등 다양한 문제에 대한 궁금증을 해소해가고 있다. 이에 대해 <표 2>에서 참조할 수 있다.

〈표 2〉 미원(美源) 렉처(특별강연) 현황

	강사명	주제	소속	비고
1회	Paul Kennedy	교육과 인류의 미래	예일대 역사학과 소속	2010.2
2회	고이치로 마쓰우라	인류와 문명	전 유네스코 사무총장	2010.9
3회	프레드 블록	UC DAVIS 사회학과 교수 "지구적 근대, 그 위기의 기원"	기원	2011.9
4회	이리나 보코바	"UNESCO에서 본 21세기 평화의 토대"	유네스코 사무총장	2012.8
5회	피터 카첸슈타인	"세계 정치속 문명: 동서양을 넘어"	코넬대학교 국제학과 교수	2012.12

출처: 미래문명원 사이트 검색 후 필자 구성

(3) 지구사회봉사단

2011년 9월 15일 뉴욕 유엔본부와 경희대학교 평화의 전당에서 세계평화의 날 30주년 기념 'UNAI-경희 국제회의'가 화상회의로 개최되었다.[105] 회의주제는 '평화의 미래, 대학의 미래(Give Peace Another Chance)'였다. 조인원 경희대 총장은 현지에서의 기조연설에서 "전 세계 고등교육기관의 시민교육과 지구봉사를 지원하기 위

---

105) UNAI는 반기문 유엔사무총장이 '고등교육을 통한 세계평화 구현'을 목표로 설립한 유엔공보처 산하기구이다. 미원조영식박사 기념사업회, 『학문과 평화, 그 창조의 여정』(서울: 경희대학교 출판문화원, 2014), pp.216-217.

한 '세계기금' 창설에 대한 논의를 시작하자"고 제안하여 국제적 관심을 끌었다. (시민교육과 지구봉사) 그 후 경희대는 세계시민, 지구봉사단(GSC)이 발족되어 다양한 활동을 하고 있다.

2015년 5월 옥스퍼드대학에서는 '세계대학총장회 발족 50주년을 기념하는 회의가 개최되었으며, 옥스퍼드대학에서는 경희대 조인원을 총장을 초청하였고 조 총장은 기조연설을 수락하였는데, 바로 50년 전 조영식 총장이 이 대학에서 아놀드 토인비 등 수많은 석학들과 함께 '세계대학 총장회의 IAUP'를 4개 대학의 총장들과 함께 창립했던 곳이다. 이 회의는 폐막식에서 50년 이후의 세계대학총장회의 역할과 미래를 고대하면서 막을 내렸다.

(4) 평화보트(Peace Boat)에 경희대 교수·학생 참여

'평화보트'는 일본을 근거지로 전적으로 항해에 참가하는 사람들에 의해 운영되는 비영리기구로서 평화, 인권, 환경과 관련된 여러 NGO 들과 각국 시민들과 연대를 이루려는 단체이다. 이 '평화보트'는 어떤 민족이나 이념 또는 교리가 절대시되는 것을 반대하며, 나이 국적 인종 종교 신분 지역 또는 성(Sex)에 상관없이 모든 사람에게 개방되어 있으며 구체적인 활동으로는 각 기항지에서 장기적인 발전에 관심을 가지고 있는 지역 그룹들과 공동 결정을 통해 지속가능한 개발과 분쟁의 평화적 해결에 공헌해 오고 있다.[106] 이 '평화보트'는 경희대학교가 공동주최한 '99 서울NGO 세계대회' 평화안보분과에서 발표를 통해 1999년 10월 18일부터 2000년 1월 15일까지 북반구 세계 순항과 2000년 1월 16일부터 2000년 4월 14일

---

106) Shinsaku Nohira 외 평화보트 스태프들의 발표, "평화를 향한 항해-미래의 평화를 위한 지난 시도들에 대한 회고", 1999서울NGO 세계대회 조직위원회, 『1999서울NGO 세계대회 백서』, (서울: 1999서울NGO 세계대회 조직위원회, 2000), pp.155-156.

까지 남반구 세계 순항을 계획하였다.[107]

'평화보트'는 구호 팀, 환경 팀, 핵 관련 팀으로 구성되어 있는데, 핵 관련 팀은 '평화 보트'의 주요 활동분야의 하나로 1998년도에는 세계 순항 중에 나가사키와 히로시마 그리고 비키니아톨과 체르노빌에서의 핵폭격과 실험으로 인한 인류의 비극을 담은 사진전시회를 열었다.

2016년 이 평화보트의 항해에 경희대학교 교수와 대학생 4명이 참여하였다. 일본, 대만, 홍콩 등의 선상에서 지속적인 발표와 토론 등을 통해 '평화보트' 항해 속에서 대학생, 젊은 청년들이 주축이 된 평화관련 세미나 워크샵을 하였다.

이들은 빡빡한 15일간의 일정 속에 쉴 틈 없이 움직이면서 힘들기도 하였지만, 평화를 모토로 하고 있는 경희대 구성원들로서 다양한 실질적인 경험을 통하여 보람을 느꼈다고 피력하며 인솔교수였던 정화영 교수는 앞으로 이런 기회가 주어지면 경희대학대학생들이 지속적으로 참여할 수 있기를 희망했다.[108]

(5) 연구회의 발족

미국의 시카고 대학은 행태주의(Behaviorism)를 발전시킴으로서 정치사에 적지 않는 하나의 이론을 마련하게 되었으며 이 분야의 '시카고 학파'가 태동되었다. 하나의 이론이 사상과 철학으로서 자리 잡음 할 수 있기 위해서는 부단한 학문적 연구가 이루어져야 한다. 또한 실천이 추진되어야 한다. 2016년은 조영식이 이루어낸 '세계 평화

---

107) Shinsaku Nohira 외 평화보트 스태프들의 발표, "평화를 향한 항해-미래의 평화를 위한 지난 시도들에 대한 회고", pp.156-157.
108) 2016년 8월 15일부터 29일 까지 15일간 '평화보트'에 참여했던 일행들의 지도교수로 동참한 후마니타스 칼리지의 정화영 교수와의 대담. 2016. 9. 20. 14:00-15:00 정화영 교수 연구실에서.

의 날'이 선포된 지 35주년이 되는 뜻 깊은 해이다. 그가 꿈꾸던 세계평화, 아니 남북한 통일도 보지 못하고 그는 2012년 2월 18일 타계했다. 4주년을 맞이하여 '조영식과 평화운동'이 출판되었고 뒤늦은 감이 있지만 조영식을 연구하겠다는 학자들이 모였다. 그리고 세계적으로 다양한 분야의 연구와 계승이 진행되고 있는 또 한 사람의 평화운동가 이케다 다이사쿠를 연구하고자 하는 학자들과 함께 연구회를 발족하였다. 조영식은 생전에 학자무변을 강조하였는데, 즉 어떠한 주제나 어떠한 연구도 가능하다는 사상을 피력하였다. 두 사람이 만나 '천년지기'의 우정을 다졌던 것과 같이 우리학자들은 조영식과 이케다 다이사쿠가 가진 많은 공통점과 차이점을 비교 연구하여 인류가 평화롭고 행복할 수 있도록 인류공동의 복지를 위하여 더 한층 분발하고 연구를 추진해야 한다고 제의한다.

　조영식의 평화사상과 정신이 꾸준히 연구발전하기 위해서는 지속적인 연구가 필요하다. 이에 관해 평화사상이나 교육, 인간에 대해 조영식과 많은 공통점을 가지고 있는 일본 소카대학의 설립자 이케다 다이사쿠에 대한 연구현황은 점차 확산되고 있기 때문에 참고해야 할 필요가 있다고 본다. 예를 들면, 미국의 De Paul 대학의 이케다 교육연구소,[109] 대만의 중국문화대학교의 이케다 다이사쿠 연구소(池田大作 研究所),[110] 중국 북경대학의 이케다 연구회, 折江省 紹興文理 學院의 루쉰-이케다 연구소(魯迅與池田大作 研究所), 天津 南開大學의 '朱恩來-이케다 연구회'[111] 등을 참고하여 동북아뿐만 아

---

109) 일본 창가학회 본부 방문시의 자료에서, 2016. 2. 22. 16:00-18:00
110) 발표자 중의 한 사람인 하영애 교수가 2016. 3. 2. 대만 문화대학의 이케다 다이사쿠 연구소 제10주년 국제세미나에 참석하였다.
111) 2016년 10월 22일-23일 남개대학에서 양일간 개최된 '제9회 池田大作思想國際學術研討會'에는 중국 전역에서 이케다 다이사쿠를 연구하는 120여 명의 전문가와 학자들이 참석하였으며, 광동성 사회과학연구원의 부원장은 기조연설을 통해 2018년에는 광동성에서 다음의 국제학술회의를 개최하겠다고 말하며, 2020년에는 일본소카대학과 일본SGI에서 이 대회를 개최해

니라 미국 등 세계적으로 폭넓게 연구되고 있으므로 조영식의 연구
와 계승발전에 참고할 필요가 있다고 생각한다.

최근 한국에서도 이러한 연구활동과 추세 및 평화를 사랑하는 의
지에 힘입어 '조영식-이케다 다이사쿠 연구회'가 발족하였다. 이를
기반으로 국내학자들의 연구 발표 및 다른 나라의 학자들과도 활발
한 학술교류를 추진할 수 있도록 하는 것은 한국의 평화사상가 조영
식을 대외로 알리고 특히 '세계평화의 날'에 대한 조 박사의 불굴의
평화정신을 정착시키는 데 중요한 계기가 될 수 있을 것이다.

4. 결론 : 사회운동의 창조적 계승을 위하여

그간 조영식은 '세계대학총장회의'와 '국제평화연구소'를 중심으
로 다양한 국내외적 학술활동을 펼쳐왔다. 그 시대에 맞는 대 주제를
정해 예외 없이 매년 그는 세계평화분야, 교육분야, 사회분야의 석
학들과 NGO 관련단체를 모아 국제평화세미나를 개최하였다. 그러
나 2016년 현재 상황에서 살펴보자. 2012년 조영식 박사가 타계하
셨고 조영식 박사와 오래도록 함께 이 분야에서 오래도록 일해 왔던
전 통일원장관을 역임한 손재식 박사가 경희대 평화복지대학원에서
원장직을 비롯하여 10여 년 이상 강의와 '국제평화연구소'를 이끌어
오다가 퇴임한 이후 경희대학교의 평화연구는 주춤한 상황이라고
할 수 있다. 어쩌면 인력과 재정 두 분야가 연구와 조직의 활성화를
위해 필수적이라고 할 수 있는데 위기를 맞고 있다고도 할 수 있다.
이와 유사한 사례를 일본 소카대학의 평화문제연구소에서도 보이고

달라고 공식적으로 요청하였다.

있다. 2016년 2월 방문했던 소카대 평화연구소 타마이 소장은 예전에는 평화연구소에 전임교수 및 겸임교수가 많았는데 시간이 경과할수록 인원과 재정 면에서 어려움이 따르고 있어서 학술발표자료집 등의 정기적인 발간이 지연되기도 한다고 설명하였다.[112]

그러나 70년대에 한국은 유엔에 가입조차 되지 않았지만 불굴의 의지를 가진 조영식은 세계평화의 날을 이끌어내지 않았던가!

각국의 대사를 역임하고 평화복지대학원에서 학생들을 지도했던 한표욱 박사는 생전에 본인이 모아왔던 1억 원을 학생들의 교육에 쓸 수 있도록 쾌척하였다. 이를 시작으로 평화복지대학원의 홍기준 교수, 하영애 교수, 김동욱 행정실장 등이 GIP를 사랑하는 마음으로 각각 1천만 원을 '학교발전기금'으로 내었고, 그 외에도 적지 않은 동문들이 각기 형편에 맞게 후원금을 내기도 하였다. 이제 우리는 다시 한 번 '티끌모아 태산'의 마음가짐으로 조영식 평화사상연구와 조영식 사회운동의 연구에 작은 정성을 모을 필요가 있겠다.

이외에도 조영식 연구의 계승발전을 위해서는 과거에 조영식과 대화를 나누었던 사람들과의 '대화 집' 묶음 준비라든가,[113] 국제사회에 평화관련 지속적인 연계망 구축 등이 추진되어야 할 것이다. 특히 학생들 중심으로 진행되었던 '오토피아 평화 페스티벌(Oughtopia Peace Festival)' 분임 발표라든가 'Peace Boat' 항해의 지속적인 학생들의 참여는 미래 평화사회의 주인인 젊은이들이 중심이라는 데서 시사성과 경희의 정체성 확립에도 바람직할 것이다.

그럼에도 불구하고 조영식의 평화사상의 계승발전을 위해서는 다

---

112) 일본 방문 중 소카대 평화문제연구소 타마이 히데키(玉井 秀樹) 교수와의 간담 중에서. 2016. 2. 23. 11:00-13:00.
113) 일본 방문 중 평화운동국 카즈오 이시와타리(石渡 一夫) 국장과의 간담 중에서. 2016. 2. 22. 17:00-19:15.

음과 같은 몇 가지를 제시해본다.

첫째, 사회운동차원에서는, 밝은사회국제본부와 한국본부에서 GCS 운동의 국내외적인 활동과 지속적인 평화운동을 비롯한 5개운동의 실천을 가속화하면서 GCS클럽의 창시자 조영식의 평화사상이 지속화·내실화하도록 해야 할 것이다.

둘째, 교육분야에서의 사회운동에 관해서는 미래문명원에서 시행하고 있는 다양한 프로그램들이 더욱 폭넓게 추진되어야 한다. 어렵게 이루어낸 [오토피아] 학술지의 국내 1급지 등재지도 지속할 수 있도록 관련 부서에서 노력해야 할 것이다. 특히 '미원 렉처'를 비롯하여 석학초빙을 통한 콜로키움, 세미나, 평화음악회, 평화영화제를 비롯하여 금년에 2회를 맞이하는 '경희 후마니타스 Peace BAR Festival'의 지속성과 지역주민들의 연계를 이끌어내어야 더욱 축제로서의 가치성을 가질 수 있다.

셋째, 국제화 시대와 더불어 해외의 대학과 기구를 통해 조영식 평화연구에 대한 다양한 비교연구가 이루어지도록 하고, 국제무대에서 조영식의 평화사상이 계속되도록 연대의 끈을 놓지 않아야 한다. 특히 세계에 확산되고 있는 이케다 다이사쿠 연구회와 연구소를 벤치마킹하여 조영식을 더욱 알리고 튼실화할 필요가 있다.

제2부

이환호

1장
밝은사회 회원의 효율적 관리

1. 서론

인류가 14세기에 르네상스[1]시대를 지나오면서 인간의 존엄성을 표방하면서 왕과 제후들의 압제를 차츰 벗어나게 되고, 중국에서 전래된 나침반을 개량하여 지리상의 발견과 신대륙의 발견, 인도항로의 발견 등으로 대항해 시대를 열게 되었다. 그리하여 유럽은 그동안 동양과 중앙아시아에 뒤처져 있던 문명을 일거에 유럽중심의 세계관으로 바꾸면서 유럽제국은 점차 부와 기술을 막대하게 축적하였다. 그 후 계속해서 18세기에 들어서면서 영국에서부터 일어난 산업혁명[2]을 통하여 수송수단과 생산 면에서 획기적인 발전을 거듭하게 되고, 원자력의 발견과 전기, 전화 등의 발명으로 인하여 인간의 생활은 가히 혁명적이라 할만큼 획기적으로 발전하게 되었다. 오늘날 21세기에 접어든 지금 인간의 생활은 그 어느 때 보다도 가장 편리하고 풍요로우며 자유롭게 되었으나, 그 이면에는 인류의 생존을

---

1) 퍼거슨저, 진원숙 옮김, 『르네상스사론』, 서울, 집문당, 1991, pp.3-7.
2) 한양대학교 서양사 연구실 편, 『서양의 역사와 문화』, 서울, 한양대학교 출판원, 1998, pp.163-165.

위협하는 수많은 문제가 도사리고 있음도 사실이다.

밝은사회운동[3]은 이와 같이 많은 문제점을 안고 있는 인류사회를 재건하기 위한 국제 민간 사회운동이다. 선의・협동・봉사-기여의 3대 기본정신[4]을 바탕으로 건전사회운동, 잘살기운동, 자연애호운동, 인간복권운동, 세계평화운동 등 5대 실천운동[5]을 전개하여 단란한 가정, 건전한 사회, 평화로운 세계[6]를 건설함을 지향하고 있다.

밝은사회운동은 1975년 미국의 보스턴에서 개최된 제4차 세계대학총장회 총회에 참석한 49개국의 600여 대학 총장들이 인류사회의 진로를 모색하면서 당시 의장으로 있던 한국의 조영식 박사의 제의[7]에 의하여 만장일치로 채택된 민간 사회운동이다. 이렇게 하여 채택된 밝은사회운동은 이것을 실천하기 위한 활동의 일환으로 1978년에는 한국에서 시범적으로 밝은사회클럽의 결성 및 한국본부를 결성하여 그 활동의 성과를 토대로 하여, 이란 테헤란에서 개최된 제5차 세계대학총장회 총회에서 밝은사회운동의 세계적 확산을 위한 실천방법으로 세계각국에 밝은사회클럽을 결성하여 이 운동을 전세계적으로 전개할 것을 만장일치로 채택하였다. 그리하여 이듬해인 1979년에는 국제본부가 창설[8]되고, 밝은사회운동 헌장이 제정되었으며, 이에 의하여 1980년부터는 밝은사회클럽이 한국의 전역으로 조직이 확대되었으며, 1980년부터는 외국에도 국가본부 및 단위클럽이 결성되기 시작하였다.

필자는 본 논문에서 밝은사회 회원의 효율적 관리를 위한 연구를

3) 조영식, 『밝은사회운동의 이념과 기본 철학』, 서울, 밝은사회국제본부, 2002, pp.20-21.
4) 신대순・이환호, 『밝은사회운동의 이론과 실제』, 서울, 도서출판 신아, 1995, p.79.
5) 이환호, 『밝은사회클럽의 규정과 의전』, 서울, 도서출판 신아, 2000, pp.26-28.
6) 이환호・신대순 공저, 『새로운 천년 밝은사회 건설』, 서울, 도서출판 신아, 1998, p.12.
7) 박순영・조만제・신대순, 『밝은사회운동론』, 서울, 경희대출판국, 1984, p.34.
8) 박순영・조만제・신대순, 『밝은사회운동론』, 서울, 경희대출판국, 1984, p.34.

하고자 한다. 먼저 밝은사회 회원 관리의 원칙에 대해서 고찰해 보고자 한다. 다음으로 밝은사회 회원의 자세에 대해 관찰하고자 한다. 다음으로 밝은사회 신입회원의 입회조건을 고찰해 보고, 다음으로 밝은사회 회원의 효율적 관리에 대해 고찰하고자 한다. 이것은 월례회를 통한 회원관리, 수련회를 통한 회원관리, 사업 및 활동을 통한 회원관리, 위기발생시 회원관리로 관찰하고자 한다. 이를 통하여 필자는 밝은사회 회장단 및 임원단의 회원관리를 심층적으로 파악하여, 회원을 정예화하여 클럽을 활성화하고 확산하는 방법을 연구해 보고자 한다.

2. 밝은사회 회원 관리의 원칙

밝은사회 회원을 입회시켜서 관리하는 문제는 대단히 중요하다. 또한 밝은사회운동의 성패와도 관계된다고 생각된다. 회원 관리의 원칙을 보면, 첫째 사회생활에서 모든 면에서 유능한 인재를 회원으로 입회 시켜야 한다. 유능한 인재를 입회시키기 위해서는 몇 가지의 선행해야 할 문제가 있다. 그것은 신입회원으로 입회시키고자 하는 사람들이 직장이나 사회에서 다른 사람들에게 존경받는 사람들이어야 한다는 것이다. 신입회원의 입회는 클럽의 임원회의나 월례회의에서 가능하면 전원 만장일치로 입회시켜야 한다는 것이다. 입회된 신입회원 한 사람으로 인하여 클럽이 활성화될 수도 있고, 클럽이 와해될 수도 있다는 점을 유의해야 한다. 둘째 신입회원으로 입회된 회원을 클럽의 적재적소에 맞게 잘 배치해야 한다는 것이다. 인간은 누구나 자기에게 잘 맞는 자리가 있게 마련이다. 그러므로 대학에서도 학생의 기본적인 재능을 파악하여 전공을 찾아가도록 권유하는 것과 마찬가지로 단위클럽에서도 일단 입회한 회원은 회장단에서 신입회원의 과거 경력이나 경험에 비추어서 가장 알맞은 부서에 배치하여 클럽활동을 잘 할 수 있도록 심사숙고 하여야 한다. 또한 신입회원은 본인에게 물어보거나 본인이 원하는 분야를 잘 파악하여 적성에 맞는 부서에 배치하여 활동하도록 하는 것이 가장 바람직하다. 셋째 각 부에 배치된 신입회원은 회장단이나 임원단에서 잘 활용할 수 있도록 해야 한다. 신입회원으로 입회된 회원은 클럽활동을 경험할 수 있도록 기회를 제공해 주어야 한다. 그러므로 임원단에서는 임원회의 시마다 각 부에 소속된 신입회원 및 회원들에 대한 활동을 항상 점검하고, 또 그들의 활동을 꾸준히 관찰하도록 해야 한다. 각 회원들에 대한 적극적인 활용은 각부 부장들의 건의를 받아서 회장이 결정하도록 해야 한다. 넷째 임원들은 신입회원이나 기존 회원이 클럽활동이 재미없다거나 적성에 맞지 않는다고 탈퇴하는 일이 없도록 유지를 잘해야 한다. 단위클럽 활동이 즐겁도록 해서 회원이 흥미를 가지면 그 회원은 열심히 클럽 활동을 할 가능성이 많아진다. 또 신입회원으로 입회한 후 그 회원에게 중견급의 회원을 붙여주어 회의 시마다 항상 같이 앉거나 활동을 도와주거나 자문을 일정기간 동안 해주면 유지가 잘 될 수 있다는 것이다. 회원의 유지를 오래도록 하기 위해서는 밝은사회운동 이념과 철학교육이 철저하게 되어야 한다. 그리하여 밝은사회 이념으로 무장된 회원은 클럽에 적극적으로 참여하는 경우가 많기 때문이다.

3. 밝은사회 회원의 자세

밝은사회운동을 전개하는 핵심 조직은 단위클럽이다. 단위클럽을 움직이는 핵심은 회원이다. 그러므로 우수한 회원이 입회된다면 그 클럽은 앞으로 전도가 유망한 클럽이 될 수 있다. 왜냐하면 회원 각자가 모두 앞으로 밝은사회를 이끌어갈 지도자로 만들어야 하기 때문이다.

첫째 밝은사회 회원은 밝은사회운동의 이념으로 철저하게 교육된 회원이어야 한다는 것이다. 인간은 목표를 가지고 활동하거나 사업을 하거나 생활 할 때, 자기 나름대로의 확고한 의지와 신념을 가지고 추진하지만, 그렇지 않는 경우는 일에 대한 열정이 식어지거나 중도에 포기하는 경우가 많다. 그러므로 밝은사회 회원 활동도 이념과 철학의 확고함의 유무, 목표의 유무에 따라 많은 차이가 있음을 알 수 있다. 밝은사회운동의 이념과 철학은 타 국제 사회단체에서 실시하는 사업, 즉 불우한 이웃이나 남을 위한 봉사활동을 하는 것은 기본적 사업이며, 여기에 인류사회가 나아갈 방향에 대한 목표설정과 이의 달성을 위해 전 세계 회원들이 노력하고 있다는 사실이다. 밝은사회운동은 도덕과 인간성이 타락되어 가고, 인정이 메말라 가며, 웃어른에 대한 효가 메말라 가는 우리사회를 밝은사회 회원들은 이를 바로 잡고 인류사회를 재건하자는 운동이다.

둘째 밝은사회 회원은 창의적인 사고와 미래 지향적인 회원이 되어야 한다. 인간이 이룩한 인류역사의 가장 큰 업적은 인간이 여타 동식물과 달리 생각하는 마음과 그것을 발전 시켜 인류역사를 발전 시킬 수 있는 창의적인 사고를 가졌다는 것이다. 인류가 탄생한 초창기인 구석기 시대인 약 50만 년 전에 자연현상을 잘 이용하여 불

을 발견하여 그것을 매개로 하여 다른 동식물을 다스리고, 7만 년
전에는 언어를 발명하고, 7천 년 전에는 문자를 발명하여 인간이 생
각하고 이룩해 놓은 업적을 후손에게 물려주고, 그 바탕위에서 새로
운 것을 창조해 낼 수 있는 바탕이 되었다는 것은 인간에게 있어서
이 세상에서 만물의 영장이 될 수 있었던 획기적인 일이다. 이러한
인간의 위대함을 밝은사회 회원들은 잘 숙지하고, 밝은사회의 각종
행사나 사업을 전개할 시에 새로운 아이디어와 창의적인 사고로 새
로운 면모를 계속 보일 수 있도록 하는 것이 바람직하다. 클럽 각종
활동과 사업은 항상 똑같은 패턴이나 방법으로는 급변하는 현대사
회에 잘 적응해 갈 수 없다는 것은 누구나 다 아는 사실이다. 전통적
인 것은 그대로 유지하되, 새로운 사업을 많이 창안하여 이 운동을
전개하는 것이 밝은사회가 활성화될 수 있는 길이며, 또한 시민들로
부터 호응을 얻을 수 있는 길이라고 생각된다. 그러므로 밝은사회클
럽의 각종 사업은 현재의 상황만 생각하지 말고, 10년 길게는 20년
앞을 내다보는 활동이나 사업을 생각하면서 전개하도록 회원들은
항상 마음가짐을 굳게 다지는 것이 중요하다고 생각된다.

셋째 밝은사회클럽 회원은 독서와 명상9)을 통하여 항상 자기계발
을 하는 회원이 되어야 한다. 독서는 고전탐독을 통한 역사 속으로
의 산책이다. 고전이라고 하면 오랜 세월동안 많은 사람들에게 높이
평가되고 애호된 저술 또는 작품을 말한다. 고전은 우리에게 단순한
윤리적 가르침만을 전수받는 것이 아니라 간접 경험을 통해서 새로
운 시대와 역사인식을 갖게 하고 있다. 독서는 위인전, 자서전, 평전
등의 다독을 통한 간접경험의 확대를 들 수 있다. 한 시대를 풍미했
던 역사 속 위인들의 일대기와 그들의 생생한 생각과 행동, 실천경

---

9) 신대순·이환호, 『밝은사회클럽의 조직과 운영』, 서울, 경희대 밝은사회연구소, 2002, p.123.

험이 담긴 자서전을 통해서 우리 삶의 깊이를 풍요롭게 할 수 있다. 이러한 위인전이나 자서전을 통해서 위인들의 삶을 본받아 자신도 많은 것을 느낄 수 있어야 한다. 독서를 통한 인간미의 성숙이다. 독서는 인간의 다양한 삶 자체의 간접적인 경험의 창고이다. 독서를 통해서 인간의 다양한 삶을 조명하면서 이들 주인공들의 메시지를 느끼게 된다. 주인공이 우리에게 전달하려는 각자의 인생경험을 생각하면서 다양하게 간접경험을 함으로써 삶 자체가 풍요로워지기 때문이다. 그러므로 사람은 누구나 시간만 있으면 독서를 하는 습관을 가져야 한다. 독서를 통한 사색의 광장 음미이다. 독서는 우리 인간에게 많은 생각을 하게 해준다. 인간에게만 주어진 상상력을 마음껏 펼 수 있도록 해 주는가 하면, 독서를 통해 얻은 아이디어를 통해서 창의력을 키우는 방법도 가져다준다. 그러므로 독서는 우리 인간에게 있어서 가장 귀중한 보물창고이며, 지식의 나무인 샘이다. 인간은 독서를 통하지 않으면 다양한 삶의 경험을 할 수 없으며, 다양한 시공간을 마음대로 종횡무진으로 돌아다닐 수 없을 것이다. 독서를 통한 인생관, 국가관, 세계관의 정립이다. 독서는 우리 인간에게 이제까지 몰랐던 세계에 대한 새로운 넓은 세상을 열어준다. 그러므로 독서는 인간에게 미지의 세계에 대한 안내와 함께 그 속의 비밀을 알려주고 열어준다. 독서를 자기계발의 기회로 활용해야 한다. 독서는 인생을 행복하게 해줄 수 있는 길을 간접적으로 경험하게 하는 경험의 창고이므로, 평생 책을 가지고 다니면서 자기계발을 해야 한다. 자기계발은 하루 이틀에 완성되는 그러한 사항이 아니다. 자기계발을 위한 다양한 분야와 사람들의 연구는 지금도 계속되고 있고, 앞으로도 영원히 계속될 것이다. 밝은사회 회원은 자기계발을 위한 독서를 통한 인생관의 정립에 최선의 노력을 해야 할 것이다.

명상은 정신적인 긴장과 피로 해소로 밝고 명랑한 생활을 영위할 수 있다. 명상은 조용히 눈을 감고 자기를 돌아볼 수 있는 시간을 제공해 준다. 명상을 통해서 자기 자신을 반성해 보고, 자신의 인생행로를 다시 한 번 가다듬어 보는 시간이다. 그러므로 명상은 지나온 나의 삶에 대한 생각을 정리해 보고, 새로운 삶의 비전을 생각해 본다. 주의력과 집중력이 향상된다. 명상과 사색을 정기적으로 또 꾸준하게 지속하면 그동안 생각으로만 맴돌던 여러 가지 계획이나 구체화되지 않았던 일들을 깊이 생각하고 구체화하는 계기가 되고, 이로 인해 모든 일에 자신감이 생기게 되는 것이다. 자신감은 막연하게 생각하는 일에서는 생기지 않는다. 일에 대한 확신과 비전과 성공의 확신이 설 때 구체적으로 생기는 것이다. 또한 명상은 인간의 주의력과 집중력을 향상 시켜주는 역할을 한다. 명상을 통해서 선조들은 위대한 업적을 많이 쌓아왔다. 문학작품이나 과학과 기술의 업적 등의 최초단계는 상상력을 통해서 시작되었다고 볼 수 있다. 밝은사회 회원은 명상과 사색의 시간을 많이 활용해야 한다. 아홉째 명상은 머리가 맑아지고 지능이 향상된다. 명상과 사색은 그 방법은 조금씩 다르지만 추구하는 목표는 비슷하다고 생각된다. 그러므로 명상과 사색을 오래하거나 정기적으로 하면 명상과 사색의 시간에 따라 일정시간 잠을 잔 것과 똑같은 효과를 거둘 수 있다고 한다. 그러므로 사람이 잠을 충분히 자면 신진대사가 활발해지고, 또 신체의 모든 기능이 정상적으로 돌아간다고 한다. 그러므로 머리가 맑아지는 효과가 있다. 또한 이러한 상태에서 공부를 하거나 필요한 일들을 하면 그 효과는 극대화할 수 있다. 또한 지능이 향상되고 업무 능률도 극대화된다. 밝은사회 회원들도 이러한 머리가 맑아지고 지능이 향상되는 사색과 명상의 저변 확대에 힘써야 한다. 또한 명상과 사색을 통하여 화합과 협동정신을 고취시키는 회원이 되어야 한다. 화합과 협동정신[10]은 인간이 살아가는 데 가장 필요한 부분 중의 하나이다. 인간은 혼자서는 이 세상에서 살아갈 수 없다. 그러므로 건설적인 협동은 인류가 오늘과 같은 문명된 사회를 낳게 하는데 결정적인 역할을 했다고 생각된다. 밝은사회 회원은 명상을 통해 심신을 단련하고, 비전을 구상하여 자기가 바라는 일, 혹은 조직이 바라는 일들을 성실히 수행할 수 있도록 최선의 노력을 다해야 한다. 회원 한 사람 한 사람의 노력이 조직의 화합과 협동정신을 불러올 수 있다는 사실을 명심해야 한다.

넷째 밝은사회 회원은 긍정적이고 적극적인 자세를 가져야 한다. 사색과 명상을 통해서 인간의 습관과 사고방식이 많이 변화됨을 알 수 있다. 신중한 자세로의 전환이 이루어지고, 긍정적인 마인드가 생김을 알 수 있다. 세상을 살아가는 이치로서 긍정적인 마인드를 가진 사람이 성공할 확률이 높다는 사실은 일찍부터 수많은 성공한 사람들이 검증한 부분이다. 부정적인 생각이나 사고방식의 소유자는 조직에 있어서 융합하지 못하는 경우가 많다. 적극적인 자세는 삶을 영위해 가는 과정에서 가장 필요한 덕목 중의 하나이다. 적극적인 자세를 가진 사람은 항상 앞장서가는 사람이며, 소극적이거나 미적지근한 사람은 항상 뒤처지기 마련이다. 사람이 세상을 살아가는 데 있어서 여러 가지 방법이 있다. 한번뿐인 인생을 살아가는 데 있어서 행복하게, 그리고 즐겁고 보람 있는 삶을 살기 위해서는 항상 긍정적인 사고[11]와 적극적인 삶의 자세가 필요하다. 사물을 적극적으로 생각한다면, 적극적인 결과를 가져오는 적극적인 힘을 발휘할 수 있게 된다. 적극적인 사고방식을 하면 적극적인 결과를 초래하는 데

10) 신대순·이환호, 『밝은사회운동의 이론과 실제』, 서울, 도서출판 신아, 1995, pp.115-116.
11) 조셉 머피저, 손풍삼역, 『성공에도 법칙이 있다』, 서울, 고려원, 1994, p.64.

조건이 좋은 환경을 자기 신변에 만들어 내는 것이다.[12) 밝은사회클럽 회원은 이러한 적극적이고 긍정적인 사고를 향유할 수 있도록 부단히 노력하여 우리가 바라는 오토피아[13) 건설을 앞당길 수 있도록 노력하는 자기계발이 필요한 시점이다.

다섯째 밝은사회 회원은 나눔과 섬김의 정신이 투철한 회원이어야 한다. 밝은사회 회원은 3대 기본정신의 하나인 봉사-기여의 정신을 실천하는 데 주력해야 한다. 회원 모두는 자기가 습득한 지식이나 정신적, 물질적인 재산을 어려운 이웃을 위해 대가없이 사용할 수 있는 자세가 갖추어져야 한다. 밝은사회 회원은 언제 어디서든지 말이나 구호로만 하지 않고 실천과 행동이 따르는 그런 회원이 되도록 항상 노력해야 한다. 그러므로 밝은사회 회원들은 항상 밝은사회 이념을 숙지하고, 이의 실천을 위한 방안을 항상 생각하는 습관이 필요하다. 회원 모두는 우리가 바라는 밝은사회를 위해 나부터 솔선수범하고 이웃을 위해, 그리고 사회와 어려운 가정을 위해 정신적, 물질적인 지원을 아끼지 않도록 노력해야 한다. 또 이웃을 위한 섬김의 자세는 상대가 남녀노소 누구이든 간에 인간의 존엄성을 생각하고, 그들의 인권을 존중해 줄 수 있도록 해야 한다는 것이다. 인간은 태어날 때부터 자유로운 존재이고 존엄한 존재이며, 누구에게도 간섭 받지 않고 자기의 삶을 영위해 갈 권리와 책임이 있기 때문이다. 남과 이웃을 위한 섬김의 자세는 우리가 항상 마음에 새기고 실천해야 할 필요한 활동이며 사업이다. 그러므로 밝은사회 회원 모두는 이와 같이 어려운 이웃을 위한 나눔과 섬김의 자세로 이 운동을 전개해야 할 것이다.

여섯째 밝은사회 회원은 단위클럽의 각종 행사에 적극적으로 참

---

12) 피일저, 유정식역, 『적극적 사고방식』, 서울, 동양사, 1975, pp.242-243.
13) 조영식, 『오토피아』, 서울, 경희대학교 출판국, 1996, pp.242-243.

여하는 회원이 되어야 한다. 그리스의 철학자 아리스토텔레스가 '인간은 사회적인 동물이다'라고 말한 것처럼 인간은 사회 속에서 크고 작은 관계를 맺으면서 살아갈 수밖에 없는 존재이다. 밝은사회 회원은 밝은사회운동을 전개하면서 인생을 설계하고, 나의 삶을 행복한 삶으로 이끌어 갈 수 있도록 해야 한다. 회원 모두가 밝은사회 행사에 적극적으로 참여하고 의견을 개진하고, 사업실천에 솔선수범함으로써 클럽은 활성화될 수 있으며, 밝은사회운동도 세계적으로 확산될 수 있으리라고 생각된다. 그러므로 단위클럽의 각종사업의 실시에 있어서 내가 먼저 솔선수범하여 참여하고 실천에 동참함으로써 신입 회원들의 표상이 되어 그들도 적극적으로 참여하는 도미노 현상이 일어날 수 있도록 해야 한다. 밝은사회 회원은 남이 시켜서 하는 활동이 아니라 모든 활동과 사업에 있어서 스스로 결정하고 참여하는 자발적인 참여 자세가 대단히 중요하다. 모든 회원들이 스스로 자발적으로 클럽활동에 참여함으로써 밝은사회클럽은 오토피아를 앞당길 수 있는 기초가 마련된다고 생각된다.

4. 밝은사회 신입회원의 입회 조건

밝은사회클럽에서는 신입회원을 입회시킬 때 아래와 같은 사람을 선임할 수 있도록 하는 것이 바람직하다.

첫째 성실하고 인내심을 가진 사람을 입회시켜야 한다. 사람이 이 세상을 살아가는데 있어서 자기 마음대로 할 수 있는 것들이 그리 많지 않다. 그렇기 때문에 사회 속에서 더불어 살아가는 과정에서는 많은 희로애락들이 발생할 수가 있다. 화가 날 때는 참을 줄도 알아야 하고, 필요할 때는 자제력으로서 그것을 견뎌야 할 때도 많다. 그러한 마음을 가진 사람이라면 밝은사회 회원으로 입회시키는 것이 바람직하다고 생각된다.

둘째, 인간사랑 정신이 투철한 사람을 입회시키도록 해야 한다. 인간이 이 세상을 살아가는데 있어서 아무 의미 없이 살아갈 수는 없다. 그중에서도 가장 중요한 것 중의 하나는 사랑이다. 인간·자연·동물·식물 등에 대한 사랑이다. 그중에서도 인간 사랑정신이 가장 으뜸이라고 생각된다. 사람이 사람을 사랑한다는 것은 그만큼 더불어 살아갈 수 있다는 가능성을 지닌 사람이라고 생각된다. 인간에게 가장 소중한 것 중의 하나가 태고 이래로 인류 발전의 가장 큰 원동력이 되었던 것이 바로 사랑이라고 할 수 있다. 사랑이 부족한 사람은 어디를 가도 크게 환영을 받지 못한다. 그러므로 밝은사회 회원이 되고자 하는 사람은 인간사랑 정신이 기본이라고 생각된다. 그러므로 밝은사회 회원은 항상 사람 속에서 이웃을 위한 봉사활동과 각종 활동을 하기 때문에 인간을 사랑하는 마음은 필수적이라고 생각된다. 이러한 신입회원을 영입시킴으로써 클럽은 발전하고 밝은사회운동은 활성화될 수 있는 바탕이 되는 것이다.

셋째, 긍정적이고 적극적인 사고를 가진 사람을 입회시켜야 한다. 밝은사회운동을 하려고 하는 사람은 항상 남의 이야기에 귀를 기울일 줄 알아야 하고, 사고방식을 건전하고 긍정적으로 해야 하며, 모든 일에 적극적인 자세를 가지고 있는 사람이어야 한다. 어떤 일에나 소극적인 사람은 남을 위한 봉사에도 소극적인 경우가 많다. 그러므로 우유부단한 생각을 가진 사람보다는 활발하고 행동적인 사람이 좋을 것으로 생각된다. 모든 일을 부정적으로 보는 사람은 생활환경의 영향으로 그렇게 되는 경우가 많다. 그러므로 건설적인 비판을 위한 부정적인 사고는 가능하지만, 어떤 일을 부정하기 위한 부정적인 비판은 삼갈 줄 아는 사람이어야 한다고 생각된다. 밝은사회 회원은 항상 사람 속에서 활동하기 때문에 항상 모든 일이 잘될 것이라는 낙천적인 사고와 긍정적인 자세가 필요하다고 생각된다. 신입회원을 입회시킴에 있어서 항상 긍정적인 자세를 갖고 있는 시민을 선택하도록 노력해야 한다.

넷째, 자연사랑 정신이 몸에 배어 있는 사람을 신입회원으로 입회시켜야 한다. 고대부터 인간과 자연은 공존공영하며 떼려야 뗄 수 없는 불가분의 관계를 유지하며 살아왔다. 우리 인간의 삶의 터전은 광활한 대 자연이다. 자연이 없이는 인간은 존재할 곳이 없다. 그러므로 앞으로 영원히 인간이 살아야 할 공간인 자연을 사랑하는 정신을 가져야 하는 것은 지극히 마땅한 일이다. 자연사랑과 인간사랑 정신이 없거나 부족한 사람은 너무나 삭막한 사람이라고 할 수 있다. 자연사랑과 더불어 인간사랑은 인류의 발전을 가져오는 이정표라고 할 수 있다고 생각된다. 그러므로 인간은 자연을 보존하고 가꾸어서 영원한 인간 삶의 터전을 후손들에게 넘겨주어야 할 책임과 의무가 있다고 생각된다. 그러므로 밝은사회운동을 전개하고자 하고 회원이 되고자 하는 사람은 자연사랑 정신이 투철한 사람이어야 하며, 그런 사람을 입회시켜야 함은 당연한 일이라 생각된다.

다섯째, 밝은마음을 가진 사람을 신입회원으로 입회시켜야 한다. 밝은마음이라는 것은 거울과 같이 투명하게 그대로 비추어 주는 깨끗한 마음을 말한다. 또 인간에게 있어서 밝은 마음은 태양과 같이 따뜻한 마음을 뜻하기도 한다고 생각된다. 태양은 어두운 밤을 밝혀주는 역할을 하고, 생활을 할 수 있도록 환하게 해주고, 따뜻하게 데워주는 역할도 하고, 또 태양에서는 무궁무진한 에너지가 방출되어 우리인간을 편리하게 살 수 있도록 해주는 역할을 한다. 그러므로 밝은사회운동을 전개할 사람은 태양과 같은 따뜻한 마음을 가슴속에 가진 사람이어야 한다는 것이다. 또 밝은마음은 물과 같이 부드럽고 고운 마음을 말하며, 무엇이든 수용할 수 있는 깊은 마음을 뜻한다. 이러한 밝은마음을 가진 사람들이 가정에서부터 사회로 이어지고 그러한 마음으로 인류사회에 기여할 때, 우리사회는 밝은사회가 될 수 있으며, 오토피아의 사회가 될 수 있다고 생각된다. 그러므로 밝은마음을 가진 사람을 신입회원으로 입회시키는 것은 밝은사회를 이룩하는 지름길이 될 수 있기 때문이다.

여섯째, 사회에서 존경을 받는 사람을 신입회원으로 입회시켜야 한다. 밝은사회 회원이 되고자 하는 사람은 부정부패·비리 등 어떠한 타협에도 굴하지 않고, 정의의 길을 갈 수 있어야 하고, 모든 일에 솔선수범하는 모범된 사람이어야 한다. 또한 밝은사회 회원이 되고자 하면 불의를 보고 참지 못하는 사람이어야 하며, 불의와 타협하는 사람이어서는 안 된다. 장사를 하는 사람들은 신용을 생명으로 하는 경우가 많다. 서양 사람들도 신용을 대단히 중요시하고 있다. 신용이 없는 사람을 그들은 한 번 상대를 하지 두 번 이상은 믿지를 않는다고 한다. 그러므로 우리사회에서 올바르게 살아가기 위해서는 신용 있는 사람이 되어야 하고, 또한 사회에서 많은 존경을 받는 사람이어야 한다. 이와 같이 사회에서 누구에게나 존경을 받고 있는 사람을 신입회원으로 입회시킨다는 것은 쉬운 일은 아니지만 그런 사람을 입회시켜야만 밝은사회가 빨리 이루어질 것이라 생각된다.

일곱째, 밝은사회운동 이념에 찬동하는 사람을 신입회원으로 입회시켜야 한다. 신입 회원이 되고자 하는 사람은 밝은사회운동 이념에 찬동하고 여기에 동참할 수 있는 자세가 되어야 한다.[14] 밝은사회운동은 선의·협동·봉사-기여의 정신으로 건전사회운동·잘살기운동·자연애호운동·인간복권운동·세계평화운동 등 5대 운동을 적극적으로 전개하여 정신적으로 아름답고, 물질적으로 풍요하고, 인간적으로 보람 있는 밝은사회 즉 오토피아[15]를 건설하겠다는 이념에 찬동하는 사람이어야 한다. 그러한 사람이 많을수록 우리 사회는 인정과 의리가 넘치는 사회가 될 것이다.

5. 밝은사회 회원의 효율적 관리

1) 월례회 및 부별회의를 통한 회원관리

첫째, 월례회 및 부별 회의를 통하여 회원을 관리해야 한다. 먼저 월례회 및 부별 회의를 하기 전에 회장단 및 임원들은 회원에 대한 신상파악을 철저히 해야 한다. 클럽에 있어서 위기가 도래할 수 있는 요인 중에 가장 많은 부분이 회원들에 의해서 발생하는 경우가 대부분이다. 그러므로 클럽에서 회원들 개개인에 대한 신상관리는 대단히 중요하다. 그것은 먼저 회원 신상카드를 만들어 비치해서 관리하는 방법이다. 회원들의 직업이나 가족 사항·친구 관계·친지 관계·대인 관계·사업상으로 만나는 사람 등 필요하면 무엇이든지 파악하여 임원들은 회원카드에 기록하거나 메모를 하여 회원들 관리에 철저를 기해야 한다. 회원관리의 중요성은 아무리 강조해도 괜

---

14) 이환호, "밝은사회클럽의 회원 및 클럽 배가운동 전개방안", 『밝은사회』 19권1호, 서울, 경희대 밝은사회연구소), 1999, p.40.
15) 조영식, 『오토피아』, 서울, 경희대학교출판국, 1996, pp.242-248. 오토피아는 인간이 이룩할 수 있는 당위적인 요청사회, 즉 정신적으로 아름답고 물질적으로 풍요하고 인간적으로 보람 있는 인류문화복지사회를 말한다.

찮다. 밝은사회클럽은 회원들에 의해서 운영되는 단체이기 때문에 회원들의 희로애락이 곧 클럽의 희로애락으로 연결되는 경우가 많이 있을 수 있다. 다음으로 월례회나 부별 회의 시 회원들 각자에게 임무를 부여해 주는 것도 회원들이 싫증을 내지 않고, 클럽활동에 참여할 수 있는 방법이다. 그것은 매월 월례회나 부별회의 시 다음 달 월례회나 부별회의 시까지 까지 과제를 주는 일도 좋은 방법이다. 베스트셀러나 우리의 일상생활에 꼭 필요한 책의 일부분을 읽고 소감을 발표한다든가 행사에 필요한 준비물을 해오게 한다든가 등의 클럽 소속감을 갖게 만들어주는 임무부여가 좋다고 생각된다. 다음으로 월례회나 부별회의 시 회원들을 극진히 대우해 주는 방법이다. 회원들의 안부나 동정에 대하여 전화로 확인하여 주고, 즐겁고 명랑한 음성으로 회원들에게 예의를 지켜서 지극한 마음으로 존대해 주도록 한다면 클럽에 대한 불만을 미연에 방지할 수 있는 계기가 될 수 있다고 생각된다. 그렇게 함으로써 회원은 회원으로서의 긍지를 가지고 적극적으로 참석할 수 있는 자세가 될 수 있다고 생각된다.

둘째, 월례회나 부별회의 시 교육을 통해 회원들을 관리하는 방법이다. 밝은사회 회원은 매월 정기적으로 월례회를 참석하거나 부별회의에 참석하도록 되어있다. 월례회나 부별회의에서는 기념식을 갖고 한 달 동안의 활동실적 보고와 앞으로 해야 할 사업방향을 토론한다. 그리고 친목을 도모하면서 더욱 더 협동정신으로 회원들에게 밝은사회 이념을 고취시키고 클럽에 보다 적극적으로 참여할 수 있도록 독려한다. 월례회나 부별회의의 전 과정은 회원의 교육과 연관되어야 한다. 사회자나 지도자는 월례회나 부별회의가 회원교육의 연장이라는 생각으로 기회 있을 때마다 밝은사회 정신을 회원들에게 고취시키는 역할을 해야 한다. 회장과 부장은 인사말을 통해서 회원으로서의 긍지와 자부심을 가지고 보다 적극적으로 참여할 것을 당부한다. 대화와 토론을 통하여 모르는 것을 함께 풀어가며, 월례회나 부별회의를 통하여 무엇이든지 배워가는 계기가 되어야 할 것이다.

셋째, 신입회원 교육을 통해 이들을 관리하는 방법이다. 신입회원은 클럽에 입회한 것으로 끝나는 것이 아니다. 신입사원이 수습기간을 거쳐야 하듯이 신입회원은 밝은사회 이론을 배우고 습득할 수 있도록 여건조성이 중요하다. 자연스러운 방법으로 배울 수 있도록 회장단에서는 신입회원들을 위해 세심한 배려가 필요하다. 교육 시에 집회선서나 헌장을 낭독하도록 권유하고, 팜플렛이나 밝은사회운동과 관련된 책자를 주고, 연구하여 발표하도록 배움의 기회를 제공해 주면서 회장단과 임원단에서는 신입회원을 세심하게 관리하도록 해야 한다. 신입회원에 대한 관리와 교육은 클럽활성화에 중대한 영향을 미친다. 최초 2~3개월 동안이 신입회원들에게는 대단히 중요한 시기이다. 이 시기에 교육이 잘못되면 회원관리가 어려워질 수도 있기 때문이다. 신입회원에 대한 교육은 공식적으로 이루어질 수도 있지만 비정기적으로 비공식적으로 이루어지는 것이 더 효과적이다. 신입회원은 클럽에 참석하여도 아는 사람이 별로 없고, 밝은사회 정신을 명확하게 갖고 있지도 않기 때문에 어색한 감정을 갖게 된다. 그러므로 회장단에서는 매월 신입회원 관리 책임자를 지정하여 옆자리에 앉아서 필요한 정보와 이론을 알려주도록 하는 것이 대단히 필요하다고 생각된다.

넷째, 지도자 교육을 통한 회원 관리 방법이다. 지도자 교육은 국가본부 차원에서뿐만 아니라 단위클럽에서도 이루어져서 회원을 관리해야 한다. 국가본부에서는 체계적이고 조직적으로 유능한 지도자가 계속 확보될 수 있도록 해야 할 것이며, 단위클럽에서는 회장단

이 중심이 되어 차기회장단에 대한 교육은 물론 앞으로 클럽을 이끌어 갈 지도자를 교육시켜 회원관리를 지속적으로 해야 한다. 클럽에서의 임원활동은 지도자로서의 교육과정도 내포되어 있음을 잊어서는 안 된다. 클럽에서는 회의를 하고, 실천을 하는 과정에서 지도자로서의 사명의식을 갖게 되고 리더십을 터득하게 됨으로써 회원관리가 저절로 이루어지게 되는 것이다. 이러한 점에서 회장은 각 임원들에게 임무부여를 하고, 빈틈없이 계획을 실천하도록 임원들과 회원들을 관리해야 한다.

2) 수련회를 통한 회원관리

첫째, 자체수련회를 통한 회원의 관리이다.[16) 단위클럽에서는 1년에 1-2회 이상 자체수련회를 개최하여 회원들에게 밝은사회 정신을 고취하고, 참여의식을 고취시키면서 회원을 관리해야 한다. 밝은사회 정신이 없는 활동은 회원 스스로 나태해지기 쉽고 클럽 활동에 의욕을 못 느낄 수 있기 때문이다. 자체수련회는 단위클럽에서 자체적으로 추진하기 때문에 교육프로그램을 자체적으로 마련하여 국가본부나 외부에서 특강연사를 초빙하여 회원을 교육하고 관리해야 한다. 필요시 클럽에서는 국가본부에서 연사를 지원받을 수도 있다. 자체수련회는 서로 잘 아는 회원끼리 추진하는 것이기 때문에 형식에 치우치기 쉬우며 절차나 규칙이 무시되기 쉽다. 그러나 수련회의 목적이 회원 상호간의 협동과 팀워크를 이룩하자는 데 있기 때문에 엄숙한 분위기 속에서 진행되어야 한다. 집단행동과 클럽 규율의 범위 내에서만 자율이 인정되어야 한다. 외형적으로는 부드럽고 친절하면서도 보이지 않는 가운데 엄한 규율과 질서가 포함되도록 해야

---

16) 신대순·이환호, 『밝은사회클럽의 조직과 운영』, 서울, 경희대 밝은사회연구소, 2002, p.159.

만이 앞으로 수련 후에 회원관리가 제대로 될 수 있기 때문이다.

둘째, 합동수련회를 통한 회원의 관리이다.[17] 합동수련회는 이웃 클럽, 자매클럽 또는 수개클럽이 합동으로 수련회를 개최하여 회원들을 교육하고 관리하고 단결하게 하는 것을 말한다. 1개 클럽 단위로 추진하는 것보다 규모가 크기 때문에 수련회의 인원도 많고, 엄숙한 분위기 속에서 질 높은 교육을 할 수 있다는 장점을 지니고 있다. 그러나 연합회가 결성되어 있지 않은 상태에서 수개클럽의 결합은 신중을 기해야 한다. 여러 가지로 클럽 구성원들의 사회적 지위나 성격이 다르고, 또 그들이 서로 잘 알지 못하는 사이이기 때문에 한자리에 모여 행동통일을 하는 데는 많은 어려움이 따른다. 그러므로 각 클럽의 회장단들이 사전에 모여 충분한 토론을 하고, 수련회에 대한 준비와 회원관리에 만전을 기해야 한다. 이들 합동수련회를 개최하기 위해 합동수련회 추진 위원회를 둘 수도 있으며, 일시적으로 연합회를 구성하여 연합회를 주도할 임원을 선정하여 수개클럽의 회원을 관리할 수도 있다. 또한 연합회 형식을 취하지 않고, 각 클럽 회장이 공동으로 합의하면서 회의를 진행하면서 회원관리를 할 수도 있으며, 특정클럽으로 하여금 수련회를 주관하도록 하여 전체 회원을 관리하게 할 수도 있다. 특정클럽으로 하여금 수련회를 주관하고 관리하도록 하는 경우는 매년 주관클럽을 바꾸어서 추진하면 더욱 효과적일 수 있으며, 해가 지날수록 회원관리에 대해서도 어려움이 적어질 수 있는 장점이 있다.

셋째, 종합수련회를 통한 회원의 관리이다.[18] 종합수련회는 지역 또는 국가본부 차원에서 전 회원을 대상으로 실시하는 수련회를 의미한다. 종합수련회에서는 지도자로서의 자질을 함양하고, 밝은사회

---

17) 신대순 · 이환호, 『밝은사회클럽의 조직과 운영』, 서울, 경희대 밝은사회연구소, 2002, p.160.
18) 신대순 · 이환호, 『밝은사회클럽의 조직과 운영』, 서울, 경희대 밝은사회연구소, 2002, p.161.

운동의 이념과 철학을 숙지하며, 회원관리와 활성화에 대한 집중적인 교육을 하며, 밝은사회건설을 위한 지도자로서의 사명을 갖도록하는 데 궁극적인 목표를 둔다. 전국단위로 회원 상호간에 친목을도모하는 계기도 되며, 서로 모르는 회원끼리 대화를 나누고, 활동과 회원관리에 대해 공유하며, 자유스러운 분위기 속에서 대화를 나눔으로써 밝은사회운동에 대한 인식을 새롭게 하는 계기가 된다. 종합수련회에서는 친목을 도모하는 사교의 장도 마련해야 하고, 지도자로서의 자질 함양과 회원관리에 대한 프로그램이 반드시 있어야하며, 앞으로 추진해야 할 사업방향과 실천적 전략이 다각적으로 논의되어야 한다. 인간은 심리적으로 잘 아는 사람과 함께 있으려 하고 대화를 나누려고 하는 경향이 있다. 그러므로 이러한 종합수련회는 보다 많은 회원과 인간관계의 폭을 넓히고, 경험이 다른 회원들과의 접촉을 통해서 새로운 정보와 지식을 교환하자는데 있다. 따라서 종합수련회에서는 서로 모르는 회원들과 대화를 나누고, 함께 지낼 수 있는 계기를 주최 측에서는 마련해야 하고 회원관리에 대한다양한 방안을 모색하여 교육해야 한다.

3) 사업 및 활동을 통한 회원관리

첫째, 클럽의 각종행사 참석유도를 통한 회원관리이다. 어떤 조직이나 단체든지 그 조직이나 단체를 살아 움직이는 단체로 만들기 위해서는 각종 행사시 혹은 모임 시마다 회원의 참석률이 좋아야 한다. 밝은사회클럽도 마찬가지이다. 회원이 클럽모임에 출석하면 재미있다는 인상을 가지도록 배려해야 한다. 회원이 모처럼 모임에 참석하였을 때 재미가 없다는 생각이 들면, 그 다음에는 잘 나오지 않을 것이다. 이러한 회원들을 위해서 회장단 및 임원단에서는 전체모임을 하기 전에 사전 임원회의를 개최하여 충분한 토의와 문제점에 대한 협의를 하여 회원을 관리하도록 해야 한다. 또 결석을 잘하는 회원에게는 클럽에서 영향력 있는 회원, 즉 원로 회장이나 전임회장 혹은 그와 가까운 회원, 추천한 회원이 찾아가서 참석해 주도록 설득한다. 이때 찾아간 회원은 그 회원이 왜 결석하는지 원인을 잘 파악하여 클럽에 보고하여 회원을 특별관리 하도록 해야 한다. 다음으로 가끔씩 혹은 자주 빠지는 회원이 참석하였을 때는 클럽에서 영향력 있는 회원들이 한 사람씩 그 옆에 앉아서 계속 관심을 가져주어 소외감을 갖지 않도록 관리한다. 그 회원과 말상대를 해주고 클럽의 활동사항을 알려주는 등의 이야기를 하여 즐거운 시간이 될 수 있도록 배려해 주는 것이 바람직하다. 다음으로 임원단은 각종 모임 시 일찍 참석하여 행사장 입구에서 회원들을 반갑게 맞이하면서 회원을 관리해야 한다. 이때 입구에 들어오는 회원들도 예상 못한 환대에 기분이 좋기 때문에 행사장의 분위기는 한결 부드러워 질 것이라 생각된다. 또한 잘 빠지는 회원에게 계속해서 꾸준히 회원들의 동정을 타 회원들과 똑같이 알려주고 참석하도록 권유한다. 그러한 회원에게 꾸준히 인내하면서 클럽에서 정성을 쏟고 배려해 줄 때, 그 회원은 참석해야 하겠다는 동기유발이 될 수 있다고 생각한다. 또 출석이 미흡한 회원의 집에서 애경사가 생겼을 시에는 회원 전원이 참석하여 슬픔이나 기쁨을 함께 해 주면서 회원을 관리하면 그 회원은 앞으로 절대 빠지지 않을 것이라 생각된다.

둘째, 회비관리의 투명성을 통하여 회원들에게 신뢰와 믿음을 주어야 한다. 클럽회원이 되면 누구나 일정액의 회비를 납부하고 있다. 그리고 납부된 회비는 클럽의 활동비나 사업에 쓰인다. 그러므로 이 회비의 모금과 이에 대한 관리는 항상 정확해야 하며, 또 회원들에게 언제든지 보고해도 틀리지 않는 투명성이 확보되어야 한다. 클럽이 발전하기 위해서는 회비를 많이 모으는 것도 중요하지만, 그 관리를 철저히 하여 효과적으로 사용할 수 있도록 하는 것도 회원들에게 믿음을 줄 수 있고, 또 회원영입의 좋은 본보기가 되며, 회원관리의 중요한 부분 중의 한 분야라고 생각된다. 회비의 관리는 통장과 도장을 분리하여 보관하고, 모든 입출금은 회장에게 보고된 후에 총무나 재무가 집행되도록 한다면 회원들이 신뢰하면서 자기가 납부하는 회비의 투명성을 보면서 회장단 및 임원단을 더욱 신뢰하고 잘 따라 올 것이라 생각된다.

셋째, 적절한 사업계획을 수립하여 회원의 참여를 통해 관리하는 방법이다. 회원 관리를 위한 방법의 하나로 임원단은 클럽에서 적절한 사업을 꾸준히 실시하여 회원들이 함께 행사를 개최함으로써 소속감을 갖게 하고, 밝은사회 회원으로써의 긍지를 갖게 해야 한다. 그러나 사업집행을 위해 너무 무리한 재정적 지출이나 회원들의 출혈이나 무리한 노력 봉사를 강요하면 클럽회원 단합의 저해요소가 될 수도 있으며, 또한 클럽이 침체되는 요인을 제공할 수도 있게 된다. 그러므로 임원단은 여러 가지 환경과 주변 여건을 고려하면서 심층적인 분석을 한 수 회원들에게 도움이 되고 개인과 클럽에 긍지를 심어줄 수 있는 사업계획을 수립한다면 틀림없이 많은 회원이 이에 적극 호응할 것이다.

넷째, 작고 쉬운 일부터 실천하도록 회원들을 독려함으로써 밝은사회운동이 거창하고 큰 사업만을 하는 것은 아니라는 믿음을 주어서 회원들이 이러한 봉사에 적극 참여할 수 있도록 하는 것이 바람직하다. 밝은사회클럽 회원은 주위의 작고 쉬운 일부터 하나하나씩 실천하여 이웃으로 전파하여 그것이 다른 사람의 귀감이 되게 하고 그러한 것들이 모여서 또한 세계적인 사업으로 전파될 수 있도록 하여야 한다.[19] 예를 들면 아침에 일어나서 매일 매일 내 집 앞을 쓸고 옆집 앞도 청소하여 주는 일, 지하철이나 버스 속에서 노인을 위하여 자리를 양보해 주는 일, 길을 모르는 사람에게 길을 안내해 주는 일, 짐을 가득 싣고 리어카를 끌고 가는 사람을 뒤에서 같이 밀어 주는 일 등 수없이 많이 있을 수 있다. 그러므로 밝은사회 회원은 작은 일도 큰 일과 마찬가지로 매일 매일 꾸준히 노력한다는 자세로 일상생활에 임하도록 회장단과 임원단에서는 회원을 관리하고 지도해야 한다고 생각된다.

다섯째 정신적·육체적 건강을 위한 자기 수련을 할 수 있도록 회원들을 관리해야 한다. 회장은 회원이 스스로 정신적 육체적 건강을 위해서 노력할 수 있도록 해야 한다. 자기 일에 책임을 지는 행동과 명상을 통한 자기반성을 통하여 스스로를 평가하고, 자기 스스로를 위한 봉사와 가족과 이웃과 사회, 국가를 위한 봉사의 마음을 가질 수 있도록 회장은 항상 지도해야 한다. 회장단과 임원단은 회원이 자기수련을 위하여 아침 일찍 일어나서 명상을 하고 하루의 계획을 세워서 그대로 실천하고, 건강을 위한 가벼운 조깅이나 혹은 맨손체조, 배드민턴 운동 등 가벼운 운동을 하여 몸을 푼 다음에 식사를 하도록 지도해야 한다.[20]

여섯째 회원의 경조사 발생 시 전회원이 참석하도록 유도하여 회원을 관리하는 방법이다.[21] 밝은사회 클럽의 특징 중의 하나는 회원 상호간에 호형호제하는 결의 형제자매의 클럽이라는 점이다. 그러므

---

19) 조만제, "밝은사회클럽의 활동지침", 『밝은사회연구』제7집, 서울, 경희대출판국, 1983, p.162.
20) 박순영, "밝은사회클럽 회원의 건강관리", 『밝은사회연구』제8집, 서울, 경희대출판국, 1984, pp.144-148.
21) 신대순·이환호, 『새로운 천년 밝은사회 건설』, 서울, 밝은사회국제클럽한국본부, 1998, p.20.

로 회원 중에서 기쁜 일이나 슬픈 일이 생겼을 때, 전 회원에게 공지하여 다함께 기쁨과 슬픔을 나눈다는 것은 클럽 활성화와 회원관리에 대단히 중요한 부분이다. 더구나 슬플 때 그 슬픔을 함께 나눠주는 친구는 정말 오래도록 기억에 남고 고마운 것이 우리고유의 풍습이다. 또 회장단이나 임원단에서는 회원의 생일에는 필히 축전을 치거나, 혹은 전화를 하거나, 직접 방문하여 간단한 선물이나 꽃다발 등 축하를 해주면 받는 회원은 감격하여 클럽활동에 결석하지 않으려 노력할 것으로 생각된다. 이와 같은 사업은 단기간만 실시할 것이 아니라 지속적으로 꾸준히 실천하도록 해야 하며, 회원의 경조사에 전 회원이 참석하면 이웃이나 타 단체에서도 부럽게 생각하고, 또 타 단체에서 밝은사회로 옮겨 오는 경우도 있을 수도 있다.

일곱째 회장단 및 임원단의 솔선수범을 통해 회원을 관리하는 방법이다. 회장단 및 임원단의 솔선수범은 클럽을 활성화시키고 회원들을 잘 관리하기 위해서 절대적으로 필요하다. 단위클럽의 성패는 회장단 및 임원단의 지도격의 강약에 달려 있다고 해도 과언이 아닐 정도이다. 그러므로 밝은사회 회원은 회장단 및 임원들이 얼마나 클럽에 적극적이고 열성을 보이느냐에 따라, 또는 얼마나 이들이 솔선수범을 하느냐에 따라서 회원들의 클럽에 대한 참여도가 결정된다고 봐도 될 정도이다. 회장단 및 임원들이 분담하여 회원들에게 수시로 전화하여 클럽일 뿐 아니라 가사문제, 사업문제 등도 상의하고, 또 수시로 만나서 대화를 하고 적극적인 회원관리를 하면 회원들은 절대적으로 낙오자가 적게 나오는 것은 명약관화한 일이다. 그러나 그 반대가 될 경우 즉 회장단 및 임원단이 회원들에 대해 무관심하면 월례회 출석률도 많이 낮아질뿐더러 회원들의 클럽에 대한 열성도 줄어드는 것은 확실하다. 그러므로 회장단 및 임원단은 평소에

늘 회원들의 동정을 파악하고 인간적으로 가까워지려고 노력하며, 형제의식을 가지고 접근할 때 회원 관리는 최상으로 될 수 있다고 생각된다.

여덟째 포상제도의 확대를 통한 회원관리 방법이다.[22] 오늘날 신문지면을 보면 잘한 일보다는 사건, 사고, 등에 대한 기사가 훨씬 많다. 사람들은 잘한 점보다는 남의 약점을 지적하여 헐뜯는 경우가 많다. 그러나 밝은사회클럽에서는 회원들의 장점과 잘한 점들을 항상 부각시켜서 전국 회원들에 대하여 모범사례로 삼는 계기를 자주 만들어야 한다. 그리하여 단위클럽이나 연합회, 지구,[23] 국가본부에서는 회원이 잘한 점을 최대로 홍보하고 부각시켜 적절한 포상을 실시하여 회원들의 사기진작을 하도록 해야 한다. 밝은사회 한국본부에서는 포상제도를 대폭 확대하여 회원뿐만 아니라, 일반 시민들에게도 확대 적용하여 포상함으로써 그들이 밝은사회운동의 뜻을 이해할 수 있도록 하고, 그들의 입소문을 통해 밝은사회운동을 홍보한다면 회원입회는 스스로 해결 될 수 있는 요소가 마련되는 것이다. 회원에 대한 포상은 규정을 만들어 단계적으로 상급부서의 포상을 받을 수 있도록 한다면 포상에 대한 제반 문제점들은 해결될 것으로 생각되며, 또한 포상은 적시적절하게 수시로 하는 것도 중요하다고 생각되며, 회원관리에도 많은 도움이 될 수 있다고 생각된다.

아홉째 회원 업체 생산품 및 판매상품 서로 이용하여 회원을 관리하는 방법이다. 클럽 회장단 및 임원단에서는 회원업체에서 생산한 생산품 및 판매상품들을 서로 이용하고 타인에게 선전하여 사용하게 하여 줌으로써 회원 서로 간에 신뢰와 이익을 동시에 추구하며

---

22) 신대순・이환호, 『밝은사회클럽의 조직과 운영』, 서울, 경희대 밝은사회연구소, 2002, p.128.
23) 밝은사회운동 30년사 편찬위원회, 『밝은사회운동 30년사』, 서울, 경희대 밝은사회연구소, 2007, p.124.

회원관리도 적절히 할 수 있다고 생각된다. 회장단에서는 가능하면 1 직종에 1 회원씩만을 입회시켜, 회원 상호간 경쟁하여 여러 가지 문제를 야기하는 일이 없도록 회원들을 관리하는 것이 대단히 중요하다. 또 그렇게 하여 생긴 이익금의 일부를 클럽에 기부금으로 받아서 형편이 어려운 학생들에게 장학금 지급, 용돈 지급 등 기타 사업기금으로 쓰는 것도 일석이조의 효과를 거둘 수 있으며 회원관리에도 긍정적인 효과를 거둘 수 있을 것이다

4) 위기 발생 시 회원관리

첫째, 클럽이나 회원에 대한 위기 발생 시 회원 개개인에게 밝은 사회운동에 대한 이념교육을 철저히 시킴으로써 위기를 극복할 수 있는 힘을 함양하게 하여 회원을 관리하는 방법이다.

둘째, 문제의 회원을 회장단이나 임원이 직접 만나서 위기의 요인이 무엇인가를 듣고, 그 문제에 대한 해결방법을 모색해 가는 회원관리 방법이다. 이 경우 개인의 문제해결이 클럽에 손해를 입히거나 누를 끼치는 일이 되어서는 안 되도록 회장단은 많은 노력을 해야 한다.

셋째, 회원 개인의 위기 문제를 해결하기 위해서 회장단 및 임원단의 적극적인 노력을 들 수 있다. 신입회원이나 입회한지 얼마 되지 않는 회원들은 대부분이 선배회원이나 임원단의 활동이나 행동을 본받는 경우가 많이 있다. 이때 이들 회장단 및 임원단의 적극적인 위기 해결을 위해서 노력하는 모습은 회원들이 처한 위기를 극복하는데 큰 효과를 볼 수 있으며, 이것은 위기에 처해 있는 회원관리에 큰 도움이 될 수 있다.

6. 결론

오늘날 현대사회에서는 그동안 인류가 이룩해 놓은 많은 발전들에 대한 부작용이 서서히 누적되어 나타나기 시작하였으며, 즉 인구와 식량문제, 인터넷을 통한 사이버 범죄문제, 민주주의의 한계에서 오는 제반문제, 여성문제, 청소년문제, 노인문제, 도시문제, 노사갈등, 환경문제, 빈곤문제 등의 병리현상이 빠른 속도로 증가하고 있다. 이러한 상황에서 인간의 존엄성이 짓밟히고 사람의 가치가 물질적 척도에 의해 계량화되는 비인간화의 세계에 우리는 살고 있으며, 사회적으로는 가정의 해체를 막고 이웃의 상실을 해결하고, 국가적으로는 계층 간 격차를 해소하고, 국제적으로는 지역 간, 종교 간, 민족 간 분쟁을 막아야 하는 중요한 과제가 제기되고 있다. 이러한 제반문제를 해결하기 위해 우리 사회에서는 국가와 기업, 각종 단체들이 자기 분야에서 맡은 바 역할을 충실히 수행하고 있지만, 가히 혁명적이라고 할 만큼의 변화 앞에서 오늘날의 인류는 그 해결책을 찾지 못하고 방황하는 실정이다.

우리는 이러한 복잡한 제 문제들로 가득 찬 제 사회현상을 궁극적으로 해결하고 인정과 의리가 넘치는 사회로 만들고 인간이 이 세상의 중심에 서서 살아가는 사회를 만들기 위해서 밝은사회운동을 전개하고 있다.

이상과 같이 필자는 본 논문에서 밝은사회 회원의 효율적 관리를 위한 연구를 해 보았다. 먼저 밝은사회 회원 관리의 원칙에 대해서 고찰해 보았다. 그것은 사회생활에서 모든 면에서 유능한 인재를 회원으로 입회시켜야 하며, 신입회원으로 입회된 회원을 클럽의 적재적소에 배치해야 하며, 배치된 신입회원을 회장단이나 임원단에서 잘 활용해야 하며, 회장단이나 임원들은 또 신입회원이 탈퇴하지 않도록 유지를 잘해야 한다는 것이다. 다음으로 밝은사회 회원의 자세에 대해 관찰해 보았다. 그것은 회원은 밝은사회운동의 이념으로 철저하게 무장된 회원이어야 하며, 회원은 창의적인 사고와 미래지향적이어야 하며, 회원은 독서와 명상을 통하여 자기계발을 해야 하며, 회원은 긍정적이고 적극적인 자세를 가져야 하며, 회원은 나눔과 섬김의 정신이 투철해야 하며, 회원은 단위클럽 행사에 적극적으로 참석해야 한다는 것이다.

다음으로 밝은사회 신입회원의 입회조건을 고찰해 보았다. 그것은 신입회원은 성실하고 인내심을 가진 사람을 입회시켜야 하며, 신입회원은 인간사랑정신이 투철한 사람을 입회시켜야 하며, 신입회원은 긍정적이고 적극적인 사고를 가진 사람을 입회시켜야 하며, 신입회원은 자연사랑 정신이 몸에 배어 있는 사람이어야 한다. 또 신입회원은 밝은마음을 가진 사람을 입회시켜야 하며, 신입회원은 사회에서 존경을 받는 사람이어야 하며, 신입회원은 밝은사회운동 이념에 찬동하는 사람을 신입회원으로 입회시켜야 한다는 것이다.

다음으로 밝은사회 회원의 효율적 관리[24)]에 대해 고찰해 보았다. 첫째 월례회 및 부별회의를 통한 회원관리에 대해 살펴보았다. 그것은 월례회 및 부별회의를 하기 전에 회장단 및 임원단은 회원의 신상파악을 잘해야 하며, 월례회 및 부별회의 시 교육을 통해 회원을 관리해야 하며, 월례회 및 부별회의 시 신입회원에 대한 교육을 통해 회원관리를 해야 하며, 또 월례회 및 부별회의 시 지도자 교육을 통해 회원을 관리해야 한다는 것이다. 둘째 수련회를 통한 회원관리를 살펴보았다. 첫째, 수련회는 자체수련회를 통한 회원관리이며, 또

---

24) 이환호, "밝은사회운동의 발전방안", 『밝은사회연구』제16집, 서울, 경희대 밝은사회문제연구소, 1993, pp.170-171.

합동수련회를 통한 회원관리이며, 종합수련회를 통한 회원관리에 대해 살펴보았다. 셋째, 사업 및 활동을 통한 회원관리에 대해 살펴보았다. 그것은 클럽의 각종행사 참석유도를 통한 회원관리여야 하며, 또 회원 관리의 투명성을 통하여 회원들에게 신뢰와 믿음을 주어야 한다는 것이며, 적절한 사업계획을 수립하여 회원의 참여를 통해 관리하는 방법이라는 것이며, 작고 쉬운 일부터 실천하도록 회원들을 독려하면서 회원을 관리하는 방법이며, 정신적·육체적 건강을 위한 자기 수련을 할 수 있도록 회원을 관리해야 한다는 것이다. 또 회원의 경조사 발생 시 전회원이 참석하도록 유도하여 회원을 관리하도록 한다는 것이며, 회장단 및 임원단의 솔선수범을 통해 회원관리를 하며, 포상제도의 확대를 통한 사기진작을 통해 회원을 관리하는 방법이며, 회원이 생산하는 물품을 서로 이용하여 회원을 관리하는 방법을 관찰해 보았다. 넷째, 위기발생 시 회원관리로 관찰하고자 했다. 그것은 회원에게 위기 발생 시 평소에 밝은사회운동 이념을 철저히 시켜놓음으로써 위기를 극복하도록 회원을 관리한다는 것이며, 문제의 회원을 회장단이 직접 만나서 해결해 주는 방법이며, 개인회원의 문제를 해결해 주기 위해서 회장단 및 임원단의 적극적인 노력을 통해서 회원을 관리하는 방법에 대해 살펴보았다.

이상과 같은 밝은사회 회원의 효율적인 관리를 통해 밝은사회운동이 활성화되고 범세계적으로 확산되기를 바라는 마음이다. 그렇게 되기 위해서 회원들이 사회 각 분야에서 다양한 활동과 사업을 꾸준히 전개하여 사회의 대기를 바꿔 놓음으로써 인류사회재건을 위한 핵심적인 활동 단체로써 인류사회에 기여할 수 있다는 확신을 가진다면 우리 인류가 간절히 바라는 오토피아의 건설은 점차 다가올 것으로 생각된다. 우리는 그날을 위해 꾸준히 점진적으로, 그리고 적극적으로 긍정적으로 밝은사회운동을 전개하여 사회의 어두운 면을 하나씩 하나씩 점차 밝혀나갈 수 있는 등불이 되도록 노력해야 할 것이다.

2장
GCS클럽의 효율적인 관리방안:
단위클럽, 연합회, 지구를 중심으로

1. 서론

인류는 구석기 시대인 약 50만 년 전에 자연현상을 잘 이용하여 불을 발견하여 그것을 매개로 하여 다른 동식물을 다스리는 것과, 문자와 언어를 발명하여 인간이 고등동물 중에서도 유일하게 사고의 능력을 가지고 도구를 사용하여 왔기 때문에 인간이 이룩해 놓은 업적을 후손에게 물려주고, 그 바탕위에서 새로운 것을 창조해 낼 수 있는 바탕이 되었다는 것은 인간에게 있어서 이 세상에서 만물의 영장이 될 수 있었던 획기적인 일이었다고 생각된다. 그러나 인류역사는 많은 문제들의 연속적 과정이었고, 인간은 이러한 문제점을 극복하면서 오늘의 문명을 창조하였다. 인류문명은 밝은 측면을 바라보면서 모든 어려움을 뚫고 꾸준히 노력하여 온 사람들에 의하여 꾸며진 의지의 탑이라고 할 수 있다. 그러므로 인류문명은 무질서하게 행동하여 만들어진 우연의 산물이 아니라 어떤 목적을 가지고 만들어낸 인간의 숭고한 이상이 담겨 있는 노작임을 알 수 있다.[25] 오늘

---

25) 조영식, 『오토피아』, 서울, 을유문화사, 1979, p.219.

날 과학기술의 발달로 인하여 세계는 달과 우주에 사람을 보내고 있으며, 줄기세포를 이용하여 생명에 대한 새로운 시대를 개척해 가고 있는 상황에까지 이르고 있다. 그러나 그 이면에는 인간의 존엄성이 짓밟히고 사람의 가치가 물질적 척도에 의해 계량화되는 비인간화의 세계에서 우리는 살아가고 있으며, 사회적으로는 가정의 해체·이웃의 상실을 해결하고, 국가적으로는 계층 간의 격차를 해소하고, 국제적으로는 민족 간, 종교 간, 지역 간의 갈등을 해결해야 하는 중요한 과제가 제기되고 있다. GCS운동(밝은사회운동)은 미래의 인류사회를 염려하는 세계 석학들에 의해서 제창된 운동이다. GCS운동26)은 선의·협동·봉사-기여의 밝은사회 정신을 바탕으로 5대 실천운동을 적극적으로 전개하여 단란한 가정, 건전한 사회, 평화로운 세계를 건설하여 궁극적으로 지구공동사회 즉, 오토피아를 건설하고자 하는 운동이다. 그렇게 하기 위해서 우리 GCS클럽(밝은사회클럽) 회원들은 나부터, 이웃으로, 그리고 세계로 GCS운동을 확대해서 적극적으로 전개해 나가고 있다.

필자는 본 논문에서 GCS클럽의 효율적인 관리방안을 단위클럽, 연합회, 지구27)를 중심으로 연구해 보고자 한다. 먼저 GCS클럽의 관리 개념을 고찰해 보고자 한다. 다음으로 GCS클럽의 효율적인 관리방안을 행정적인 부분, 사업적인 부분, 각종 집회 부분, 클럽의 위기발생시 관리, 회원 및 임원 관리에 대해 고찰해 보고자 한다. 셋째로 GCS클럽의 효율적인 관리의 선결과제로서 회원의 적정수 유지, 적정수준의 기금확보, 집회 참석인원의 적정수 유지 등을 고찰하고자 한다. 이를 통하여 필자는 GCS클럽을 활성화하고 법 세계적인

---

26) 신대순·이환호, 『밝은사회운동의 이론과 실제』, 서울, 도서출판 신아, 1995, p.77.
27) 밝은사회운동 30년사 편찬위원회, 『밝은사회운동 30년사』, 서울, 경희대 밝은사회연구소, 2007, p.124.

운동으로 승화시켜 오토피아의 건설을 앞당길 수 있는 방법을 모색해 보고자 한다.

2. GCS클럽 관리의 개념

관리란 일반적으로 인간, 기계, 설비, 자금 등을 잘 활용·조정하여 설정된 목표를 효율적으로 달성할 수 있도록 계획, 실행, 통제하는 행위를 말하지만, 여기서는 주로 GCS클럽 회원과 클럽을 위한 회원의 관리, 클럽의 관리, 자료의 관리, 기금의 관리를 말한다. 또한 GCS클럽의 관리는 그 자체가 목적이 아니라, 오토피아 건설이라는 목적달성을 위한 하나의 효율적인 수단이라고 말할 수 있다. 그러므로 GCS클럽의 관리는 조직의 목적달성을 위하여 클럽의 목표설정, 정책적인 결정, 기획, 조직, 인사, 지시, 조절, 조정, 통제, 예결산 기능 등을 수행한다.

목표설정이란 GCS클럽이 달성하고자 하는 바람직한 미래의 상태를 설정하는 것을 말한다. 목표설정의 과정은 관리과정에 있어서 가장 기초적인 과정이다. 여기서의 목표란 GCS클럽이 추구하는 최고의 목표 지구공동사회의 구현 즉 오토피아의 건설을 말한다. 정책결정이란 GCS클럽 본부에 의한 장래의 활동지침의 결정을 의미한다. 이러한 지침은 인류사회의 발전을 추구하려는 복잡하고 다양한 형태의 과정이라고 할 수 있다. 정책결정 기능은 밝은사회 국제본부나 한국본부의 기능이며, 특히 사회변동기능과 정책형성 기능이 중요한 과정기능이 되고 있으며 이는 GCS클럽에서는 대단히 중요한 관리과정이라 할 수 있다.

기획이란 GCS클럽 목표를 구체화하며 목표달성을 위한 합리적인 수단을 선택하는 과정이다. 기획은 설정된 목적달성을 위해 미래에 대한 예측 내지 전망을 하고, 그 방향으로 나아가기 위한 기본지침과 방법을 결정하는 각종의 행위와 활동을 말한다고 할 수 있다. 조직이란 계획을 구현하기 위해 조직의 구조나 체계를 설정하여 이것에 필요한 각종의 인적 자원과 재원, 그리고 기타 조직의 목표달성을 위한 필요한 요소들을 통합하여 추구해 나가는 일련의 과정을 말한다. 인사란 조직 활동에 필요한 인력을 충원·배치하고, 능력을 개발하고, 근무의욕을 제고시키는 등 인적 자원을 관리해 나가는 일련의 과정을 말한다. 인사관리는 조직의 효율적인 목표 달성을 지원하기 위해 그에 적합한 인재를 영입하고, 적재적소에 배치하며, 구성원의 능력 발전을 도모하고, 구성원이나 직원의 근무 의욕을 고취시키는 활동을 말한다. 지시는 클럽의 회원 및 임원의 상하간의 관계에서 이루어지는 관리자의 리더십을 말하고 있다. GCS클럽의 관리자는 클럽업무의 원활한 수행을 위하여 직원 및 회원들을 지도 및 감독할 뿐만 아니라 동기부여 및 사기진작도 고려해야 한다. 조정은 GCS클럽 조직의 사업 및 각종의 활동을 원활하게 수행하도록 업무수행에 필요한 내용이나 의견을 서로간의 불협화음이 생기지 않도록 화해시키고 조화시키는 각종 행동을 말한다. 통제는 GCS클럽 업무의 진행상태가 계획대로 실천하고 있는지를 확인하고 점검하는 과정을 이야기 한다. 이는 통제를 위한 기준을 설정하고, 이러한 기준에 대한 실제와의 비교, 클럽의 목표수정 및 변경 등을 모두 포함할 수 있다. 예결산은 GCS클럽 조직운영에 필요한 자금을 확보하여 배정하는 역할을 담당한다. GCS클럽의 조직 목표를 달성하는 데에는 자금이 항상 필요하며, 이러한 자금을 동원하고 효율적으로 사용하는 것은 GCS클럽 관리의 대단히 중요한 한 분야라 할 수 있다.

3. GCS클럽의 효율적인 관리방안

1) 행정적인 부분의 효율적인 관리

단위클럽, 연합회, 지구에서 클럽이나 산하 조직을 효과적으로 관리하기 위해서 가장 중요한 분야 중의 하나가 행적적인 부분의 효율적인 관리이다. 밝은사회클럽의 효율적인 관리를 위해서는 매년 혹은 2년에 한 번씩 혹은 정기적으로 교체되는 임원들의 활동 및 각종의 회원현황이나 기록들이 잘 인계인수가 되지 않으면 새로 취임하는 임원들은 시행착오를 겪을 가능성이 많다. 그러므로 항상 모든 연락사항은 문서로 하는 것을 원칙으로 하는 것이 바람직하다. 행적적인 부분을 파악에 보면, 사무실의 관리, 직원의 관리, 문서 및 비품의 관리 등으로 나누어 볼 수 있다.

첫째로 사무실의 효율적인 관리에 대해 살펴보자.[28] 인간은 누구든지 자기가 어디에 있는지 소속감을 갖기를 원한다. 그러므로 클럽의 회원들은 누구나 자기가 소속된 클럽에서 사무실이 마련되어 그곳에서 집회나 행사를 갖기를 원하는 마음은 똑같다고 생각한다. 그러므로 클럽에서는 자체 사무실을 마련하여 사용할 수 있도록 임원단과 회원 모두가 노력하는 것이 바람직하다. 클럽사무실이 확보되면 사무실에서 월례회나 간단한 행사, 간담회 등도 할 수 있고, 또 각 부의 임원회의 및 부 모임, 배우자 모임, 취미 모임 등도 가지면

---

28) 이환호, "밝은사회운동의 실천전략으로서 클럽의 운영과 관리", 『밝은사회연구』 제28집, (서울, 경희대 밝은사회연구소, 2007), p.196.

서 회원 간의 화합과 협동의 정신을 기를 수 있는 계기를 마련할 수 있는 분위기가 조성된다고 할 수 있다.[29] 만약에 사무실이 마련되지 않아서 회장이나 임원의 직장이나 자택을 연락처로 정하거나, 식당 등을 옮겨 다니면서 월례회를 개최할 경우에는 회원의 참여도가 현저히 저하되거나, 회원 간의 협동의 장 마련에 많은 장애가 될 수도 있다고 생각된다. 그러나 클럽 사무실이 필요하다고 해서 자금을 차용하거나 빌려서 사무실을 마련하는 것도 바람직하지 않다. 왜냐하면 사무실의 운영에는 매달 지출되는 기본적인 경비와 기타 수시로 필요한 경비가 생각 외로 많이 들게 되므로 처음부터 무리하게 사무실 운영을 하는 것보다는 클럽에서 장단기 계획을 충분하게 잘 세워서 연차적으로 사무실을 마련하는 방법이 가장 효율적이라고 생각된다.

단위클럽에서는 전국적으로 사무실을 운영하면서 관리하는 곳은 10여 곳밖에 되지 않지만 단위클럽에서는 위와 같은 사항들을 유의하여 관리하는 것이 바람직하다. 연합회는 사무실을 운영하는 것이 바람직하다. 또한 연합회는 사무실이 없으면 연합회장의 회사의 직원의 도움을 받아서 효율적인 관리를 하는 경우가 많이 있음을 볼 수 있다. 마찬가지로 연합회는 단위클럽을 통제하고, 관리하는 상급 기관이므로 특별히 행사가 많이 있는 것이 아니므로 연합회 임원들은 단위클럽의 활동에 대한 자문과 사업에 대하여 항상 관심을 가지고 정기적인 회합을 가지면서 관리하는 것이 바람직하다. 지구본부는 사무실을 가지고, 전담직원에 대한 급여를 지급하면서 지구 관리를 위임하도록 하고 있는 것이 현재 상황이다. 이 경우에도 지구 사무총장이나 총재는 항상 직원에 대한 관리 감독과 업무지시를 체계적으로 잘 해야 한다. 단위클럽의 소식이라든가 활동정부에 대한 세

29) 신대순·이환호, 『밝은사회운동의 이론과 실제』, 서울, 도서출판 신아, 1995, pp.115-116.

심한 배려가 중요하다.

둘째로 직원의 효율적인 관리에 대해 살펴보자. 단위클럽의 회원 수나 규모가 작을 경우에는 회장·부회장·총무 등 임원들이 직접 모든 사항에 대해 직접 결재하거나 연락을 하거나 사업실시에 대하여 충분하게 잘 할 수 있겠지만, 회원의 숫자가 증가하고 회원이 지역적으로 분포되어 있을 때는 임원들만의 힘으로 관리하기에는 쉽지 않다. 단위클럽의 역사가 오래되어 갈수록 클럽에 대한 각종의 업무나 경조사, 행사 등이 많아지게 되는 것은 당연한 일이다. 이렇게 업무가 복잡할 때에는 클럽에서 회장이나 부회장, 총무 또는 임원중에서 가능한 임원 직장의 한 직원에게 클럽의 업무를 전담시키거나 또는 사무실을 마련하여 운영할 시에는 직원을 두고 직원에게 일임시키도록 하는 것이 바람직하다.[30) 그러할 경우에는 클럽의 임원은 업무를 담당하는 직원에게 지시한 내용을 철저하게 확인하고 체크하는 것이 바람직하다. 클럽에서 업무를 보는 전담직원을 두기 위해서는 클럽의 재정이 튼튼할 때에만 가능하며, 또 자영업을 하는 임원의 부하 직원에게 전담시킬 때는 클럽에서 업무 전담에 대한 수당형식의 일부를 보조해 주는 것이 바람직하다. 그래야만 직원의 불만도 해소할 수 있고, 떳떳하게 요구할 것은 요구할 수도 있다고 생각된다. 만약 전담 직원을 채용할 경우는 직원이 클럽의 각종 문서나 비품, 회비수령, 월례회나 각종 행사의 연락 등 클럽의 모든 사항을 전담하여 클럽의 목표를 달성할 수 있도록 하는 것이 바람직하다. 이 방법도 회장을 비롯한 클럽 임원들의 직원에 대한 철저한 관리·감독이 필요하며, 그렇지 않으면 직원이 제대로 업무를 보지 않고, 또한 제대로 된 클럽현황의 파악이 되지 않으면 시간과 경비만

---

30) 신대순·이환호, 『밝은사회클럽의 조직과 운영』, 서울, 밝은사회연구소, 2002, p.51.

낭비하는 결과가 되기 때문에 주의할 필요가 있다.

단위클럽에서는 직원을 두고 업무를 진행하는 곳은 많이 않다. 그러나 회장이나 임원의 사무실 직원의 도움을 받는 경우가 많이 있으며, 연합회도 마찬가지로 연합회장이나 사무국장의 회사 직원을 이용하는 경우가 많다. 지구에서는 전담직원을 두고 하는 경우가 대부분이다. 어느 경우가 되든지 임원은 단위클럽이나 연합회, 지구를 막론하고 직원관리는 철저하게 해야 한다. 회원들이 필요한 사항에 대해서는 언제든지 직원이 그 사항에 대해 알려줄 수 있는 체제가 되어야 한다. 그러므로 직원에 대한 관리와 회원이 원하는 내용에 대해서는 대답을 공손하게 잘 해줄 수 있도록 교육이 잘되어야 한다.

셋째로 문서 및 비품 관리에 대해 살펴보자. 클럽에서는 대내적인 사항이나 대외적인 사항 모든 연락사항을 문서로 하는 것을 원칙으로 해야 한다. 그렇지 않으면 전통이나 이메일, 스마트폰의 이용 시도 반드시 전통철에 기재하여 항상 수시로 회장이나 임원의 결재를 받아서 보관해야 한다. 클럽에서 밝은사회 한국본부에 연락하는 각종 공문이나 전통, E-mail 등의 내용은 소정의 일정한 양식을 갖추어 보고해야 한다. 각종의 문서는 공신력을 높이기 위하여 문서번호를 쓰고 발송인을 찍어서 보내야 하며, 공문의 발송 시에는 반드시 기안을 하여 결재를 득한 후 보관해야 한다. 마찬가지로 이메일로 보내는 문서도 공신력이 있게 하기 위해서는 결재를 받은 후에 보관하도록 해야 한다. 왜냐하면 모든 문서는 책임소재를 확실히 하여 정확한 근거를 가지고 사업 추진을 할 수 있도록 행정적인 뒷받침이 잘 돼야 하기 때문이다.

단위클럽의 활동자료로는 클럽의 발송철, 접수철, 기안철, 참고철, 클럽의 활동사진을 보관한 앨범, 각종 회의자료, 출석부, 표창대장,

직인대장, 우편물 발송대장, 우편물 접수대장, 표창에 대한 각종 서류, 한국본부 또는 지구, 연합회의 신문, 회보, 안내 팜플렛, 밝은사회운동의 이론을 수록한 각종 책자, 한국본부에서 발행하는 각종 책자, 칼럼집, 홍보책자, 회계장부의 보관 등의 자료를 들 수 있다. 단위클럽에서 필요한 인장으로는 클럽직인, 발송인, 접수인, 결재인, 계인, 기타 클럽에서 필요한 인장을 둘 수 있다. 클럽의 역사가 길어지면 길어질수록 비품이 증가하게 된다. 또한 사무실이 있을 시에는 임원 등의 책상·의자·명패·타종·총재사진·역대회장사진·전화기·TV·라디오, 클럽의 회원 현황, 회비납부 현황 등의 비품이 필요하다. 이러한 비품들은 회장단의 인계 인수 시 꼭 해야 하며, 대장을 작성하여 문서로 보관하여야 한다.31) 또한 비품대장은 비품의 증감 시 반드시 기재하여 현재의 상황이 잘 표시되도록 비품 담당자를 지정하여 잘 관리해야 오래 사용할 수 있을 것이다.

단위클럽에서는 위와 같은 각종자료가 필요하고, 또 항상 관리가 잘 되어야 한다. 단위클럽에서는 총무를 비롯한 해당 부장들이 관리를 잘 해야 하며, 연합회에서는 몇 개 클럽을 관리하는 곳이기 때문에 회원현황 자료라든가, 표창자료, 연합회적인 행사 자료 등을 잘 보관하고 관리하는 것이 바람직하다. 지구에서는 단위클럽에서와 같이 직원이 모든 자료를 관리하고 파악하여 보관하는 것이 바람직하다.32) 또한 단위클럽 활동에 대한 사항들을 기록으로 잘 남겨서 보관해야 하며, 특히 사진 자료라든가, 회보발간, 운영회의 자료 등에 대해서는 보관을 잘 해야만 앞으로 수년이 지나도 그 내용이 역사적인 가치가 있음을 알아야 한다.

---

31) 신대순·이환호, 『밝은사회운동의 이론과 실제』, 서울, 도서출판 신아, 1995, pp.117-118.
32) 이환호, "밝은사회클럽 사업의 효율적인 추진 방안", 『밝은사회연구』 제17집, (서울, 경희대 밝은사회문제연구소, 1996), pp.167-168.

2) 사업적인 부분의 효율적인 관리

단위클럽, 연합회, 지구에서 실시하는 각종 사업에 대한 효율적인 관리는 GCS운동 전개를 위한 핵심적인 활동이다. 그러므로 GCS운동을 활성화하기 위해서는 단위클럽과 연합회, 지구에서 실시하는 각종 사업이 대단히 중요하다. 이러한 각 클럽의 사업에 대한 효율적인 관리 방법을 보면 각 클럽의 사업목표의 설정, 사업의 적극적이고 지속적인 전개가 필요하며, 사업결과를 분석하고 평가해야 하며, 새로운 사업에 대한 계획이다. 이것에 대해 살펴보자.

첫째, 단위클럽, 연합회, 지구의 사업 목표를 설정해야 한다. 단위클럽, 연합회, 지구 목표설정은 이들 클럽의 성패를 좌우하는 대단히 중요한 사안이다. 그러므로 단위클럽, 연합회, 지구의 정기 총회나 임시 총회 혹은 회장단 이취임식을 통해 회원들이 많이 참석하여 결정할 수 있을 때 해야 한다. 목표를 설정할 때는 선의·협동·봉사·기여의 3대 정신을 기본으로 하여 5대 실천운동을 어떻게 접목하여 사업계획을 수립할 것인가를 생각해야 한다. 클럽에서 세부계획을 수립함에 있어서 가장 중요한 것은 클럽 실정에 맞고, 실천 가능한 계획이어야 한다는 것이다. 계획수립은 먼저 타 단위클럽 및 단체들의 사업내용을 참고하고, 현재 우리클럽의 재정형편과 회원의 능력과 실정에 맞게 적절한 계획을 수립해야 한다. 이때는 정확한 자료를 기초로 해야 하며, 그렇지 않으면 도중에 차질이 생길수도 있다. 그리고 또 고려해야 할 사항은 클럽에서 전개하고자 하는 사업이 현재 클럽의 실정과 우리 사회에서의 필요성과 시의성, 국가적·국제적인 사항을 고려하여 장기적인 안목에서 사업계획을 수립해야 한다는 점이다. 그 사업은 단위클럽에서는 어려운 학생가장돕기, 고아원 돕기, 양로원 돕기, 결식 아동돕기, 맹인개안수술, 소년원방문

교화, 지체부자유아 돕기, 장애자 돕기, 불우노인, 용돈 보내주기 사업, 다문화 가정 지원사업, 선행자 표창 등의 사업을 적극적으로 전개하여 사회의 어두운 곳을 밝혀주는 등불이 되도록 노력하여야 한다.[33] 연합회에서는 클럽 간 체육대회, 등산대회, 수련회, 선행자 표창, 농촌일손 돕기, 자연애호운동의 공동전개 등 다양한 활동을 할수 있을 것이다. 지구에서는 단위클럽의 활동지원, 지구차원 체육대회, 클럽간 자매결연, 다문화 가정 돕기, 지구연차대회, 지구차원 자연 애호운동, 건전사회를 위한 세미나, 지역 발전을 위한 특강 등의 다양한 활동을 들 수 있다.

둘째, 목표로 설정된 사업의 적극적이고 지속적인 전개가 필요하다. 단위클럽, 연합회, 지구에서 사업계획이 채택되면 그 계획은 적극적으로 실천해야 한다. 사업은 계획만 하고 실천하지 않으면 아무소용이 없다. 그러므로 사업의 적극적인 실천은 대단히 중요하다. 사업을 전개함에 있어서 단위클럽, 연합회, 지구에서 예산을 통한 자체자금과 클럽회원들의 자체 인력으로 실천할 수 있도록 해야 하며, 필요한 경우 한국본부나 지구, 연합회 또는 기타 유관 부서에 협조를 얻을 수도 있다. 이러한 사업전개는 앞으로도 지속적으로 해야하기 때문에 외부기관에 의존하는 것은 그다지 바람직하지 않다. 클럽의 이미지 면에서도 별로 좋지 않기 때문이다. GCS운동은 모든 사업시행에 있어서 끊어짐이 없이 지속적으로 전개하는 것이 대단히 중요하다. 왜냐하면 이러한 지속적인 사업을 통하여 밝은사회 운동의 특징 및 이미지를 나타낼 수 있기 때문이다. 사업내용은 그동안 타 클럽이나 자기 클럽에서 전개해 온 전통적인 내용에 창의적인 사고를 바탕으로 한 새로운 내용도 포함하는 것이 바람직하다. 특히

---

33) 이환호, "밝은사회클럽의 실제적 운용", 『밝은사회연구』제15집, (서울, 경희대 밝은사회문제연구소, 1992), p.137.

사업 중 자연애호 운동전개와 자연애호 운동을 위한 세미나 등을 개최하여 인간의 삶의 터전인 자연을 보존할 수 있도록 국민 모두가 동참하는 방인도 중요하다.[34] 또한 거리질서 캠페인을 같은 사업도 전개하여 시민들이 질서의식을 갖도록 하는 것도 바람직하다. 이와 같이 GCS클럽 즉 단위클럽, 연합회, 지구에서 실시하는 각종사업이 적극적으로 활발하게 전개되고 활성화될 때, 밝고 아름답고 풍요롭고 보람 있는 오토피아 사회는 빨리 이룩될 것이다.

셋째, 단위클럽, 연합회, 지구에서 실시하는 각종 사업결과를 분석하고 평가하는 것이 바람직하다. 어떤 사업에 대한 실천의 결과에 대해서는 단위클럽, 연합회, 지구회원 전원 혹은 임원만이라도 모여서 분석하고 평가하는 회의는 반드시 필요하다. 왜냐하면 차기 임원들과 앞으로 밝은사회클럽 회원들은 누구나 지도자가 될 수 있기 때문에 이들을 위해서도 문서로 반드시 남겨놓는 것이 바람직하다. 그 내용은 사업을 전개하면서 일어난 제반 문제점, 돌출사항, 개선사항, 건의사항 등에 대해서 세밀하게 기록해 두어야 한다. 또 성취된 결과에 대해서도 충분하게 홍보하고 선전할 수 있도록 하는 장치가 필요하다. 또 완성된 사업에 대해서 사후관리를 소홀히 하여 잘못되는 경우도 가끔씩 있기 때문에 당시의 임원들이 지속적으로 관심을 갖고 관리할 수 있는 체제도 필요하다. 단위클럽, 연합회, 지구에서 실시한 각종 사업들은 회원의 노력과 땀으로 이루어진 사업이기 때문에 잘 보존하도록 해야 한다. 넷째, 단위클럽, 연합회, 지구에서는 한 가지 사업이 완성되면 새로운 사업을 수립하여 실시하도록 해야 한다. GCS운동을 전개하기 위한 사업은 적극적이고 지속적으로 전개되어야 한다. 클럽에서 심사숙고하여 계획한 하나의 사업이 완성되면 새

---

34) 이환호, "밝은사회클럽 사업의 효율적 추진방안", 『밝은사회연구』제17집, (서울, 도서출판 평화당, 1996), p.178.

로운 적절한 사업계획에 착수해야 한다. 모든 단위클럽, 연합회, 지구에서 실시하는 사업은 중단되면 정체되고 후퇴할 수 있다. 그러므로 이전에 실시한 사업의 경험을 토대로 하여 새로운 사업을 수립해서 적극적으로 실시하도록 하는 것이 바람직하다. GCS운동은 인류사회 재건운동이기 때문에 오토피아가 건설될 때까지 꾸준히 지속적인 사업 전개가 필요하다. 그러기 위해서 단위클럽, 연합회, 지구 임원들은 항상 국제적인 경기나 국내적인 경기 흐름이나 시대의 조류를 정확히 파악하여 지금상황에 적합한 사업전개를 항상 염두에 두고 단위클럽, 연합회, 지구를 관리해 나가도록 하는 것이 바람직하다.

3) 각종 집회 부분의 효율적인 관리

단위클럽, 연합회, 지구가 조직되어 활동을 시작하면 사업계획을 수립하고 행동에 옮겨야 한다. 밝은사회클럽은 단순히 사업을 추진하는 것만이 목적이 아니며 회원 상호 간 화합과 협동의 정신을 발휘하여 어떤 어려운 여건 속에서도 굳건히 목표를 달성할 수 있는 자생력을 키워야 하기 때문에 만나서 회의를 하고 사업을 추진하는 모든 과정이 잘 진행되어야 한다.

회의는 왜 하는가. 민주주의 사회에서는 개인의 인격을 존중하여 각 개인의 의견을 자유롭게 표현할 수 있다. 모든 사람들의 의견이 저마다 다르기 때문에 의견이 일치되기란 쉽지 않다. 그러므로 누구나 똑같은 의견을 가진다면 논의할 필요조차 없지만 서로의 의견이 다르기 때문에 회의를 열게 되는 것이다. 회의를 개최하여 의견을 물어 보면 어떤 문제이든 찬성과 반대, 두 가지밖에 없다. 이 두 가지 대립되는 의견을 효과적으로 종합하고 조정하려는 것이 회의 목적 중의 하나라고 볼 수 있다. 이 목적을 달성하기 위해서는 최소한의 시간을 가지고 최대의 효과를 거둔다는 것이 무엇보다 필요하다. 이를 위한 방법이 곧 회의규칙인 것이다. 선진국에서는 수백 년 전부터 민주적인 회의를 하여온 까닭에 여러 가지 경험을 통하여 회의를 능률적이고도 합리적으로 진행시킬 수 있는 규칙을 마련하였다.[35) 집회[36)는 단위클럽, 연합회, 지구의 회원들이 만나는 기회이며, 집회를 통해서 공동관심사를 토론할 수 있고, 사업의 방향을 설정하고 단체의 정체성과 방향을 협의해 나가야 한다. 집회는 단순한 사업추진을 위한 과정으로 보아서는 안 된다. 집회는 그 자체가 하나의 목표와 방향이 될 수도 있다. 집회를 한다는 것, 그것은 조직발전을 위한 필수적인 요소이며, 또 집회가 주기적으로 바람직한 방향으로 전개될 때 단위클럽은 발전을 할 수가 있다고 생각된다. 집회에는 정기총회와 임시총회, 정기월례회, 임시월례회 등 여러 가지가 있다.[37) GCS클럽 회원은 서로간의 만남이 없이 형제자매로서의 인정이 싹트기 어렵다. 회원 간의 만남은 하나의 교육이며 수련의 역할을 담당한다. 집회를 통해서 회원 각자의 생각을 발표하고 타인의 의견을 경청하고 모두의 생각을 통합 조정하여 하나의 목표를 설정하는 과정에서 배움을 얻게 되고, 보람을 얻으며 긍정적인 생활태도를 갖추게 되는 것이다. 그러므로 단위클럽, 연합회, 지구에서는 집회를 단순히 형식적으로 할 것이 아니라, 사전에 충분히 협의하여 계획적으로 개최해야 하며, 경건한 마음으로 엄숙하게 진행될 수 있도록 하지 않으면 안 된다. 그렇게 함으로써 규정된 집회를 통하여 그 집회에서 조직의 정통성과 집회의 힘이 생성되는 것이다. 그러므

---

35) 신대순·이환호, 『밝은사회클럽의 조직과 운영』, 서울, 밝은사회연구소, 2002, pp.98-99.
36) GCS클럽에서는 월례회, 임원회의, 부별회의, 결성식, 주년행사, 총회 등 모든 회의 및 행사를 집회로 규정하여 서술하고 있다. 그러므로 회의는 넓은 의미의 집회의 범주에 넣고 있음을 서술한다.
37) 신대순·이환호, 『새로운 천년 밝은사회 건설』, 서울, 도서출판 신아, 1998, pp.46-50.

로 단위클럽, 연합회, 지구 등에서 실시하는 모든 집회는 식순에 따라 공정하게 진행함으로써 GCS운동을 전개하는 핵심 단체의 역할을 충분히 하는 것이다.

GCS클럽의 회의는 일정한 법칙이라든지 규칙에 의하여 운영된다. 국회가 헌법·국회법 등에 의거하여 회의가 진행되듯이 GCS클럽도 정관·회칙·헌장 그리고 세칙이 마련되어 있는 총회·운영위원회·임원회 등의 집회가 이것에 의거하여 운영되고 관리되고 있다. 이러한 것을 잘 알아두면 집회 중에 생기는 여러 가지 문제를 올바르게 처리할 수 있다. 이제 회의법의 기본원칙38)에 대해 살펴보기로 하자.

첫째, 공개의 원칙이다. 모든 회의는 공정한 처리를 위하여 공개된 가운데 회의를 진행하는 것을 원칙으로 한다. 비밀로 회의를 한다는 것은 민주주의 원칙에 어긋나는 것이다. 둘째, 정족수의 원칙이다. 정족수란 회의를 합법적으로 처리하기 위하여 출석하지 않으면 안 될 일정수를 말한다. 이것은 단위클럽, 연합회, 지구에 따라 조금씩 다르나 회칙·정관·헌장에 정족수에 관한 규정이 명시되어 있어야 한다. 셋째, 일의제의 원칙이다. 회의에서는 언제나 한 번에 한 의제만을 상정하여 차례로 다루어 나가야 한다. 회장이 한 의제를 선포한 후 토론과 수정을 거쳐서 그 채택 여부가 표결로서 결정되기 전에는 다른 의제를 상정할 수 없다는 원칙이다. 넷째, 발언 자유의 원칙이다. 언론의 자유는 국민의 자유권의 하나로 헌법에 보장되어 있는 만큼 크고 작은 회의에서도 발언의 자유가 보장되어야 한다. 다섯째, 회원 평등의 원칙이다. 성별·연령·학벌 등과 관계없이 그 회의에서는 회원이면 누구나 동등한 자격을 갖고 아무런 차별을

---

38) 신대순·이환호, 『밝은사회로 가는 길』, 서울, 도서출판 신아, 1997, pp.137-142.

받지 않는다는 원칙이다. 여섯째, 다수결의 원칙이다. 이는 민주주의 원칙의 하나로서 의안의 가부를 결정함에 있어서 출석자 과반수의 찬성으로 한다는 원칙이다. 일곱째, 소수 의견의 존중이다. 다수결의 원칙은 반드시 소수의견을 존중한다는 정신 아래 이루어져야 한다. 다수결의 원칙은 절대로 옳아서가 아니라 비교적 편의적인 방법으로 인정되므로 소수의견도 좋은 점은 존중할 줄 알아야 한다는 것이다. 여덟째, 일사부재리의 원칙이다. 회의에서 일단 부결이나 폐기된 의안은 그 회기 중에 다시 회의에 회부하지 못하는 것을 말한다. 아홉째 회기불계속의 원칙이다. 한 회기에 상정된 의안이 그 회기 중에 의결되지 않았을 경우 그 의안을 다음 회기에서 계속하지 않고 폐기해 버리는 것을 말한다. 따라서 꼭 필요한 의안은 다음 회기에 새로운 의안으로 다시 제출하여야 한다.

GCS클럽을 조직하여 관리하는 데 있어서 가장 중요한 부분 중의 하나가 각종 집회이다. 단위클럽의 활동이 대내외적으로 나타나는 데 있어서 가장 두드러진 것이 집회라고 생각된다. 그러나 집회에 대한 각 사회단체들의 고유한 전통은 그 단체 나름대로 풍습과 특색을 지니고 있다. 또 각 사회단체들은 어떤 특정한 집회를 행함으로써 그 단체의 대표성과 특징을 나타내는 경우가 많다. 예를 들면 라이온스클럽 같은 경우에는 고유의 복장을 입고 월례회를 행한다든가 또는 모임 시에 사자의 울음소리를 내면서 클럽의 특징과 활성화의 표본을 보인다든가 하는 경우를 들 수 있다. 그러므로 각 단체가 집회를 중요시하는 것은 외부로 나타나는 대표적인 행사가 이 집회에서 풍겨 나오기 때문이다.[39] GCS클럽의 집회의 의의는 다음의 6가지로 구분해 볼 수가 있다고 생각된다. 첫째, 밝은사회클럽의 각

---

39) 이환호, 『밝은사회클럽의 의식 길잡이』, 서울, 도서출판 신아, 2003, p.87.

종의식은 회원들에게 일체감 조성을 위해 효과가 있다고 생각된다. 밝은사회클럽에서 실시하고 있는 결성식, 정기월례회 및 임시월례회, 각종 주년행사, 정기총회 및 임시총회. 회장단 이 취임·수련회·세미나 등 각종 기념행사 개최 시에 있어서 전국과 전 세계에서 동일한 식순으로 진행될 때에 국제클럽회원으로서의 일체감을 조성할 수 있을 것이다. 전국적인 행사나 국제적인 행사를 개최할 시에 똑같은 의식으로 일사분란하게 진행하여 그 화려함·절도·규율이 있을 때 회원으로서의 자부심은 대단히 크고 그 추억은 오래오래 남을 수가 있을 것이다. 둘째, GCS클럽의 행사에 있어서 클럽의 집회방법을 그대로 따르면 유익하다는 생각을 갖게 한다는 것이다. 인간의 행동에 있어서 대부분의 행동은 어떤 명분과 실익을 가지고 하는 경우가 대부분이다. 그러므로 회원 개개인에게 국제적인 단체의 일원으로서 활동하고 있다는 생각을 갖게 하는 것은 대단히 중요하다. 그러한 만족감을 갖고 GCS클럽에 참여할 때, 그 회원은 클럽을 위해서 혹은 GCS운동을 위해서 자발적이고 능동적인 활동을 할 수 있을 것이다. 또한 개인에게 유익하고 보람된 일 이라는 생각을 가질 수 있도록 하는데 이 의식은 의의가 있다. 셋째, 집회는 GCS클럽 지침서 역할을 한다는 것이다. GCS운동을 전개함에 있어서 처음부터 진행순서라든가 사업집행 요령 등에 대하여 모든 것을 다 알고 클럽에 입회하는 사람은 거의 없다. 그러므로 클럽에 입회한 후에 한 가지씩 한 가지씩 배워가면서 훌륭한 회원으로서의 자질을 높여가는 사람이 대부분이다. 이때에 필요한 것이 GCS클럽에 대한 종합적인 지침서이다. 그것의 역할을 집회시의 각종 의식은 해줄 수가 있다고 생각된다. 밝은사회운동을 전개함에 있어서 오래된 회원이라도 가끔씩 자기가 알고 있는 의식에 대한 지식이 조금은 혼동스러울

때가 있을 수도 있다. 이러한 때에 이 의식은 확실한 지침서로서의 역할과 문제에 대한 해답을 줄 수가 있을 것이다. 넷째, 홍보 전략에 유익하다는 것이다. 홍보 전략이라는 것은 GCS운동을 많은 사람들에게 알리고 이해시켜서 GCS운동에 동참하도록 하는 효과를 말한다. 그러므로 홍보에 대해서는 아무리 강조를 해도 잘못된 것이 아니다. 훌륭한 집회내용과 그것에 대한 대대적인 홍보는 GCS운동 확산에 가장 중요한 요소의 하나라고 생각된다. 그리고 홍보하는 방법에 대해서는 효율적인 홍보를 위하여 직접매체와 간접매체를 통한 홍보가 되어야 할 것이다. 인터넷방송이나 홈페이지에 홍보를 하여 24시간 잠재적인 시민을 대상으로 하는 것도 하나의 방법이다. 또 봉사활동이나 각종의 행사를 개최할 시에 회의를 잘 진행하여 타 단체나 일반 시민들이 GCS클럽에 대하여 좋은 인상과 특징을 가질 수 있도록 배려하는 것도 바람직하다. 다섯째, 각종 행사를 개최할 시에 통일성을 유지할 수 있다는 것이다. UN 산하 경제사회이사회에 소속되어 있는 사회단체와 UN 공보처에 등록된 사회단체가 약 3000여개 이상이 된다고 한다. 또한 세계 210여 개국에 있는 NGO들까지 합하면 그 수는 실로 셀 수 없을 만큼 많다고 할 수 있다. 이들 사회단체들이 모두 자기 고유의 집회의식을 가지고 있는 것은 아니다. 대개는 국가에서 행하는 집회의식을 모방하여 그것에 조금의 변형을 가하여 행사를 가지는 것이 보통이다. GCS클럽도 이제는 국제클럽으로서의 면모를 확실하게 갖기 위해서는 세계 어느 곳의 GCS클럽 행사이든지 통일성이 있어야 한다. 그렇게 함으로써 조직의 힘과 합법적인 권리와 의무가 주어지는 것이다. 한국에서의 밝은 사회클럽 행사는 통일된 의전을 가지고 할 수 있도록 인터넷을 통하거나 공문을 통하거나 수련회, 각종행사를 개최 시에 본부에서 계속적이고 꾸준한 교육을 실시하고 있다. 이제 이러한 의전을 위한 지침서가 만들어짐으로서 필요할 시에는 언제든지 이 책을 보고, 이것에 규정된 대로 시행하여 전국적으로 또 전 세계적으로 통일성을 기할 때, 밝은사회운동은 더욱 시민의 곁으로 앞서서 다가가는 시민운동이 될 것으로 생각된다.[40] 여섯째, 오토피아 건설에 대한 참여기회를 제공한다는 것이다. 밝은사회운동은 선의·협동·봉사-기여의 3대 정신을 바탕으로 5대 운동을 실천하여 정신적으로 아름답고 물질적으로 풍요하며 인간적으로 보람 있는 오토피아 사회를 건설하는 것이 그 목표이다. GCS클럽 회원은 누구나 클럽에 입회하면 GCS클럽에서 실시하는 의식이나 규정을 지키고, 사업을 전개할 의무가 있다. 그러므로 GCS클럽 회원이 규정과 의식을 행하는 것은 결국 오토피아를 건설하기 위한 하부 단계로 볼 수 있다. 회원은 오토피아의 건설을 위해서 자기의 직책과 능력에 따라서 알맞는 방법으로 국가와 인류 사회에 기여할 수 있어야 하고 클럽활동에 임해야 한다. 그 기여는 여러 가지 방법이 있을 수 있다. 자기의 시간과 재력을 투입하여 사회봉사를 하는 경우와 자신의 지식을 동원하여 사회에 기여하는 방법, 자신의 참여 활동을 통하여 기여하는 방법 등을 통하여 삶의 가치를 누리게 된다. 궁극적으로는 우리가 바라는 오토피아의 건설을 위해서 노력하는 삶이 되어야 한다.

단위클럽, 연합회, 지구에서의 집회의 종류는 다음과 같이 나눌 수 있다. GCS클럽 활동을 위해서 최초로 만드는 결성식. 매월 개최되는 정기 월례회 및 임시월례회, 1년 혹은 비정기적으로 개최되는 정기 총회 및 임시 총회, 회장단 이취임식, 매년 개최되는 주년 행사 및 송년 모임 등이 있다. 또한 각종 기념행사, 즉 자연 애호운동, 웅

40) 이환호, 『밝은사회클럽의 의식 길잡이』, 서울, 도서출판 신아, 2003, pp.88-91.

변대회, 선행자 상 시상식, 글짓기 대회, 세미나, 합창대회, 미술대회, 걷기대회, 각종 전시회, 각종 캠페인, 등반대회 등을 들 수 있다. 클럽이 결성되기 전 단계에 실시하는 발기인회, 조직총회, 회원의 심신단련을 위한 수련회, 2-3개 클럽이 합동으로 개최하는 합동월례회, 도농간 혹은 영호남 동서 간에 맺어지는 자매 결연식, 체육대회, 매년 초에 개최되는 신년교례회, 총재 공식순방 등을 들 수 있다. 이 중 가장 중요하게 생각하는 것은 매년 개최되는 정기 총회와 주년기념식, 회장단 이취임식, 정기 월례회 등은 가능하면 반드시 개최해야 하는 집회이기 때문에 각 단위클럽, 연합회, 지구의 임원단에서는 각별한 관심과 특별한 관리가 요청되는 사항이다.

4) 클럽의 위기 발생시 효율적인 관리

단위클럽, 연합회, 지구에서 각 클럽들을 정상적으로 관리할 수 없는 상황이 발생 시에는 단위클럽, 연합회, 지구 자체에서 해결을 하는 방법과 밝은사회의 상급기관을 통한 위기관리로 나누어 생각해 볼 수 있다. 먼저 단위클럽, 연합회, 지구 자체에서 해결하는 방법에 대해 살펴보자. 첫째, 단위클럽, 연합회, 지구의 전임회장 혹은 총재들을 통한 위기관리이다. 클럽이 어떤 문제로 위기에 봉착하였을 때, 현 회장단이 그것을 해결할 수 없을 때에는 원로회장 및 전임회장 혹은 원로 총재를 통하여 위기를 수습하는 방법이 있다. 원로회장 혹은 원로 총재는 클럽의 위기요인을 정확히 파악하여 문제 해결에 접근해야 한다.[41] 또 원로회장이 출장을 갔거나 외국에 체류시는 원로회장 원로 총재 다음의 전임회장 혹은 전임 총재가 회장 혹은 총재 대리로써 이 위기를 수습해야 한다. 둘째, 임원회의를 통

---

41) 신대순·이환호, 『밝은사회운동의 이론과 실제』, 서울, 도서출판 신아, 1995, pp.118-119.

한 위기관리이다. 클럽이 어떤 문제로 인하여 위기에 처하였을 때에 는 임원 및 회원 모두가 이 문제를 해결하도록 노력해야 한다. 그러 나 그 실제중심은 임원회의에서 모든 대책을 수립하고 방법을 모색 해야 한다. 셋째, 철저한 회원관리를 통한 위기관리이다. 클럽에 있 어서 위기가 도래할 수 있는 요인 중에 가장 많은 부분이 회원들에 의해서 발생하는 경우가 대부분이다. 그러므로 클럽에서 회원들 개 개인에 대한 신상관리는 대단히 중요하다. 그러므로 단위클럽, 연합 회, 지구에서는 평소에 회원에 대한 신상파악과 직업, 가족관계, 대인 관계 등에 대해 임원단에서는 항상 파악하고 잘 기록을 통하여 남겨 놓는 것이 위기 발생 시 해결할 수 있는 가장 지름길이라 생각된다.

　다음으로 단위클럽, 연합회, 지구의 차 상급기관에 의한 위기관리 를 들 수 있다. 클럽 위기는 회원과 클럽에서만 일어나는 것이 아니 라 클럽과 클럽간의 충돌로 인한 위기, 클럽과 연합회간의 문제, 클 럽과 지구와의 문제, 연합회간의 문제, 연합회와 지구간의 문제, 지 구간의 문제, 지구와 국가본부와의 문제 등에서 위기가 발생할 수 있다. 이러한 때에는 문제발생의 상급기관에서 조정하여 위기를 해 소할 수 있도록 해야 한다. 그 방법에 대해 고찰해 보자. 첫째, 단위 클럽의 위기 발생 문제에 대해 연합회에 의한 위기관리이다. 클럽 간의 문제가 발생하였을 시에는 연합회에서 클럽을 방문하여, 자세 한 보고를 임원단으로부터 받고 문제의 근원을 신중히 파악하여 해 결토록 해야 한다. 이런 때에는 어디까지나 단위클럽의 지위를 존중 하여 자존심이 상하지 않도록 배려하면서 문제해결에 임해야 한 다.42) 둘째, 지구(地區)에 의한 위기관리이다. 단위클럽 혹은 연합회 에서 발생한 위기가 연합회에서 해결 불가능한 성질이거나 연합회

---

42) 이환호, "밝은사회클럽 위기대처 방안에 관한 연구", 『밝은사회연구』 제19집, 서울, 경희대학 교 출판국, 1998, p.135.

의 능력이 미치지 못할 때에는 지구에서 위기를 직접 해결하도록 해야 한다. 지구[43]는 국가본부와 단위클럽간의 중간관리 단계로써 단위클럽이나 연합회의 의견도 존중하면서 국가본부의 지침도 수행해야 하는 어려움을 내포하고 있지만 지구의 독자적인 사업계획 수립도 가능하기 때문에 위기해결에 대한 능력도 나름대로 발휘하여 해결토록 해야 한다. 연합회간의 의견충돌에 있어서는 지구에서 그 조정역할을 해야 하며, 연합회와 단위클럽 간의 시비에서도 지구는 공정한 처리를 해야 한다. 셋째, 단위클럽, 연합회, 지구에서 위기 발생시 국가본부에 의한 위기관리이다. 지구와 연합회 간의 문제가 발생하거나 연합회와 연합회 간의 문제발생 시 혹은 지구와 지구 간의 문제발생 시는 그 해결은 각국의 국가본부에서 직접 나서서 해결하는 것도 바람직하다. 이러한 문제는 지구에 납부하는 회비의 문제, 또는 지구를 통해서 하는 활동보고의 계통적인 문제 등과 같이 다양할 수가 있다. 또 지구의 위기발생은 그 산하의 단위클럽의 위기와 연계될 수 있기 때문에 대단히 주의하여 해결하지 않으면 안 된다. 그러므로 지구에 위기가 도래하지 않도록 국가본부에서는 항상 주의해서 지구에 대해 관심을 가져야 하며, 만약에 그러한 위기가 발생했다고 가정해서 해결할 수 있는 대비책도 사전에 마련해 두는 것도 대단히 좋은 방법이라고 생각된다.[44]

이러한 다양한 위기극복 방법을 통하여 단위클럽, 연합회, 지구에서는 한층 더 성숙된 GCS클럽 활동을 통하여 오토피아를 건설하기 위한 초석을 하나씩 하나씩 다져가야 할 것이다. 그렇게 함으로써 한국에서 시작되고, 한국인이 제창한 이 GCS운동이 전 세계적으로

---

43) 『밝은사회클럽 헌장』, 서울, 밝은사회문제연구소, 1978, p.9.
44) 이환호, "밝은사회클럽 위기대처 방안에 관한 연구", 『밝은사회연구』 제19집, 서울, 경희대학교 출판국, 1998, p.136.

그 뿌리를 내리고 범세계적인 민간사회운동으로 발돋움하지 않을까 생각된다.

5) 회원 및 임원의 효율적인 관리

단위클럽, 연합회, 지구에서는 효율적인 회원 및 임원의 관리를 위해서는 회원 및 임원 관리의 원칙을 알아보고, 회원의 효율적인 관리 방안, 임원의 효율적인 관리 방안에 대해 관찰해 보는 것이 바람직하다. 회원을 영입하여 관리하는 문제는 대단히 중요하며, 클럽의 성패와도 직결된다. 먼저 회원관리의 원칙을 관찰해 보자. 그것은 첫째, 우수한 사람을 신입회원으로 영입해야 한다. 현재 클럽에서 활동하고 있는 회원들이 직장이나 사회에서 존경받는 사람들이어야 한다는 것이다. 신입회원의 영입은 임원회의나 월례회의에서 신중하게 심사하여 임원이나 회원 전원 만장일치로 우수한 회원을 영입을 해야 한다. 둘째, 단위클럽에서는 신입회원으로 입회된 회원을 적재적소에 배치를 잘해야 한다. 사람은 각자 자기가 잘하는 분야가 있다. 그래서 단위클럽에서도 일단 입회한 회원은 임원단에서 그 사람의 경력이나 과거 경험을 토대로 적성을 잘 파악하여 가장 알 맞는 부서에 배치하여 활동할 수 있도록 배려해야 한다. 셋째, 각 부에 배치된 신입회원을 잘 활용해야 한다. 신입회원으로 영입된 회원은 활동을 자주 하도록 배려해 주어야 한다. 그러므로 임원단에서는 임원회의 시마다 각 부에 소속된 신입회원 및 회원들에 대한 활동을 점검하고, 또 그들의 행동을 세밀히 관찰하여야 한다. 넷째, 단위클럽에서는 회원이 탈퇴하거나 자퇴하는 일이 없도록 클럽에서 유지를 잘해야 한다. 단위클럽, 연합회, 지구의 활동이 재미있게 하여 회원이 일단 흥미를 가지면 그 회원은 빠져나가지 않는다. 또한 신입회원으로 영입 후 그 회원에게 중견급의 회원을 붙여주어 회의 시 항상 같이 앉거나 활동을 같이하게 하여, 조언을 해주거나 도와 주어 일정기간 관심을 가져준다면 유지가 잘 될 것이다.

다음으로 회원의 효율적인 관리 방안[45]에 대해 살펴보자. 첫째, 단 위클럽, 연합회, 지구에서는 회원들이 각종 행사에 빠지지 않고 참석 할 수 있도록 유도해야 한다. 어떤 조직이나 단체든지 그 조직이나 단체를 살아 움직이는 단체로 만들기 위해서는 행사시 혹은 모임 시 마다 구성원의 참석률이 좋아야 한다. GCS클럽도 마찬가지이다. 회 원들이 각종 모임마다 잘 참석해야만 조직이 활성화될 수 있다. 둘째, 단위클럽, 연합회, 지구에 소속된 회원이 모임에 출석하면 재미있다 는 인상을 가지도록 배려해야 한다. 회원이 모처럼 모임에 참석하였 을 때 재미가 없다는 생각이 들면, 그 다음에는 잘 나오지 않을 것이 다. 이러한 회원들을 위해서 임원단에서는 전체모임을 하기 전에 사 전 임원회의를 개최하여 충분한 토의와 문제점에 대한 협의가 있어 야 한다. 셋째, 결석을 잘하는 회원에게는 클럽에서 영향력 있는 회 원, 즉 원로 회장이나 전임회장 혹은 그와 가까운 회원, 추천한 회원 이 찾아가서 참석해 주도록 설득한다. 이때 찾아간 회원은 그 회원이 왜 결석하는지 원인을 잘 파악하여 클럽에 보고하도록 해야 한다. 넷 째, 가끔씩 혹은 자주 빠지는 회원이 참석하였을 때는 클럽에서 영향 력 있는 회원들이 한 사람씩 그 옆에 앉아서 계속 관심을 가져주어 소외감을 갖지 않도록 한다. 또 그 회원과 말상대를 해주고 클럽의 활동사항을 알려주는 등의 이야기를 하여 즐거운 시간이 될 수 있도 록 배려해 주는 것이 바람직하다. 다섯째, 임원단은 각종 모임 시 일 찍 참석하여 행사장 입구에서 회원들을 반갑게 맞이하도록 해야 한

45) 이환호, "밝은사회운동의 발전방안", 『밝은사회연구』 제16집, (서울, 경희대 밝은사회문제연구 소, 1993), pp.170-171.

다. 이와 같이 할 때 입구에 들어오는 회원들도 예상 못한 환대에 기분이 좋기 때문에 행사장의 분위기는 한결 부드러워질 것이라 생각된다. 이상과 같은 방법으로 단위클럽, 연합회, 지구에서 회원들을 효율적으로 관리한다면 휴면회원이 많이 감소할 것이며, 또한 단위클럽, 연합회, 지구의 회원 관리는 최상의 상태가 될 것이라 생각된다.

다음으로 단위클럽, 연합회, 지구 임원들의 효율적인 관리에 대해 살펴보자. 이들에 대한 효율적인 관리는 단위클럽에서는 회장과 원회장을 비롯한 전임회장이, 연합회에서는 연합회장을 비롯한 전임연합회장과 원로 연합회장이, 지구에서는 지구총재와 전임총재를 비롯한 원로총재가 책임을 지고 관리해야 한다. 그 관리 방법을 보자. 첫째, 임원회 및 부별회의를 가능하면 한 달에 한번 필히 개최하여 연합회, 지구, 한국본부의 사업·활동, 상급기관의 동정 등에 대하여 협의하고, 앞으로의 계획에 대하여 토론하며 실천방법을 모색함으로써 임원들이 클럽에 대한 소속감, 또는 회장이 인정해 준다는 자부심을 가질 수 있도록 해야 한다. 둘째, 임원들의 경조사에 필히 회장이나 지구총재는 참석하도록 해야 한다. 임원들의 애경사에 가능하면 회원들까지 많이 참석하여 위로하거나 도와주고 또 축하해 주는 방법이 임원에 대한 관리에 대단히 효과가 있을 것이다. 셋째, 회비관리의 투명성을 통하여 임원들과 회원들에게 신뢰와 믿음을 주어야 한다. 임원들은 회장과 함께 단위클럽, 연합회, 지구의 각종 행사나 활동에서 일정액의 회비 혹은 찬조금을 부담하고 있다. 그러므로 회비와 찬조금, 특별회비가 관리 및 사용에도 투명성이 있다는 믿음을 임원들에게 준다면 임원들은 자기 맡은 업무 분야나 담당분야를 더욱 열심히 할 수 있을 것이다. 넷째, 회장이나 총재는 단위클럽, 연합회, 지구의 장단기 계획을 수립하여 GCS클럽이 최종적으로 추구하는 비전을 임원들에게 제시함으로써 임원들이 신뢰할 수 있도록 해야 한다. 그것은 1-2년의 단기계획, 3-5년의 중기 계획, 5-10년, 20년의 장기적인 계획을 수립하여 임원들이 미래상을 알 수 있도록 하는 것이 임원관리에 필수적이다. 다섯째, 단위클럽, 연합회, 지구 임원들을 관리하기 임원들에게 모범이 되는 활동과 솔선수범의 정신을 지도자는 심어주어야 한다.46) 우리나라 속담에 자식이 부모의 행동을 닮아간다는 말을 명심할 필요가 있다. 여섯째, 단위클럽, 연합회, 지구 회장이나 총재는 열정과 통찰력을 가지고 클럽 활동에 임함으로써 임원들이 자발적으로 따라올 수 있도록 관리해야 한다. 우리가 어떤 일을 하는 데 있어서 열정을 가지고 진행하는 것과 그렇지 않은 것과는 많은 차이가 난다. 그러므로 최고 지도자가 모든 일에 있어서 열정을 가지고 참여함으로써 임원들은 자동적으로 회장이나 총재의 지도력을 믿고 따를 수 있다고 생각된다.

이상과 같이 GCS클럽의 회원 및 임원의 관리는 조직적이고 체계적으로 이루어져야 단위클럽, 연합회, 지구가 활성화될 수 있으며, 궁극적으로는 GCS운동의 활성화도 기대할 수 있다. 그러므로 단위클럽, 연합회, 지구에서는 회원과 임원의 조직적인 관리에 혼신의 노력을 기울여야 한다. 조직은 사람에 의해서 움직여지는 속성을 가지고 있다. 그러므로 회원 및 임원의 효율적인 관리는 GCS클럽이 추구하는 오토피아 구현의 디딤돌이라 생각된다.

---

46) 신대순·이환호, 『밝은사회클럽의 조직과 운영』, 서울, 밝은사회연구소, 2002, pp.74-76.

4. GCS클럽의 효율적인 관리의 선결과제

1) 회원의 적정수 유지

단위클럽, 연합회, 지구를 구성하는 요소 중의 가장 중요한 요소는 회원이다. 회원이 없는 단위클럽이 있을 수 없으며, 회원과 클럽이 없는 연합회가 있을 수 없고, 회원과 연합회가 없는 지구도 있을 수 없다. 그러므로 GCS클럽을 구성하는 가장 중요한 구성요소인 회원의 확보는 가장 중요하면서도 가장 어려운 문제 중의 하나이다. 1978년에 제정된 밝은사회클럽 헌장에 명시된 내용을 보면, 단위클럽에는 성인클럽과 청소년클럽이 있으며, 청소년클럽에는 초·중·고·대학생클럽을 둔다. 클럽회원은 30인을 원칙으로 한다고 되어 있고, 단위클럽에는 회장 1인, 부회장 2인, 감사 1인, 총무, 기획, 재무, 사업의 각 부장을 두며, 클럽의 명칭은 국가본부의 승인을 받아야 하며 "밝은사회 00 클럽"이라 칭한다고 명시되어 있다. 또한 단체, 직장, 학교, 지역의 단위로 3개 이상의 클럽이 조직되었을 때에는 필요에 따라 연합회를 구성할 수 있으며, 각 단위클럽의 독립된 기능과 권한은 침해되지 않는다고 기술하고 있다. 또한 회장은 단위클럽 회원들에 의하여 정기총회에서 선출하며, 회장은 그 단위클럽을 대표하며, 기획·운영·활동·관리의 모든 책임을 진다고 명시되어 있다. 또한 회장은 필요에 따라 위원회를 구성하고, 그 위원장을 임명할 수 있다고 하고 있다.[47)]

이상과 같이 볼 때, 단위클럽, 연합회, 지구의 적정 수준의 회원확보는 GCS클럽의 부실화를 막고, 관리에 대해 필수적이라 할 수 있

---

47) 밝은사회운동 30년사 편찬위원회, 『밝은사회운동 30년사』, 서울, 경희대 밝은사회연구소, 2007, p.159.

다. 단위클럽의 회원을 최소 30명의 회원으로 지정해 놓은 것은 30명 정도의 회원이 확보되어야 단위클럽의 월례회나 적절한 사업을 집행할 수 있다고 보기 때문이다. 그리고 30명 이상의 회원이 회비를 납부할 정도가 되어야 적절한 사업도 집행할 수 있다고 볼 수 있다. 기금이나 회비가 없이 외부 찬조금으로만 집행하는 사업은 오래 지속할 수가 없기 때문이다. 마찬가지로 3개 정도의 연합회가 동일 목적의 연대가 이루어짐으로써 임원구성이라든가 운영회의 개최, 사업의 실시 등에서 참여율이라든가 회비의 확보 등에서 연합회의 관리가 가능하다고 보는 것이다. 또한 지구의 관리는 20개 이상의 단위클럽이 확보됨으로 인하여 지구에서 추구하는 목표의 설정이나, 회원의 참석, 사업의 집행 등의 면에서 원활한 활동이나 관리가 된다고 생각된다. 그러므로 단위클럽이나 연합회 지구가 위에서 규정한 적정수의 회원이나 클럽을 확보하지 못하면, 지금 당장이나 단기간은 운영이나 관리가 가능하지만 장기적인 관점으로 볼 때, 부실화 가능성이 높기 때문에 한국본부에서는 최소한의 규정이나 제도를 만들어서 이것을 지킬 수 있도록 지도하고 있는 것이다. 만약 단위클럽 회원의 구성이 30명이 꼭 안 되도 앞으로 회원영입이나 사업의 계획 등에서 가능하거나 지도자의 강력한 의지가 있다면 한국본부에서는 지구 혹은 연합회와 협의하여 미래의 가능성을 보고 결성에 대한 승인은 할 수 있지만, 가능하면 안전하게 클럽관리와 사업집행이 원활할 수 있도록 지도하고 있는 것이 현재의 상황이다. 그러므로 단위클럽, 연합회, 지구의 관리는 한국본부에서는 앞으로도 가능하면 이 규정을 그대로 지킬 수 있도록 노력하고자 한다.

2) 적정 수준의 기금확보

단위클럽, 연합회, 지구의 기금이란 GCS클럽에서 일정한도의 자금을 마련하여 그 자금에 대하여는 특별한 사정이 없는 한 지출할 수 없도록 규정한 자금을 의미한다.[48] GCS클럽의 각급 조직이 튼튼하고 더욱 더 적극적인 사업을 수행하기 위해서는 기금이 절대적으로 필요하다고 생각된다. 그러므로 단위클럽, 연합회, 지구가 조성한 기금에 대해서는 가능하면 점차적으로 계속 확충하면서 증가시켜 나가야 한다. 단위클럽, 연합회, 지구의 발전은 기금의 확충과 정비례 한다고 해도 과언이 아닐 정도로 기금의 확충은 필요하다. 그러므로 기금이 없거나 기금이 증식되지 않는 GCS클럽은 그 발전 속도가 느려지는 클럽이라고 할 수도 있다. 많은 GCS클럽들의 경우 기금을 모아서는 사업에 모두 소모해 버리고 새로운 사업을 추진할 때는 또 기금을 모아야 하는 경우를 볼 수 있고, 기금이 없어서 사업을 하지 못하는 예를 가끔씩 볼 수 있다. 단위클럽, 연합회, 지구의 기금 모금을 외부에 의존하는 것은 GCS클럽이 외부단체나 개인에게 의존하게 되는 결과를 가져올 뿐만 아니라 큰 활동을 추진하기 어렵다고 생각된다. 외부 지원에 의존하여 추진되는 클럽사업은 외부지원이 중지됨과 동시에 그 기능도 상실되고 마는 경우를 우리는 흔히 볼 수 있다. 그러므로 자체노력을 통해서 기금이 확보될 수 있도록 노력하는 것이 가장 좋은 방법이라 하겠다. 기금도 어느 정도 수준에만 이르면 기하급수적으로 증가되는 것이 보통이다. 이러한 점에서 결성된 지 얼마 되지 않은 클럽이나, 기금이 많이 확보하지 않은 클럽에서 단발적인 선전효과를 거두기 위해 자금을 많이 필요로 하는 사업추진에 노력을 기울인다면 지속적인 발전을 기대하기

---

48) 신대순·이환호, 『밝은사회로 가는 길』, 서울, 도서출판 신아, 1997, pp.164-165.

는 어렵다. 그러므로 클럽 결성 초기에는 될 수 있는 대로 자금이 많이 들지 않는 제반 클럽활동이나 사업이 추진되어야 한다. 그리고 사업을 추진함에 있어서도 기금을 육성하는 데 기여할 수 있는 사업을 찾아서 우선적으로 실시하는 것이 효과적이며 기금이 확충되는 대로 널리 사업의 방향을 확대하는 것이 좋을 것이다. 단위클럽, 연합회, 지구의 기금은 사업을 위해서만 필요한 것이 아니라 회원들의 사기앙양과 결속을 위해서도 대단히 중요하다. 기금확보는 그 과정이 어려울 뿐이지 일단 적당한 기금이 마련되면 이자도 발생하기 때문에 활동이나 사업전개에 많은 도움을 줄 수 있다고 생각된다.[49] 그러므로 단위클럽, 연합회, 지구에서 필요한 적정수준의 기금에 대해서는 클럽마다 규모나 실시하고자 하는 사업, 회원의 성향이나 분포도, 남녀 비율 등이 일정하지 않기 때문에 일정액을 단정적으로 말하기는 어렵지만 통상적으로 단위클럽은 500만 원에서 1,000만 원 정도, 연합회는 1,000만 원에서 2,000만 원 정도, 지구는 사무실 관리 등으로 인하여 3,000만 원에서 5,000만 원 정도 기금을 확보해 두는 것이 적절하지 않을까 생각된다.

3) 집회 참석인원의 적정수 유지

단위클럽, 연합회, 지구의 각종 집회 시에 집회 참석인원의 적정수 유지는 필수적이다. 월례회나 주년행사 총회에서 참석회원 수가 저조하다고 보면, 이 단위클럽, 연합회, 지구의 관리는 부실하다고 볼 수밖에 없다. 왜냐하면 모든 집회나 행사에서 준비는 철저했지만 참석인원이 적었다 하면, 임원들이나 회원들이 많은 준비와 고생을 해 놓고 정작 가장 중요한 참석률이 저조하면 아무 의미가 없다고

---

49) 신대순·이환호, 『밝은사회운동의 이론과 실제』, 서울, 도서출판 신아, 1995, pp.215-216.

생각된다. 그러므로 단위클럽, 연합회, 지구의 관리도 너무 부실하다는 판단을 할 수밖에 없을 것이다. 반면 단위클럽, 연합회, 지구의 각종 집회 시에 회원이나 기타 참석인원이 많아서 행사가 성황리에 치러졌다고 한다면 그 행사나 사업을 준비하고 기획한 임원이나 클럽은 사기가 충천하고 자신감을 가질 수 있는 동기부여가 되는 것이다. 회원 출석률을 증가시킬 수 있는 방법을 살펴보자. 첫째, 단위클럽, 연합회, 지구모임에 참석하면 유익하다고 생각될 수 있도록 해야 하며, 회원들에게 흥미를 유발할 수 있어야 한다. 회원들은 집회 참석 시에 소속감에서 참석해야 한다는 부담감, 아는 사람들과의 만남을 통해서 즐거운 시간을 가질 수 있다는 가능성, 회의에 나가면 새로운 정보나 지식을 습득할 수 있다는 유용성, 회의에 나감으로써 자기사업을 유지 발전시키고 자기를 보호해 줄 수 있다는 직업적 이기성 등이 작용할 것이다 등 여러 가지 조건들이 통합적으로 작용됨을 볼 수 있다. 임원단에서는 회원들에게 흥미를 주고, 유익한 점이 많다는 것을 생각하도록 세심한 배려가 필요하다. 둘째, 단위클럽, 연합회, 지구에서는 집회 참석회원에게 회원각자가 자기 할 일을 가질 수 있도록 임무를 부여하고, 역할을 성심 성의껏 수행할 수 있도록 해야 한다. 임원단에서는 전화면담이나 메시지, 자택 방문 등을 통해서 수시로 회원의 역할을 점검해보고, 회원 스스로가 능동적으로 맡겨진 임무를 달성할 수 있도록 격려해 주고 칭찬해 주는 역할이 필요하다. 셋째, 단위클럽, 연합회, 지구에서는 임원단의 회원 출석독려가 절대적으로 필요하다. 어떤 모임이던지 회원들이 자발적으로 참석한다면 그보다 좋은 일은 없을 것이다. 그러나 현대인들은 복잡한 사회활동을 해야 하고, 여러 가지 면에 신경을 써야 한다. 그러다 보면 모임날짜를 잊어버리거나 모임 자체를 잊어버리기 때문에 못 가는 경우도 있을 수 있다. 이러한 점에서 임원단에서는 모임 날짜를 통보하는 것만으로 그치지 말고, 전화로 출석여부를 확인하고, 참석해 줄 것을 부드럽게 부탁하는 것이 대단히 바람직하다. 임원단이 본인에게 관심을 가진다는 것을 알게 됨으로써 집회에 참석하게 되는 경우가 사실상 많다. 그러므로 모든 모임에 전 회원이 적극 참여할 수 있도록 단위클럽, 연합회, 지구 임원단의 적극적인 자세가 대단히 필요하다.

이상과 같이 집회 참석인원의 적정수 유지에 대해 개략적으로 살펴보았다. 단위클럽, 연합회, 지구에서 필요한 집회 참석인원의 적정수 유지는 GCS클럽마다 회원수가 다르기 때문에 정확하게 말하기는 어렵지만 회원 수의 60%-70% 정도 참석할 수 있도록 독려한다면 단위클럽, 연합회, 지구의 회원 관리는 대단히 잘 된다고 생각된다.

5. 결론

14세기 이탈리아에서 일어난 르네상스운동이 중세말 정신문명의 한계점에서 민간차원의 지성인들이 주도하여 "자연으로 돌아가자," "인간성을 되찾자"고 하면서 문예부흥, 종교개혁에 이어 산업혁명과 민주혁명, 과학기술과 정보혁명을 감행하여 오늘의 찬란한 물질 문명사회를 이루었다는 것을 알고 있다.[50]

르네상스운동이 중세의 신 중심의 정신세계를 타파하고 고대 그리스 로마시대의 문화와 정신으로 돌아가자는 운동인데 대하여

---

50) 조영식, "새 천년을 향한 지구공동사회의 대구상," 서울, 제 19회 세계평화의 날 기념 국제 학술 세미나 기조연설문, 2000, p.35.

GCS운동은 현대사회가 안고 있는 인간경시 풍조, 인간 소외 정신, 인간부재의 제문제점을 해결하여 정신적으로 아름답고 물질적으로 풍요하며, 인간적으로 보람 있는 오토피아의 사회를 건설하기 위한 인류사회 재건운동이라고 생각한다. 이러한 GCS운동은 1975년 조영식 박사의 제안으로 보스턴 선언으로 제창되어 만장일치로 채택되어 전개되기 시작하였다. 그리하여 GCS운동 전개의 핵심주체인 GCS클럽이 한국에서부터 조직되어 활성화되기 시작하였고, 점차적으로 세계 곳곳에 GCS클럽이 조직되기에 이르렀다. 이제 GCS운동을 전개한지 38년여가 지나가고 있다. 아직도 GCS클럽은 그 철학과 이념에 비해 많이 홍보되거나 알려져 있지 않다고 생각되며, 또 세계적으로 만족할 만한 성과가 나타나지 않고 있는 것도 사실이라고 생각된다. 현재는 43개국에 국가 및 지구·단위클럽이 조직되어 활동하고 있으며, 우리나라에서는 현재 350여 개의 성인클럽과 청소년클럽들이 전국적으로 이 운동을 활발하게 전개하고 있다.

이상과 같이 필자는 본 논문에서 GCS클럽의 효율적인 관리방안을 단위클럽, 연합회, 지구를 중심으로 연구해 보았다. 먼저 GCS클럽의 관리 개념을 고찰해 보았다. 그것은 GCS클럽의 관리의 개념으로 조직의 목적달성을 위하여 목표설정, 정책적인 결정, 기획, 조직, 인사, 지시, 조절, 조정, 통제, 예결산 기능 등에 대하여 살펴보았다.

다음으로 GCS클럽의 효율적인 관리방안을 행정적인 부분, 사업적인 부분, 각종 집회 부분, 클럽의 위기발생 시 관리, 회원 및 임원 관리에 대해 고찰해 보았다. 그것은 첫째 행정적인 부분의 효율적인 방안은 사무실 관리, 직원의 관리, 비품 및 문서의 효율적인 관리 등에 대하여 살펴보았다. 둘째 사업적인 부분의 효율적인 관리는 사업목표를 설정, 설정된 사업의 적극적이고 지속적인 전개, 각종 사업

결과를 분석하고 평가, 한가지의 사업이 완성되면 새로운 사업을 수립에 대해 살펴보았다. 셋째 각종 집회 부분의 효율적인 관리는 회의의 일정한 기본법칙, 집회의 의의, 집회의 종류에 대해 살펴보았다. 넷째 클럽의 위기 발생 시 효율적인 관리는 단위클럽, 연합회, 지구 자체에서 해결을 하는 방법과 밝은사회의 상급기관을 통한 위기관리를 살펴보았다. 다섯째 회원 및 임원의 효율적인 관리는 회원에 대한 효율적인 관리와 임원에 대한 효율적인 관리에 대해 살펴보았다.

다음으로 GCS클럽의 효율적인 관리의 선결과제로서 회원의 적정수 유지, 적정수준의 기금확보, 집회 참석인원의 적정수 유지 등을 고찰해 보았다. 첫째 회원의 적정수 유지는 단위클럽의 회원을 최소 30명의 회원으로 지정해 놓은 의의를 살펴보았다. 둘째 적정수준의 기금확보는 단위클럽별, 연합회별 지구별로 적정한 금액에 대해 살펴보았다. 셋째 집회 참석인원의 적정수 유지는 단위별로 회원 수의 60-70% 정도 참석에 대해 살펴보았다.

이상과 같은 GCS클럽의 효율적인 관리방안을 통해 GCS운동이 범세계적으로 확산되고 활성화되어 우리가 바라는 오토피아의 사회, 즉 지구공동사회가 하루빨리 구현되기를 바라는 마음이다. 그렇게 되기 위해서는 현재의 GCS운동의 전개 상황에서 나부터, 이웃으로, 세계로 뻗어가는 운동으로 승화시키겠다는 열정과 적극적인 노력이 동반되어야 하겠다는 의지가 요청되는 것이 현실이다. 아직도 우리 사회가 너무 혼탁해져 있는 현실에 대해 새롭고 참신한 아이디어를 가지고 이 GCS클럽의 효율적인 관리 방안을 후배들이 발전시켜 주기를 기대해 본다.

3장
밝은사회클럽 회원의 자기계발 전략

1. 서론

우리 인간의 역사를 되돌아보면 지금부터 약 300만 년 전에 인간의 시조라 불리는 호모하빌리스[51)]가 태어나서 생활해 오다가 인류는 지금부터 약 50만 년 전 구석기 시대부터 불을 발견하여 동물들의 위협에 대항하면서 살아왔으며, 또한 사고의 능력과 상상력을 통하여 지혜를 가지고 생활하고, 언어와 문자를 발명하여 서로 간의 소통을 해오면서 동물과 식물들의 도전에 대응하면서 점차 만물의 영장으로 자리매김하면서 축적된 지식을 사용하여 인간의 역사를 창조해 왔다.

그 후 우리 인류는 14세기에 르네상스[52)]를 거치면서 인간의 존엄성을 표방하면서 왕과 제후들의 압제를 차츰 벗어나게 되고, 나침반의 발견으로 지리상의 발견과 신대륙의 발견, 인도항로의 발견 등을 통하여 유럽제국은 점차 부와 기술을 축적하게 되었다. 그 후 18세기에 들어와서 영국에서 일어난 산업혁명[53)]을 통하여 수송수단과

---

51) 이석우·신용철공저, 『세계의 역사와 문화』, 서울, 탐구당, 1996, p.13.
52) 퍼거슨저, 진원숙 옮김, 『르네상스사론』, 서울, 집문당, 1991, pp.3-7.
53) 한양대학교 서양사 연구실 편, 『서양의 역사와 문화』, 서울, 한양대학교 출판원, 1998, pp.163-165.

생산 면에서 획기적인 발전을 하게 되고, 원자력의 발견과 전기, 전화 등의 발명으로 인하여 인간의 생활은 획기적으로 발전하게 되었다. 그리하여 21세기에 접어든 오늘날 인간의 생활은 그 어느 때보다도 편리하고 자유롭게 되었으나, 그 이면에는 인류의 생존을 위협하는 많은 문제가 대두되고 있다. 민족 간, 종교 간, 집단 간, 국가 간의 이해의 대립과 갈등, 인구의 증가, 핵가족화, 청년문제, 마약문제, 노인문제, 환경오염문제 등으로 인해 지구는 병들어 가고 인간은 생존에 대한 위기의식이 팽배해져 가고 있는 것이 또한 사실이다.

밝은사회운동[54]은 이와 같이 많은 문제점을 안고 있는 인류사회를 재건하기 위한 국제 민간 사회운동이다. 선의·협동·봉사-기여의 정신[55]을 바탕으로 건전사회운동·잘살기운동·자연애호운동·인간복권운동·세계평화운동 등 5대운동[56]을 전개하여 단란한 가정, 건전한 사회, 평화로운 세계[57]를 건설함을 지향하고 있다. 밝은사회운동을 전개하기 위한 핵심 수단이 밝은사회클럽이다. 밝은사회클럽을 전 세계적으로 결성하여 이 운동을 세계시민에게 전개할 때, 우리가 바라는 지구공동사회는 빨리 다가올 수 있을 것이다. 이러한 밝은사회클럽을 구성하는 핵심요소가 회원이다. 회원 개개인을 통해서 밝은사회운동이 가정에서, 이웃으로, 사회로, 세계로 전개될 수 있는 것이다. 그러므로 밝은사회운동을 전개함에 있어서 회원의 활동은 이 운동의 성패를 가르는 절대적인 요소라고도 할 수 있다. 그러므로 회원의 활동은 아무리 강조해도 지나치지 않다.

필자는 밝은사회운동을 전개하는 핵심적 구성요소인 밝은사회클

---

54) 조영식, 『밝은사회운동의 이념과 기본 철학』, 서울, 밝은사회국제본부, 2002, pp.20-21.
55) 신대순·이환호, 『밝은사회운동의 이론과 실제』, 서울, 도서출판 신아, 1995, p.79.
56) 이환호, 『밝은사회클럽의 규정과 의전』, 서울, 도서출판 신아, 2000, pp.26-28.
57) 이환호·신대순 공저, 『새로운 천년 밝은사회 건설』, 서울, 도서출판 신아, 1998, p.12.

럽58) 회원의 자기계발 전략에 대한 연구를 하고자 한다. 회원의 자기계발을 통해서 밝은사회운동을 활성화할 수 있는 계기가 되고, 밝은사회운동을 확산할 수 있는 기회로 삼고자 한다. 본 논문은 첫째 자기계발이라는 용어에 대한 일반적인 해석과 함께 우리사회에서 많이 회자되는 그 내용들을 살펴본다. 둘째 밝은사회클럽 회원의 자기계발 전략을 살펴보고자 한다. 그것은 회원의 시간관리를 위한 자기계발 전략, 지도자가 되기 위한 자기계발 전략, 일을 즐겁게 하기 위한 자기계발 전략, 자신감을 기르기 위한 자기계발 전략, 상대방에게 믿음을 줄 수 있는 자기계발 전략, 상대를 설득시키는 자기계발 전략 등에 대하여 살펴보고자 한다. 셋째 회원의 자기계발을 위한 선결과제에 대해 살펴보고 결론적으로 밝은사회클럽 회원으로서 자기자신과 우리사회를 위한 봉사를 통하여 회원의 삶을 보다 풍요롭고 행복하게 해줄 수 있는 방법에 대해 연구하고자 한다.

2. 자기계발의 의의

자기계발이라는 것은 인간 자신의 내면에 잠재된 역량을 찾아서 그것을 향상시키고 발전시키는 것을 말한다. 자기라는 말은 어떤 사람, 혹은 어떤 사람을 말할 때 그 사람을 도로 가리키는 말이다. 또 계발이라는 말은 사람이 몸속에 지니고 있는 기술이나 재능, 그 사람의 사상 따위를 일깨워 밖으로 나타나게 해주는 것을 말한다. 또 사람이 가지고 있는 재능이나 기술, 능력, 지능 등을 깨우쳐 일깨워주는 것이라고도 한다. 주로 선도라든가 계몽, 질의응답을 통해 자

---

58) 이환호, 『밝은사회클럽의 의식 길잡이』, 서울, 도서출판 신아, 2003, pp.39-40.

발적으로 깨달아 알게 하고, 창의력과 자발성, 자율성을 길러 주는 것이라는 말로도 많이 사용된다. 우리는 사람이 자기 발전을 위해 어떤 활동을 하는 것을 나타낼 때 계발이라는 말을 많이 쓰고 있다. 자기계발은 사람이 스스로 원하고 소망하는 바를 깨닫는 것이 대단히 중요하다. 그러므로 인간은 자기계발을 통해 창의성과 자발성, 자율성을 기른다.

이와 같은 자기계발에 대한 의미를 파악하면서, 오늘날 자기계발을 통해 인간은 부와 행복과 건강을 누리기 위해 많은 활동을 하고 있다. 자기계발을 위한 노력은 오늘날에만 있어 온 것이 아니라 과거의 위인들이나 학자들이 많은 노력을 기울여 왔음을 알 수 있다. 그것이 단지 자기계발이라는 말로만 쓰이지 않았을 뿐이지 부분적으로 많이 사용되고 있는 말이다. 자기 계발은 어떤 한 부분만을 이룬다는 뜻이 아니라 자기가 원하는 모든 것들을 이룰 수 있도록 하는 총체적인 것을 의미하기도 한다. 자기계발은 하루아침에 이루어지는 것이 아니라고 선지자들은 모두 이야기하고 있다. 꾸준한 노력과 피나는 역경과 고난을 통해서 이루어질 수 있는 것이 자기계발이라고 하고 있다. 그러므로 자기 계발은 가만히 앉아서 되는 그러한 활동이 아니다. 그러므로 일찍이 성공했다고 하는 위인들이나 사업가, 정치가, 위대한 학자, 소설가 등 모두가 이구동성으로 하는 말은 가만히 정지된 상태나 앉아 있으면 안 되며, 변화해야 한다고 말하고 있다. 이제 진정한 자기 계발에 대한 이야기를 해보자. 자기계발은 인간 개개인의 사고방식을 변화시키는 것이다. 직원의 마인드를 가진 사람이 CEO의 마인드를 가진 사람이 되게 하는 것이다. 머릿속으로 많아야 수천만 원 정도의 돈을 벌 아이디어 밖에 생각해내지 못하는 사람을 수십억 원대의 돈을 벌 아이디어를 생각해내는 사람으로 성장케 하는 것이다. 그러면 CEO가 되는 행동을 하게 되고, 수십억 원의 돈을 벌수 있는 행동을 하게 된다. 그리고 그런 행동들이 쌓이고 쌓여 거대한 결과를 만들어 낸다.[59]

인간의 사고방식을 변화시키는 방법은 여러 가지 있을 수 있다. 스승이나 유명한 강사나 친구에게 좋은 이야기를 듣고 마음에 새겨 그것을 일생의 좌우명으로 삼고 실천하는 것도 사고방식을 바꾸는 방법 중에 하나이다. 그중에서 가장 좋은 방법 중의 하나는 위인들의 전기, 위인들의 자서전, 평전, 유명한 자기계발 서적, 성공한 사람들의 신문 기사, 성공한 사람들의 TV 다큐멘터리와 같은 것들을 많이 읽고 듣고 접하는 것이다. 이런 자료를 매일 수십 차례씩 접하다 보면 자연스럽게 자기의 사고방식이 변화하면서 자신의 행동이 조금씩 변화함을 느낄 수 있다.

많은 사람이 자기계발을 오해하고 있다. 퇴근 후에 영어를 공부하거나 헬스를 하는 것을 자기계발로 착각하고 있다. 그것은 말 그대로 공부와 운동이지 자기계발이 아니다. 누누이 말하지만 자기계발은 장난이 아니다. 자기계발은 당신의 미래를 걸고 당신 자신을 대상으로 치르는 전쟁이다. 깊은 물에 빠져 죽게 된 사람이 사람 살려라고 외치는 바로 그 심정으로 임해야 하는 것이다. 그런 마음으로 임할 때 변화는 시작되고 성공은 찾아온다.[60]

자기계발이라는 말이 사회 일각에서 이렇게 많이 나오는 것은 우리사회의 빠른 변화에서 그 원인을 찾을 수 있을 것 같다. 1997년 우리나라에 IMF 위기가 일어났을 때, 우리나라는 자력으로 일어날 수 없어서 돈이 되는 기업을 많이 팔아서 그 빚을 갚아야 했으며, 다국적 외국기업의 국내기업 인수, 외국의 선진화된 기업운영방법을

---

59) 이지성, 『스물일곱 이건희처럼』, 서울, 다산북스, 2009, pp.115-116.
60) 이지성, 『스물일곱 이건희처럼』, 서울, 다산북스, 2009, p.118.

도입하여 단행한 대규모의 국내기업 구조조정, 인원 및 규모의 대폭적인 감축 등으로 우리나라 40-50대의 유능한 가장들이 하루아침에 실직했다. 이와 같은 급작스러운 변화를 경험한 우리나라 가장들이 먹고살아야 하는 절박한 현실을 생각하면서 살길을 찾기 시작한 것이 바로 자기계발이 아니었던가 생각된다. 또 평생교육이라는 말도 이때부터 회자되는 말이 되었다. 이전에는 한번 취업을 하면 정년이 될 때까지 평생 일할 수 있는 직장이 대부분이었다. 그러나 이제는 각박하고 치열한 생존경쟁을 통해서 살아남아야 하는 현실에서 과거와 같은 생각이나 마인드를 가지고서는 상대를 또는 이 사회를 살아갈 수 없기 때문에 변화할 수밖에 없으며, 그렇게 하기 위해서는 항상 새로운 분야를 찾아서 적응하지 않으면 뒤처지거나 정체될 수밖에 없고 몰락할 수밖에 없기 때문이다. 이와 같은 상황하에서 자기계발이라는 말은 이제 대학을 졸업하는 젊은이와 성인들에게 평생교육이라는 또 다른 분야를 개척하도록 강요하는 것이다.

자기계발 원인은 우리가 일반적으로 인생에 있어서 평화와 행복을 추구하면서 살아가려고 노력하는 사람들에게서 그 원인을 찾을 수 있다. 우리 인간은 인생을 살아가면서 항상 자기보다 낮은 곳을 비교하는 것이 아니라 높은 곳을 보면서 그곳을 향하여 나아가기 때문에 많은 문제가 발생한다. 인간은 근본적으로 경제적인 부유함과 명예, 권력, 위대한 학자, 작가, 발명가 등 다양한 목표를 가지고 그것을 달성하기 위해서 끊임없이 추구한다. 우리 인간은 각자가 경험하는 모든 것이 가지각색이듯이 추구하는 가치 역시 모두 다양하다. 또 인간은 자기계발을 추구하면서도 무엇을 위해 자기계발을 하는지 모르는 경우가 많다. 다른 사람을 이기기 위해서, 뒤처지지 않기 위해 시도하는 자기계발은 자기계발로서의 진정한 의미가 아니라고 생각된다.

자기계발은 원래의 나를 찾는 것에서 시작되어야 한다고 생각된다.

나는 왜 대학에 다녀야 하는가, 왜 돈과 명예를 추구하는가, 왜 직장을 다니는가, 왜 건강을 유지해야 하는가, 왜 신앙생활을 하는가, 왜 공부를 하는가 하는 등의 문제는 본래의 나는 누구이며, 단 한번밖에 없는 나의 인생을 어떻게 살아갈 것인가라는 근본적인 문제에서부터 시작되어야 한다고 생각된다. 왜냐하면 우리의 근본적인 문제 자체에 대한 사고방식 여하에 따라 인생은 그 뿌리부터 달라질 수 있기 때문이다. 우리 인간은 자기의 사고방식을 바꾸면 삶 그 자체를 획기적으로 변화시킬 수 있다고 생각하기 때문이다. 자기계발은 우리 인간의 삶 자체를 행복하고 평화롭고 건강하고 건설적인 방향으로 추구하는 데 가장 필요한 요소이다. 그러므로 누구나 자기계발을 하려고 노력한다. 그러나 자기계발은 생각대로 잘 되지 않는 것이 또한 그것이다. 자기계발은 사람마다 다양한 분야와 다양한 형태로 추구할 수가 있다고 생각된다. 그러므로 밝은사회클럽 회원들도 이러한 자기계발을 열심히 습득하여 밝은사회운동 전개에 접목한다면 우리가 추구하는 밝은사회운동의 활성화는 이루어 질 수 있을 것으로 생각된다. 그러므로 밝은사회클럽 회원은 자기계발을 열심히 추구하여 가정과 직장, 사회, 밝은사회클럽의 활성화를 위해 매진하도록 노력하자.

3. 클럽회원의 자기계발 전략

밝은사회클럽에는 인종, 국적, 성별[61]에 상관없이 누구나 가입할

---

61) 이환호, 『밝은사회클럽의 규정과 의전』, 서울, 도서출판 신아, 2000, p.39.

수 있다. 그러므로 회원으로 입회하면 클럽에서 추구하는 목표를 달성하기 위해서 각자가 봉사활동[62]을 하고 있다. 그렇게 하기 위해서는 회원자신이 정체성을 가지고 봉사활동에 임해야 한다. 봉사활동은 남이 하니까 따라서 실시하는 그러한 방법으로는 지속적으로 유지하기가 어렵다. 그러므로 회원 자신은 스스로 자기계발을 하여 지속적으로 이 활동을 할 수 있도록 각자가 노력해야 한다. 클럽 회원들이 각자 정체성을 가지고 활동하기 위한 자기계발을 위한 방법을 알아보자.

1) 회원의 시간 관리를 위한 자기계발 전략

밝은사회클럽 회원으로 입회하면 누구나 월례회 혹은 클럽에서 실시하는 각종행사, 연합회의 행사, 지구행사, 한국본부 행사에 가능한 한 참석하는 것이 상례이다. 클럽 활동은 대개 직장이 끝난 시간을 이용하거나 자투리 시간 혹은 시간을 특별히 할애하여 활동하는 경우가 많다. 그러므로 회원은 자기의 시간을 항상 귀중하게 생각하고, 효과적으로 이용할 수 있는 시간관리 전략을 세워야 한다. 그 시간 관리전략에 대해 살펴보자. 첫째 회원은 항상 시간을 보석이나 생명처럼 귀중히 생각하는 습관을 가지자. 하루 24시간은 매일 똑같은 시간이지만 한번 지나가면 영영 돌아오지 않는다. 그러므로 항상 시간에 대해 귀중하게 생각하여 낭비하는 일이 없도록 해야 한다. 시간은 사람을 기다려주지 않는다. 시간을 아껴 쓰기 위해서는 그날의 일정을 수첩이나 다이어리에 메모하여 휴대하면서, 항시 체크할 수 있도록 준비해야 한다. 그리고 시간을 배정하여 자기 자신을 돌아볼 수 있는 대한 휴식시간도 가지면서 재충전할 수 있는 기회도

---

62) 이환호·신대순 공저, 『밝은사회로 가는 길』, 서울, 도서출판 신아, 1997, p.150.

가져야 한다.

둘째 시간사용 내역을 구체적으로 파악해서 사용한다. 시간은 한 정되어 있기 때문에 사람이 시간을 잘 활용해야 한다. 24시간에 대한 시간 사용계획을 세워서 사용해 보자. 하루의 시간 중에서 이른 아침의 한 시간은 오후 늦은 한 시간보다 더 훨씬 더 중요함을 알 수 있다. 인체의 리듬 상으로 봐도 오전의 시간이 오후의 시간보다 훨씬 더 효과적인 시간임을 알 수 있다. 하루의 시간계획을 세워서 노트에 메모하여 그대로 시행이 될 수 있도록 수시로 체크하고 점검하는 것이 시간낭비를 줄일 수 있다. 그리하여 자신이 계획한 대로 실천할 수 있도록 노력함으로써 밝은사회클럽 회원으로서의 긍지와 자부심을 가지도록 하자.

셋째 핵심적인 일에 치중하는 습관을 가지자. 인간은 누구나 자기가 맡은 일에 대해서는 끝까지 책임을 지고 모든 것을 마무리하려는 습관이 있다. 그러므로 한번 맡겨진 일은 누구나 자기가 하려고 한다. 그러나 인간 개개인에게는 능력의 한계가 있다. 혼자서 모든 것을 다 지휘하고, 끝까지 마무리하는 것이 불가능할 경우가 많다. 그것은 거리상 혹은 재정상, 중요도의 차이, 능력의 차이, 시각적인 차이 등 여러 가지 경우를 생각할 수 있다. 그러므로 회원은 효과적인 시간 관리와 절약을 위해서도 핵심적으로 꼭 필요한 부분과 중요한 부분에 대해 담당을 하고, 그 이외의 내용에 대해서는 다른 사람에게 맡기는 것이 현명하다고 생각된다. 왜냐하면 사람마다 자기의 특기와 잘하는 분야가 있기 때문에 적재적소에 능률적으로 회원을 배치하여 운용하는 것은 시간관리 기술상 바람직한 일이라 생각된다.

넷째 회원이 해야 할 일은 반드시 기한 내에 끝낸다. 우리가 하는 모든 일에는 처음과 끝이 있게 마련이다. 또한 일에는 계획된 기간이 반드시 있기 마련이다. 그러므로 어떤 일을 하든, 무슨 일을 하든 가능하면 계획된 기간 안에 일을 끝내도록 해야 한다. 만약에 그렇지 않으면 여러 가지 생각지도 않던 새로운 문제가 생길 수도 있고, 또 경제적으로나 정신적으로도 여러 가지 압박을 받을 수 있는 여지가 많다. 그러므로 클럽에서 계획한 활동이나 사업 중에서 일단 결정되어 시행된 일에 대해서는 기간 안에 끝낼 수 있도록 총력을 기울여야 한다. 그렇게 함으로써 회원들이나 외부에서 보았을 때도 믿음이 가는 클럽으로서의 면모를 보일 수 있을 것이다. 회원은 무슨 사업이나 활동을 하든지 일단 계획되어 실천하기로 결정되면 회장단이나 임원단에서 적극적으로 끝맺음을 기간 내에 할 수 있도록 최선을 다해야 한다. 또 회원은 어떤 일이든 시작하면 한 가지에만 집중해야 한다. 왜냐하면 집중력이 분산되면 일에 대해 효과 면이나 능률 면, 결과 면에서 좋지 않게 나올 가능성이 크기 때문이다.

다섯째 완전하게 준비가 될 때까지 기다리지 않고 바로 실천한다. 밝은사회클럽 회원은 모든 사업이나 활동, 일을 진행함에 있어서 완벽하게 준비를 하여 실행하면 가장 좋은 방법이지만 여러 가지 여건이 여의치 않을 시는 일단 시작을 하면서 진행정도에 따라서 보완하면서 계속적으로 진행하는 것도 바람직하다. 왜냐하면 사업이나 활동, 일에 있어서 최적의 기회가 있기 때문이다. 너무 완벽한 준비를 바라다가 대의를 그르치는 경우도 있기 때문이다. 그러므로 항상 주위의 환경과 여건을 고려하여 지도자가 결정하도록 해야 하며, 회원들도 어떤 일을 하든지 너무 완벽한 준비를 바라지 말고, 여러 가지를 고려하여 결정하는 것이 바람직하다고 생각된다. 회원은 항상 시간관리 전략을 염두에 두고 생활해야 하며, 필요한 사업진행에 있어서도 마찬가지로 융통성 있게 진행하는 것이 바람직하다.

여섯째 시간을 계산하는 습관을 가진다. 사람이 일생을 살아감에 있어서 시간을 계산하면서 살아가는 사람은 많지 않을 것으로 본다. 하루의 24시간은 사람이면 누구에게나 주어지는 시간이기 때문이다. 그러므로 우리는 이 시간에 대해 너무 낭비하는 경향이 있다. 회원 한 사람이 하루 소비하는 시간을 돈으로 계산해 보면 어떨까. 1시간의 낭비된 시간을 금액으로 환산하면 얼마나 될까. 그러므로 밝은사회클럽 회원은 이 시간에 대해 대단히 중요하며, 귀중한 재산이라는 생각을 가지고 낭비하지 않도록 스스로 다짐하는 것이 바람직하다. 더구나 대학생클럽 회원들은 강의시간 이후의 시간을 너무 비효율적으로 낭비하는 경우가 많은 것을 볼 수 있다. 이러한 시간을 자기계발을 위한 시간에 투입하는 것도 바람직하다. 성인클럽 회원도 시간에 대해 항상 돈으로 계산해 보는 습관을 들인다면 함부로 낭비하지 않을 것으로 생각된다. 또한 우리 회원들은 남는 시간을 잘 활용하는 것도 시간 계산법에 생산적으로 활용하는 사례가 될 수 있다. 그러므로 밝은사회클럽 회원은 누구나 가정에서나 클럽에서 항상 시간을 계산하는 습관을 가짐으로써 낭비하지 않는 인생을 살아갈 수 있지 않을까 생각해 본다.

일곱째 회원은 중요한 일을 먼저 하고 작은 일은 나중에 하는 전략으로 임한다. 사람은 일생을 살아가면서 많은 일에 부딪치고, 결정하고 해결한다. 그러므로 크고 작은 모든 일에 있어서 스스로 우선순위를 결정하여 실천하는 것이 상례다. 또 매일의 일상에서나 어떤 사업이나 활동을 함에 있어서 일의 우선순위를 가리기 어려울 때도 많이 있을 수 있다. 이러한 때에는 항상 작고 간단한 일보다는 중요하고 어려운 일을 먼저 실행하는 습관을 가져야 한다. 작은 일을 하다가 큰일이나 중요한 일을 그르치는 경우도 있을 수 있기 때문이다. 중요한 일을 먼저 처리하고, 시간적인 여유가 될 때 작은 일이나 사소한 일을 시행하는 것이 바람직하다. 밝은사회클럽 회원은 가정에서나 사회에서, 또는 클럽에서 항상 이러한 원칙을 준수하는 것이 바람직하며, 또한 이러한 전략이 클럽의 발전에도 도움을 줄 수 있다.

여덟째 회원은 모든 일에 맺고 끊는 것을 명확히 하고, 가능한 한 삶을 단순화한다. 인간의 삶에 있어서 동양적인 사고방식은 중용을 많이 강조하는 것이 보통이다. 그러나 오늘날 복잡한 사회 속에서 항상 중용만 지킨다는 것은 사람이 우유부단하다는 이야기를 듣기 십상이다. 그러므로 모든 일을 처리함에 있어서 가부를 명확히 하는 것도 회원의 자세라고 생각된다. 가능한 사업이나 활동이 있을 수 있고, 불가능한 사업이나 활동이 분명히 있을 수 있기 때문이다. 회원의 생활에 있어서도 마찬가지라고 생각된다. 그러므로 회원은 실천 가능한 것은 가능하다고 말하고, 그렇지 않은 것은 처음부터 불가능하다는 것을 상대에게 확실하게 주지시킴으로써 오히려 모든 일이 빠르게 진행될 수 있다. 또한 모든 일을 함에 있어서 회원들은 복잡하게 생각하지 말고, 가능한 한 간략하게 혹은 단순화함으로써 오히려 일이 순조롭게 진행될 수도 있음을 알고 항상 많은 사색을 해야 한다.

이와 같이 회원의 시간관리 전략에 대해 살펴보았다. 결국 회원들은 시간관리 전략에 실패하거나 잘못하면 인생의 관리도 잘못되고 실패하는 경우도 있을 수 있다는 것을 명심하고 시간관리 전략을 주도면밀하게 해야 한다고 생각된다.

2) 지도자가 되기 위한 자기계발 전략

밝은사회클럽 회원은 누구나 지도자가 될 수 있고, 미래의 지도자로서의 자질을 함양해야 한다. 그러므로 회원은 항상 클럽 발전과 함께 나도 지도자가 된다는 생각을 하고 클럽활동과 사회생활에 임해야 한다. 그러므로 회원이 지도자가 되기 위한 전략을 살펴보자.

첫째 지도자는 용기와 결단력이 있어야 한다. 용기는 씩씩하고 굳센 기운 혹은 사물을 겁내지 아니하는 기개를 말한다. 용기는 절망에서 생긴다고 펄벅은 말하고 있다. 인간은 어떤 일이나 사건을 해결하려고 할 때 누구에게나 그것에 따르는 공포감과 불안감을 갖게 된다. 또한 그러한 불안감이나 공포감을 없애기 위해서 많은 노력을 하는 것이 보통이다. 남의 조언을 듣거나 음주에 의존하거나 하는 경우가 많다. 이러한 지도자로서의 자질을 가지려면 많은 명상을 통해서 스스로 그 일을 돌파하고 해결하고자 하는 용기를 가져야 한다. 여러 가지 경우를 고려하여 충분히 대비한 다음에 마음을 굳히는 용기가 절대적으로 필요하다. 지도자의 덕목 중의 한 가지인 용기는 꼭 필요한 시기에 행하지 않으면 아무 소용이 없다. 용기 있는 자처럼 느끼게 하기 위해서는 용자답게 행동하는 것이 지름길이다. 그러기 위해서는 의지와 힘을 최대한으로 발휘하라. 용맹스러운 정열은 공포의 발작에 대항할 것이다.[63] 결단력은 결정적인 판단을 하거나 단정을 내릴 수 있는 능력을 말한다. 지도자가 결단력이 없으면 진정한 지도자로서의 능력이 부족하다고 볼 수 있다. 그러므로 여러 가지 요소를 잘 판단하여 결단을 해야 할 시기에는 과감하게 결단을 내리는 결단력이 있어야 한다. 무슨 일이든 항상 반대가 있기 마련이다. 그것을 각오하고 충분한 명분과 설명을 할 수 있는 준비를 한 후에 과감하게 결단을 내려서 일을 추진한다면 지도자로서의 능력이 있다는 평가를 받을 수 있다. 또한 결단력도 시의 적절하

---

63) 카네기부처 공저, 김해성·이종국 공역, 『카아네기 인생론 전집5, 대화의 비결』, 서울, 정통출판사, 1980, p.78.

게 내려야 한다. 시기를 놓치면 무용지물이 되는 경우가 많기 때문이다. 밝은사회클럽 회원은 가정에서나 직장 또는 클럽 활동에 있어서 이러한 용기와 결단력을 겸비할 수 있는 자세와 준비가 항상 필요하다.

둘째 도전정신과 창의력이 있어야 한다. 도전정신은 정면으로 맞서 일을 추진하는 정신 혹은 어려운 사업이나 일의 기록 경신 등에 맞서는 것을 비유하여 말한다. 안된다고 생각하는 사람은 어떤 일을 해도 이룰 수가 없다. 모든 사회활동의 결과는 된다고 생각하고 밀고 나가는 도전적인 정신의 산물이라 할 수 있다. 쉬운 일은 누구나 할 수 있는 일이고, 또 그러한 일은 이미 다 해온 일이다. 한 사람의 지도자는 클럽 발전과 지역사회발전의 원동력이 되는 사업을 구상하고 적극적으로 밀고 나가야 한다.[64] 인간에게 있어서 도전정신이 없으면 발전을 할 수가 없다. 도전정신은 인간이 미지의 세계나 미지의 사항에 대한 무지의 상태에서 상상력을 실현하는 하나의 도구이기 때문이다. 도전정신이야 말로 무모하고 실패를 할 확률도 많이 있지만, 그것을 이루려는 욕망과 희망이 있음으로써 꺾이지 말아야 한다. 창의력은 새로운 것을 만들어 내거나 발견해 내는 능력을 말하며, 어떤 문제에 대한 새로운 해결안, 새로운 방법이나 고안, 새로운 예술적 대상이나 형태 등으로 구체화된다. 창의력은 기존의 활동이나 기존의 사업실적, 그리고 다른 단체나 회사, 사람 등이 이룩해 놓은 실적이나 업적 등에서 응용하거나 부분첨가, 부분삭제 등을 통해서 새로운 분야를 만들어내고 생각해 내는 힘과 능력을 말한다.[65] 또한 창의력은 남과 다른 생각, 전에 생각했던 것과 다른 생각을 할 수 있는 힘을 말한다. 이를 구체적으로 표현하면 주위 환경에 대한

---

64) 신대순·이환호, 『밝은사회클럽의 조직과 운영』, 서울, 밝은사회연구소, 2002, pp.67-68.
65) 신대순·이환호, 『밝은사회클럽의 조직과 운영』, 서울, 밝은사회연구소, 2002, p.67.

관심인 민감성, 자기의 문제를 해결하려는 자발성, 자신의 아이디어에 대한 독자성, 문제해결을 위한 근면성 등이다. 인간의 역사나 밝은사회클럽의 역사는 모두 창의성을 바탕으로 이루어 졌다고 해도 과언이 아니다. 그러므로 창의력은 오늘날 누구에게나 필요한 사항이고 지도자는 더구나 이런 덕목이 요구되는 것이 사실이다. 내가 말하려는 것은 적당한 정신집중을 하면, 좋은 아이디어를 얻는 데는 시간도 장소도 상관이 없다는 것이다.[66] 밝은사회클럽 지도자나 회원은 클럽 회원들을 이끌어갈 선도자로서 무한한 도전정신과 창의력이 요구된다. 그렇게 되기 위해서 회원들은 항상 타 클럽이나 타 단체 등의 활동을 벤치마킹하거나 정보를 습득하여 클럽발전을 위한 자기계발 전략을 항상 세워야 한다.

셋째 지도자는 미래에 대한 비전을 가지고 계획을 수립하여 실천하는 능력을 겸비해야 한다. 지도자는 항상 미래를 내다보는 영감이나 비전을 가지고 있어야 한다. 비전이 없는 단체나 활동은 장래를 약속할 수가 없다. 미래는 항상 준비된 자에게만 성공을 가져다 줄 수 있기 때문이다. 아무런 준비 없이 맞이하는 미래는 발전을 가져올 수 없고, 현상유지나 아니면 퇴보를 가져다줄 수밖에 없다. 왜냐하면 준비된 사람은 벌써 계획대로 일을 진행하기 때문이다. 비전을 가질 수 있는 지도자가 되기 위해서는 깊이 있는 명상과 미래를 내다볼 수 있는 혜안이 있어야 한다. 또한 미래를 보는 혜안을 가질 수 있도록 하기 위해서는 자기가 원하는 분야에 대한 많은 독서와 유경험자들의 이야기를 참고하여 스스로 새롭고 참신한 내용으로 비전을 가질 수 있도록 해야 한다. 비전을 설정한 이후에는 그것을 달성하기 위한 계획을 세우는 것이 중요하다. 그것은 계획을 수립하고

---

66) 오수보온저, 유정식역, 『창조력』, 서울, 동양사, 1975, p.57.

그것을 실천하는 방법, 그리고 사후 관리, 다음에는 새로운 계획의 수립 등의 순서로 비전을 이룰 수 있도록 해야 한다. 계획 수립은 1-2년을 단위로 하는 단기 계획의 수립과 5-10년을 단위로 하는 장기계획의 수립을 통해서 목표를 달성할 수 있도록 하는 것이 바람직하다. 그 후에는 계획의 실천방법을 모색해야 한다. 계획을 실천하기 위해서 필요한 세부계획을 수립해야 한다. 세부계획은 인력의 소요와 예산, 그 밖의 물자, 장비 등의 소요에 대해서 준비하고 그것대로 추진해야 한다. 그 다음은 실천한 내용에 대한 분석과 평가가 중요하다. 분석과 평가는 다음 계획 수립과 다른 사람들을 위한 배려 사항이며, 또다시 똑같은 실수나 우를 범하지 않기 위해 반드시 필요하다. 이러한 내용들은 서류로 남기는 것이 중요하다. 그리고 일단 실행된 일에 대해서는 사후 관리도 대단히 중요한 사항이다. 그리고 다음으로는 새로운 계획과 비전을 준비하는 것이 바람직하다.[67]

넷째 외유내강의 자세로 임해야 한다. 지도자는 엄격하게 스스로 통제할 수 있는 마음의 자세가 준비돼야 한다. 지도자는 부드러움과 강함을 동시에 지니고 있어야 한다. 지도자는 외부적으로는 유한 듯하면서도 내적으로는 강한 의식을 가지고 있어야 한다. 대인관계에 있어서는 부드러우면서도 일을 추진함에 있어서는 강력한 추진력을 보여야 한다. 지도자가 지나치게 나약하고 얌전하기만 하면, 조직의 응집력을 키우기 어렵다. 또 지나치게 강하고 독선적이면, 조직 구성원이 비협조적으로 나오기 쉽다. 그러므로 인간관계에 있어서는 인정을 바탕으로 하면서도 사업 추진에 있어서는 강력한 리더십을 발휘할 필요가 있다.[68] 또 밝은사회클럽 회원들은 예비지도자로서 지도자가 되기 위한 훈련을 충분히 쌓을 수 있도록 노력해야 한다.

67) 신대순 · 이환호, 『밝은사회로 가는 길』, 서울, 도서출판 신아, 1997, pp.148-150.
68) 신대순 · 이환호, 『밝은사회클럽의 조직과 운영』, 서울, 밝은사회연구소, 2002, p.69.

항상 회장단의 업무 결정과정이나 추진과정을 면밀하게 관찰하여 자기계발을 할 수 있도록 부단히 노력해야 한다.

다섯째 정의감과 봉사정신이 있어야 한다. 지도자는 부하를 감싸주고 어려운 이웃을 도와줄 수 있는 봉사정신을 가지고 있어야 한다. 정의감이라는 것은 착한 일을 많이 한 사람을 도와주고 악한 일을 많이 한 사람에게는 벌을 내리는 것을 말한다. 정의감은 인간의 양심에 호소하는 감정이다. 인간이 태어나서 이 세상을 살아감에 있어서 착한 일도 할 수 있고, 또 부득이하게 나쁜 일도 할 수 있다. 또 악한 마음으로 처음부터 남을 속이거나 사기 치면서 일을 실행할 수도 있다. 이러한 상황에서 정의감은 선한 쪽을 택하며, 아무리 어려운 상황하에서도 바르고 올바른 쪽으로 선택하도록 강요한다. 개인이나, 가족, 사회, 국가, 인류사회에서 정의로운 마음이나 정신이 사라지면 이 세상은 존재가치가 없어지며, 선과 진리가 발붙일 곳이 없어진다. 그러므로 인간세상에서 정의감은 언제 어디서나 그 빛을 고고히 발하는 것이다. 또한 어려운 가운데서도 정의감을 위해 노력하거나 결정한 사람이나 단체에는 누구나 항상 박수를 보내며, 칭찬을 하는 것이다. 그것은 우리사회가 정의감을 통해서 전통이 이어지고, 세상을 밝힐 수 있는 길 중의 하나가 정의감이기 때문이다. 지도자가 이러한 정의감을 덕목으로 가져야 한다는 것은 당연한 이치이다. 그래야만 이 사회는 밝은사회로 갈 수 있는 희망이 있기 때문이다. 봉사정신은 남의 뜻을 받들어 섬기는 정신 혹은 남을 위해 노력하는 정신, 국가와 사회를 위해 헌신적으로 일하는 정신을 말한다. 봉사정신은 인간으로 태어나서 나만을 위해서, 그리고 가족만을 위해서 살다가 죽는다는 것은 너무 보람이 없고 이기주의적이라고 밖에 볼 수 없다. 그러므로 봉사정신은 민주 시민이면 누구나 한번쯤 생각해 보고 실행해야 할 덕목이다. 나 혼자만을 위하는 것이 아니라, 대중 즉 남을 위한 행동이나 선행은 아무리 지나쳐도 지나치지 않다고 생각된다. 봉사정신은 우리 모두 마음에 새겨서 가진 것을 나누는 나눔의 정신을 실천하는 행동이다. 봉사정신에 하나 추가하여 내가 가진 모든 것을 나누어 쓴다는 정신과 대가를 바라지 않고 봉사하는 기여의 정신은 더욱 숭고한 정신이다. 봉사정신이 투철한 사람은 또한 모든 일을 처리함에 있어서 정확히 알고 정확히 판단하여 행해야 하며, 대인관계가 원만한 쾌활한 성격의 소유자여야 한다. 밝은사회클럽 회원은 앞으로 정의감을 가지고 봉사-기여를 생활화하면서 이웃을 사랑하는 마음을 가지고 삶을 살아가는 자기계발 정신이 필요하다고 생각된다. 회원의 자기계발은 끊임없이 꾸준히 닦아가도록 해야 할 것이다.

여섯째 책임감과 열정이 있어야 한다. 책임감은 도맡아 해야 할 임무나 의무를 중요하게 여기는 마음을 말한다. 지도자는 책임감을 중요 덕목으로 삼아야 한다. 지도자는 조직이나 단체의 리더로서 조직의 구성원을 이끌어갈 책임과 의무가 있다. 지도자의 책임감 여하에 따라 조직이 발전할 수도 있고, 조직이 쇠퇴하거나 후퇴할 수도 있다. 그러므로 지도자는 항상 자기 산하 구성원들과 그 거느린 가족들의 성패가 달려 있다는 것을 명심하고 신중한 판단과 현재의 상황에 잘 대처해야 한다. 밝은사회클럽 회원은 책임감을 기를 수 있도록 항상 평소에 많은 훈련을 해야 한다. 책임감을 갖도록 하는 훈련은 스스로 노력해야 한다. 항상 어떤 일이든지 할 수 있다는 자신감을 가지고 진행한다면 책임감은 점차로 생길 수 있을 것이다. 열정은 열중하는 마음 혹은 열렬한 애정을 말한다. 어떤 일이나 사업을 진행함에 있어서 흐트러짐이 없이 꾸준하게 진행함을 말한다. 일이나 사업에 대한 열정만 있으면 중간에 어떤 어려움이나 고난이 있더라도 그것을 헤쳐 나갈 수 있는 길이 있다고 생각된다. 어떤 일을 진행함에 있어서 긍정적이고 적극적인 마음가짐과 일에 대한 순수한 열정을 가진다면 헤쳐 나가지 못할 일이 없을 것으로 생각된다. 일에 열정은 사람의 마음을 충만하게 해주며, 또한 이 열정을 통해 앞으로의 사업에도 자신감을 갖게 해준다. 열의를 가지고 일에 열중한다는 것은 그 일에 온정신을 집중한다는 것을 뜻한다. 다만 일이 잘된다는 것뿐만 아니라 이전에 하던 때보다도 더 잘되어 갈 것이다. 에머슨은 어떠한 위대한 일도 열의 없이 달성된 것은 없었다고 말하고 있다.[69] 그러므로 지도자의 열정은 일을 진행함에 있어서 없어서는 안 될 덕목 중의 하나라 생각된다. 열정을 추구하는 방법으로 다음의 세 가지를 들 수 있다. 첫째 무엇인가를 하고자 하는 대상에 어떤 태도를 갖느냐 하는 것이다. 둘째 그것을 어떻게 해야 하는지의 방법을 아는 지식이 있어야 한다. 셋째 실제로 실행하는 방법인 기능이다. 이 세 가지를 통해서 열정의 정도를 파악할 수가 있다고 생각된다. 밝은사회클럽 회원은 지도자로서의 열정을 가질 수 있도록 많은 노력을 아끼지 않아야 한다.

3) 일을 즐겁게 하기 위한 자기계발 전략

첫째 긍정적인 생각으로 일을 하자. 인간이 모든 일을 행함에 있어서 긍정적인 마음가짐과 부정적인 마음가짐 혹은 이쪽도 저쪽도 아닌 무감각한 마음가짐을 들 수 있다. 사람은 생활을 해 감에 있어서 어떤 일에서나 감정표현을 하는 것이 보통이다. 그러므로 항상 부정적인 표현을 하는 사람이 있는가 하면, 또 항상 긍정적인 표현

---

69) 스위틀런드저, 최두수역, 『결단력』, 서울, 東洋社, 1975, p.82.

을 하는 사람도 있다. 또 어떤 사람은 사안에 따라 긍정적인 표현도 했다가 부정적인 표현도 했다가 하는 등의 경우를 들 수 있다. 인간의 마음은 긍정적인 생각을 하면 내면의 마음 상태가 긍정적으로 나타나지만, 부정적인 생각을 하면 인체의 구조가 모두 부정적인 쪽으로 기울어진다고 심리학자들은 보통 말하고 있다. 또한 사람의 마음은 습관들이기에 따라서 다르다고 한다. 부정적인 생각을 하면 다음번의 생각도 항상 부정적인 생각 쪽으로 기울어질 확률이 많다고 하며, 긍정적인 생각을 하면 다음번의 생각도 긍정적인 방향으로 기울어질 확률이 강하다고 한다. 그러므로 우리는 이왕이면 긍정적인 쪽으로 생각을 하면 건강에도 좋은 엔돌핀이 많이 나온다고 한다. 또 부정적인 생각을 하면 건강에도 좋지 않고, 생각 자체가 자꾸만 나쁜 쪽으로 흐르기 때문에 성격이 과격해지고 포악해질 염려가 많다고 한다. 성공과 실패의 기본적 차이는 한쪽은 나는 할 수 없다고 생각하는 데 반하여 한쪽은 나는 할 수 있다고 생각하는 데 있다.[70] 보통 사람들은 이러한 심리적인 작용을 잘 느끼지 못하고 살아간다고 한다. 그러므로 밝은사회클럽 회원들은 일을 즐겁게 하기 위해서는 항상 긍정적인 마인드를 가지도록 노력해야 한다. 이러한 것은 단시간에 고쳐지지 않는다. 항상 그러한 생각을 가지고 생활하다 보면 습관적으로 그렇게 된다고 한다. 그러므로 모든 일에 대해 긍정적인 생각만 가질 수 있도록 의도적으로 노력한다면 가능하다고 본다.

둘째 남을 대할 때 항상 웃음으로 대하자. 인간이 살아감에 있어서 희로애락을 경험하면서 생활한다. 기쁠 때는 웃지만 슬플 때는 울거나 울분을 토할 때가 많다. 타인과의 관계에 있어서도 우리는 감정의 표현을 곧 잘 하는 경우가 많다. 나 자신이 자신의 감정의 표

---

70) 스위틀런드저, 최두수역, 『결단력』, 서울, 동양사, 1975, p.13.

현을 솔직하게 한다고 해서 상대방이 그것에 대해 잘한다고 할 사람은 많지 않을 것이다. 그러므로 나의 단점이라고 생각되는 면을 굳이 상대방에게 드러내 보일 필요는 없지 않을까 생각된다. 일을 할 때에 우리는 통상적으로 즐겁게 하기를 원하지 굳이 기분 나쁘게 일을 진행하려고 하는 사람은 많지 않을 것이다. 그러므로 상대방을 대할 때 굳이 굳은 표정이나 무덤덤한 표정, 찡그린 표정을 할 필요는 없지 않을까. 왜냐하면 일로일로(一怒一老) 일소일소(一笑一 少)라는 말과 같이 한번 화내면 한번 늙고, 한번 웃으면 한번 젊어진다는 말과 같이 웃는 얼굴은 상대에게 편안함과 안정감을 갖게 해준다고 한다. 일을 함에 있어서 어렵게 할 필요가 있겠는가. 일은 즐겁게 해야만 보람도 있고, 지루하지도 않고, 다음의 일도 기다려지는 법이다. 그러므로 우리는 웃으면서 일을 할 수 있는 습관을 들여야 한다. 항상 웃음을 짓기 위해서는 많은 노력이 필요하다. 집에서 출근할 때 웃는 연습을 10번 정도는 하고 나오자. 그리하여 우리는 하루의 생활을 시작에서부터 끝날 때까지 웃으면서 생활한다면 일은 즐겁게 할 수 있을 것이고, 이 세상은 밝은 세상이 되고 밝은사회가 빨리 올 수 있을 것이다.

셋째 남의 평가에 너무 얽매이지 말자. 인간이 자연에서 태어나서 자연에서 살다가 죽으면 다시 자연으로 돌아가는 것이 인간 삶의 이치다. 인간은 이 세상을 혼자서는 살아갈 수 없다. 공동체생활을 하면서 살아가는 것이 인간의 삶이다. 그러므로 항상 이웃과의 관계나 상대와의 관계를 통해서 생활을 영위하게 된다. 그러므로 나는 상대를 평가하고, 상대는 또 나에 대해서 평가를 한다. 일을 처리하고 진행함에 있어서 남의 평가를 받는 입장에서 잘 받으면 기분이 좋고 별문제가 없지만, 혹시나 남들이 자기의 일 처리에 대해서 나쁜 평가를 하거나 부정적인 말은 하면 상처를 받는 경우가 많다. 일을 즐겁게 하고 즐거운 삶을 살아가기 위해서는 남의 평가에 너무 얽매이지 말아야 한다고 생각된다. 남의 평가에 대해 너무 예민하거나 그것에 신경 쓰거나 관심을 갖다 보면 정작 중요한 일을 그르칠 수가 있다. 그러므로 일을 진행함에 있어서 상대의 평가에 구애 받지 말고, 계획한 대로 그대로 밀고나가는 것이 자신의 건강에도 좋고, 일을 처리함에 있어서도 남들이 보기에도 괜찮다고 생각된다. 남의 평가에 휘둘려서 일을 그르치는 경우가 많기 때문이다. 밝은사회클럽 회원들은 클럽의 사업이나 개인적인 자기계발을 위해서도 남의 평가에 너무 구애 받지 말고, 열심히 성실하게 열정적으로 책임감 있게 일을 진행한다면 오히려 좋은 평가를 받을 수 있을 것이다.

넷째 남의 조그만 성의에도 인사하는 습관을 가지자. 우리나라는 예로부터 인사를 잘하는 동방예의지국으로 불려 왔다. 이러한 유교적인 관습을 생각하지 않더라도 남의 성의에 대해서는 그것이 크던 작던 고맙다고 인사를 하는 것이 인간의 도리라고 생각된다. 남을 칭찬해 주거나 남을 치켜세워서 싫어하는 사람은 많지 않을 것으로 생각된다. 그러므로 인간은 이러한 사람의 심리를 파악하여 남에 대해 고맙다는 인사표현은 자주 하면 할수록 좋다고 생각된다. 그러므로 언제 어디서든지 남의 조그만 성의에도 인사하는 습관은 대단히 바람직하고, 자신에게도 많은 즐거움을 준다고 생각된다. 예부터 인사 잘해서 손해 보는 일이 없다고들 한다. 일을 즐겁게 하기 위해서는 항상 인사하는 습관을 가지자. 그것이 어른이든 어린이든 청소년이든, 남자건 여자건 노인이건 아니건 간에 인사하는 표현은 대단히 바람직하다고 생각된다. 밝은사회클럽 회원은 개인을 위해서든 클럽을 위해서든 항상 친절한 마음가짐과 인사하는 습관을 가진다면, 우리가 바라는 지구협동사회는 빨리 이루어질 것이라 생각된다.

　다섯째 불평이나 짜증을 자주 내는 사람은 멀리하자. 예부터 초록은 동색, 끼리끼리 논다는 말을 많이 들어오고, 또 우리가 그렇게 하는 경우도 있다. 이는 비슷한 처지나 환경, 비슷한 재산 등을 가진 사람들이 어울리는 것을 의미하는 경우를 말한다. 불평을 많이 하는 사람과 어울리면 자기도 은연중에 남에 대해 불평을 할 기회가 많다는 것이 된다. 또한 반면에 칭찬만 하는 사람들 틈에 낀다면 남을 칭찬하는 경우가 많아지게 되는 경우를 많이 본다. 인간은 무슨 일이든지 자주 듣거나 자주 보면 그것이 사실인 것으로 그르친 판단을 할 수 있다. 그러므로 불평이나 짜증을 많이 내는 사람일수록 성격이 삐뚤어져 있거나 가정환경이나 주위친구들이 별로 좋지 않은 경우를 많이 본다. 그러므로 항상 우리는 좋은 생각과 좋은 말만 하는 사람들과 친분관계를 갖는 것이, 훨씬 우리 일을 즐겁게 하는 방법 중의 하나이다. 그러므로 우리는 불평을 자주 하거나 불만을 자주 토로하는 사람과는 되도록 멀리하는 것이 자신의 장래의 삶의 견지에서 보더라고 훨씬 좋다. 그런 사람들은 자기의 의견을 들어주지 않으면 또다시 불평을 하거나 화를 내는 경우가 많다. 그러므로 이런 사람들은 일찌감치 멀리하는 편이 여러모로 좋은 경우가 많다. 밝은사회클럽 회원들은 항상 긍정적인 생각과 책임감을 가지고 활동하고, 불평이나 짜증스런 말이나 마음을 가지지 않도록 노력하여 인생을 살아감에 있어서 항상 자기계발과 평생교육에 힘써야 한다.

　여섯째 친절한 마음으로 전화통화를 하자. 오늘날 현대사회에서는 과학기술의 발달로 인하여 개인 휴대전화기가 시민누구에게나 거의 보급되어 있다. 그러므로 전화 없이는 하루 아니 한 시간도 못 살겠다고 푸념하는 것이 오늘날의 세태이다. 그러므로 길을 가다가도, 차안에서도, 운전하면서도, 화장실에서도, 식사하면서도 어디서든 전화를 받거나 거는 경우가 많다. 전화는 이제 우리 일상생활의 도구일 뿐만 아니라 한순간이라도 전화가 없으면 불안한 세상이 되어 버렸다. 일을 즐겁게 하는 방법은 나 자신이 즐거운 생활이어야 하고, 또 나 자신이 친절한 마음으로 상대에게 다가 간다면 상대방도 즐겁고, 나 자신도 즐거운 생활이 될 수 있다. 그러므로 우리는 남에게 전화 통화를 할 때 즐거운 마음으로 친절하게 하도록 하자. 그리하여 상대방도 나에 대해서 호감을 갖고, 또 나도 이를 통해서 즐거운 마음을 가질 수 있다면 일석이조의 효과를 누릴 수 있을 것이다. 전화하는 매너는 정말로 우리가 배워야 할 필요한 예의이다. 상대방이 보이지 않는다고 해서 함부로 말을 하거나, 욕을 해서는 안 된다. 어디까지나 전화는 공손한 마음으로 말을 조심해서 예의 바르게 하는 것이 상대방에게도 좋은 인상을 줄 것이며, 나 자신도 즐거운 마음을 가질 수 있다. 밝은사회클럽 회원은 본인의 인격이나 자기계발을 위해서도 남을 위한 배려에 인색해서는 안 된다. 클럽회원들은 항상 어디서든지 밝은마음으로 전화를 하고, 상대방에 대해서 가장 친절한 음성으로 대해야 하며, 그렇게 함으로써 우리사회는 한층 밝아질 수 있는 여건이 마련된다고 해도 과언이 아니다.

4) 자신감을 기르기 위한 자기계발 전략

첫째 자신감을 기르기 위해서 무엇이든지 내 자신이 마음속으로 강력히 원하는 것은 반드시 실현될 것이라고 확신하면서, 마음속으로 스스로 성공하는 모습을 매일 30분씩 그려보라. 그러한 습관이 반복되면 그것이 잠재력으로 연결되어 스스로 자신감을 기질 수 있는 용기가 생긴다고 한다. "당신 마음에 당신자신의 성공한 자화상을 찍어두고 이 자화상을 지울 수 없도록 강하게 인산을 붙이시오."[71] 그리고 그 성공하는 모습이 없어지지 않도록 깊이 기억해두는 것이 좋다. 그리고 그 희망하는 결심이 약해지거든 이를 극복하기 위해 적극적으로 소리 내어 반복해서 말해보라. 그러면 그 기억을 잊지 않고 계속해서 상기하면서 자기가 자신감을 가졌을 때의 모습을 상상하게 된다. 또 자신감을 가지기 위한 방법도 생각나게 된다. 그러므로 스스로 성공해서 활동하는 모습을 매일 30분씩 상상하고, 자신감 있게 활동하면서 평소에 원했던 일들을 하는 모습을 상상하는 것은 앞으로 일어날 일들에 대한 긍정적인 생각이기 때문에 자신이 그동안 가졌던 불안한 생각이나 일들을 떨쳐버릴 수 있는 계기가 된다.

인간의 마음은 자신이 생각한 대로 무의식중에 흘러간다고들 잠재력을 연구하는 학자들은 말한다. 자신감도 자기가 가질 수 있다는 자기 암시를 반복해서 함으로써 그것을 이룰 수 있다는 것은 많은 성공한 사람들이 이야기하고 있는 내용이다.

둘째 자신감 있는 행동은 자신감 있는 사고를 낳는다. 위대한 심리학자 크레인 박사는 응용 심리학 이라는 책에서 행동은 감정의 선봉임을 기억하라. 감정은 직접적인 통제가 불가능하며, 오로지 행위나 동작의 선택을 통해서만 통제가 가능하다고 말하고 있다. 그것은 행동은 자신감을 낳을 수 있고, 자신감은 행동을 통해서 나오는 것임을 말하고 있다. 또 데이비드 슈어츠는 자신감을 갖고 싶다면 자신감 있게 행동하라. 그러면 자신감은 생긴다고 말하고 있다. 또 사고방식도 크게 생각할수록 크게 달성할 수 있다고 말하고 있다. 또 어떤 학자들은 육체적인 행동을 변화시킴으로써 우리 내면의 마음자세를 변화시킬 수 있다고 말한다. 예로써 사람이 허리를 구부정하

---

71) 피일저, 유정식역, 『적극적 사고방식』, 서울, 동양사, 1975, p.33.

게 하여 있을 때보다, 이를 꼿꼿하게 펴고 서 있을 때 자신이 더 당당하게 느껴진다는 것이다. 또 사람이 억지로라도 웃으면 마음이 한결 밝아진다는 것이며, 또 찡그리고 있으면 자신의 기분이 어두워지지 않는가라고 말하고 있다. 인간의 행동에 대해 관찰하면 감정의 변화가 가능하다는 것은 쉽게 입증할 수 있다는 것이다. 그것은 사람이 자신감이 배어 있는 행동을 하면, 자신감 있는 사고를 낳을 수 있다는 것이다.

셋째 자신감은 반복된 연습과 훈련을 통해 이루어진다. 당신이 진정으로 자신감을 가지기를 원한다면 하고자 하는 일에 대해 꼭 반복된 연습을 해보라. 또 당신 앞에 놓인 고난과 난관, 그리고 당신 앞에 있는 장애물을 피하지 말고 헤쳐 나갈 생각을 해보라. 그렇지만 어떤 문제를 해결하는 데는 항상 생각지 못했던 어려운 난관이 있게 마련이다. 따라서 그 어려운 점이 무엇인가를 잘 검토하고 분석해서 제거하고 장애물을 넘도록 노력해 보라. 당신에게는 반드시 하고야 말겠다는 자신감이 생기는 것은 물론 이보다 더한 난관도 극복했다는 생각이 들면서 목표로 했던 일도 이룰 수 있을 것이다. 또 우리 인간은 보통 자신의 실제 능력을 과소평가하는 경향이 있다. 그러나 자신감을 가지게 하기 위해서는 자기의 능력을 원래보다 약10%정도 더 높게 평가하고 자신 있게 행동해보라. 그러면 능력보다 높이 평가한 자기능력대로 이룰 수 있을 것이다. 당신은 스스로 생각하는 것 보다는 훨씬 훌륭하다고 항상 상기하라.[72] 이러한 행동은 인간의 활동은 자기 마음먹은 대로 이루어진다는 것을 증명해 주는 한 예이다. 그러나 사람들은 대개 그렇게 하지 않기 때문에 제대로 자신감이 생기지 않는 것이라고 한다. 우리는 보통 자기가 원하는 일을 한

---

72) 슈워쯔저, 유정식역, 『거시적 사고의 마력』, 서울, 동양사, 1975, p.24.

두 번 시도해서 실패하게 되면, '난 역시 안돼'라고 말하면서 자신감이 없기 때문이라고 말한다. 이는 자신감을 탓하지 말라. 몇 번의 시도가 실패했다고 해서 능력이 없다고 자신을 탓하지 말라. 밝은사회클럽 회원은 자신이나 클럽을 위한 자신감을 갖도록 하기 위해서는 끊임없는 반복을 통해서 자신감을 기질 수 있도록 노력해야 한다. 자신감은 한 번의 시도에서 오지 않는다. 많은 시행착오의 어려움 속에서 성공할 수 있는 자신감이 생기게 되는 것이다. 자신감을 가지는 일이야말로, 클럽 사업을 성공으로 이끌 수 있는 가장 강력한 도구이며 수단이라고 생각된다.

넷째 나는 훌륭한 인생을 살아갈 능력이 충분히 있기 때문에 절대로 중간에 포기하지 않는다고 생각해라. 또 로버트 슬러는 하늘이 나와 같이 있으니 어떤 일도 자신을 굴복시키지 못한다는 사실을 명심하라고 말하면서 자신감을 이야기하고 있다. 인간이 자신감을 가질 수 있는 가장 좋은 방법은 목표를 달성할 수 있다는 기대감 혹은 행복과 평화와 안정, 부와 권력 등이 눈앞에 보인다는 확신이 설 때, 자신감은 생기게 되고 이의 달성을 위해 적극적으로 참여하게 되는 것이라고 한다. 인간은 누구나 자기의 삶을 행복하게 살아갈 권리가 있다. 하물며 한번뿐인 인생을 재미없게 살아가고 싶은 사람은 없다. 그러므로 인생을 장미 빛 인생으로 살아가기 위해서 모든 사람들이 노력한다. 그리고 그것의 달성을 위해서 평생 노력하는 사람도 있고, 또 그것을 달성하기 위해서 너무 힘이 드는 사람은 자포자기하고 인생을 되는 대로 살아가는 사람들도 많다. 이와 같이 중요한 인생을 행복하게 살아가기 위해서 우리 인간들은 수없이 많은 노력을 하고 있지만, 행복은 쉽게 찾아오지 않는다. 그것은 행복을 이루고야 말겠다는 자신감이 부족하기 때문이다. 그러므로 밝은사회클럽 회원들은 자신감을 가질 수 있는 방법을 끊임없이 생각하고, 자기계발하여 우리의 궁극적인 목표인 행복을 찾기 위해 끊임없는 자기 변화와 혁신을 해야 한다. 행복은 단숨에 찾아오지 않으며, 이를 달성하기 위한 자신감의 성립도 쉽게 찾아오지 않는다. 그것은 끊임없는 자기계발의 결과로 올 수 있는 것이다.

다섯째 나는 정도(正道)에 따른 행동 없이는 부도 명예도 결코 오래가지 못하며, 정도에 어긋나는 방법이나 비열한 방법으로는 성공하지 않겠다는 생각으로 임한다면 자신감을 가질 수 있다. 스스로 자신을 이해해 주는 유능한 조언자를 찾아서 자신감을 가지는 방법에 대해 조언을 받고 실행한다면 빠른 시간 안에 자신감을 기질 수 있을 것이다. 자신감은 불의에 의해서는 생기지 않는다. 사람은 자기의 마음이 불안하면 모든 일에 있어서 소극적이거나 자신감이 없어지는 것이 보통이다. 사람이 모든 일에 있어서 적법한 절차를 거치지 않거나 남에게 피해를 주거나 거짓말을 할 때는 자신감이 생기지 않는다. 항상 마음이 불안하고, 금방 무슨 일이 생길 것 같은 초조감이 든다고 한다. 이러한 심리작용의 상태에서 자신감을 가질 수 있다는 것은 어불성설이다. 그러므로 인간이 가장 추구하고 싶어 하고 얻고 싶어 하고 달성하고 싶어 하는, 부와 명예와 권세도 결국은 올바른 절차와 바탕위에서 이루어질 수 있는 여건이 된다. 특히 이러한 바탕위에서 인간은 욕구와 열망과 자신감이 생기며, 이를 달성하고자 하는 열정도 생긴다고 생각된다. 자신감은 인간의 의지작용에서 비롯되며, 의지가 작용하지 않으면 자신감은 생기지 않는다. 의지작용을 통해서 인간의 역사는 이루어졌으며, 의지작용을 통해서 오늘의 인류사회 발전이 이룩되었다는 사실은 인간의 의지작용이 그 만큼 중요한 위치라는 것을 증명해 준다. 인간은 이러한 중요한 의지작용을 움직일 수 있는 것 중의 하나가 자신감이다. 밝은사회클럽 회원은 이러한 중요한 자신감을 가질 수 있도록 끊임없는 자기계발 노력이 필요한 때이다.

여섯째 스스로 삶의 목표를 명확하게 종이에 쓴 후, 한 걸음 한 걸음 나간다면 자신감이 생긴다. 그러므로 인간은 스스로 자기 암시에 대한 힘을 믿고, 매일 10분정도 정신통일 하여 자신감에 대한 자기 암시를 지속적으로 하면 자신감이 생기게 된다. 자기암시는 자기 자신에 대한 내면적인 명령이기 때문에 반복해서 하면 원하는 목표를 의지는 당연히 하는 것으로 받아들이고 이를 실천하려고 노력하게 된다. 그러므로 자기 자신의 생각을 잊어버리지 않고 스스로에게 끊임없이 주입시키기 위해서는 종이에 써서 그것을 계속적으로 큰 소리로 반복하는 것이 바람직하다. 학생들도 공부할 때 그냥 머리로 암기하는 것보다는 종이에 써가면서 외우는 것이 훨씬 빨리 외워진다고들 한다. 인간은 아무리 머리가 좋은 사람이라도 외우기만 하면 빨리 잊어버린다고들 말한다. 가장 좋은 방법은 노트에 쓰면서 외우는 방법이라고 한다. 이렇게 하면 기억력에도 좋고 또 자신감을 기질 수 있는 방법에도 좋다고 한다. 밝은사회클럽 회원은 가정에서나, 클럽에서나 자기 자신을 위한 일에서나 꾸준한 자기계발을 위해 노력해야 한다. 그러한 자기계발의 방법을 구현하기 위해서 목표를 종이에 써서 계속 반복해서 읽는다면 스스로에게 암시를 주면서 자신감을 가지게 할 수 있다. 그러므로 자신감은 젊을 때부터 가질 수 있도록, 이들에게 그 방법을 교육하는 것도 바람직하다.

5) 상대방에게 믿음을 줄 수 있는 자기계발 전략

첫째 상대가 좋아하는 화제를 찾아서 해라. 인간관계에 있어서 상대방과의 건설적인 대화는 바람직한 일이다. 상대방이 좋아할 것 같고 도움이 될 만한 화제를 대화 내용으로 삼아라. 상대방이 관심을 가지고 있는 학문 분야나 혹은 상대방이 좋아하는 운동, 상대방이 좋아하는 음식, 상대방의 기호식품, 상대방이 좋아하는 와인 등 다양하게 파악하여 그것에 맞는 대화내용을 준비하는 것이 바람직하다. 그리하여 상대방의 이야기를 진지하게 듣고, 대화상대로서의 믿음을 줄 수 있는 방법을 세워야 한다. 상대방과의 일상적인 대화는 별로 의미가 없다. 상대에게 항상 호감이 갈 수 있는 내용에 대해 그때그때 준비하여 대응하는 것이 바람직하다. 밝은사회클럽 회원들은 항상 클럽회원들을 상대하거나 타 클럽 회원들과의 대화, 사업 상대자로서의 대화 등 다양하게 대화를 나눌 수 있는 상대가 있다. 반드시 클럽에서뿐만 아니라 회원 자신의 일상생활, 혹은 중요한 비즈니스 등에서도 항상 상대방에게 믿음을 줄 수 있는 준비를 철저히 하는 것이 바람직하다.

둘째 상대방과 대화할 때 혼자서만 이야기하지 마라. 대화는 혼자서 독점하면 상대방에게 실례가 될 뿐만 아니라 상대방이 자신을 앞으로 상대 안 할 것이다. 왜냐하면 상대방을 배려하지 않는 일방적인 대화는 상대로 하여금 불쾌감을 주기 때문이다. 상대방의 의견을 무시하지 않으면서 자신도 참여하는 자세를 보여야 한다. 가능하면 상대방이 말을 많이 하도록 배려하고, 자기는 꼭 필요한 말만 하는 것도 하나의 방법이다. 또 자기는 최소한의 말만하고 상대방의 말에 귀를 기울이는 자세를 보여라. 상대방을 지극정성으로 대접할 때, 상대방은 자기를 진정한 파트너로 생각할 수도 있고, 믿음이 가는 파트너로 생각할 수 있다. 밝은사회클럽 회원들도 마찬가지로 상대방과 혹은 타 클럽 회원들과 대화할 때, 혼자서만 일방 독주를 하는 것은 금물이다. 회원의 자기계발은 여러 방면에서 파악하여 종합적인 판단으로 생활해 가는 것이 바람직하다고 생각된다.

셋째 다른 사람에게 관심을 갖는 습관을 기른다. 그리고 그들의 장점을 칭찬한다. 현대사회는 혼자서 살아가는 사회가 아니다. 과학과 기술의 발달로 인하여 새로운 기술로 인해 인간의 삶은 혁명적이라 할 만큼 풍요로워 졌다. 이로 인해서 생기는 여러 가지 부작용은 말로 다할 수 없을 만큼 많이 생긴다. 인간의 삶은 혼자서 살아갈 수 없다. 인간은 타인과의 협동이 없으면 아무것도 하지 못한다. 협동을 통해서 우리가 이 자리까지 온 것이라 생각된다. 협동은 인류사회에서 가장 아름다운 미덕 중의 하나이다. 만약 협동이 없이 인간 스스로 개별적인 행동을 하면서 살아간다면 동물들과 다를 바 없을 것이다. 그러므로 인간은 나 아닌 다른 사람에 대해서 관심을 가지고 항상 배려해 주는 자세가 필요하다. 상대방에게 믿음을 줄 수 있는 배려는 항상 상대방으로 하여금 관심을 갖게 하고, 그 관심이 믿음으로 되돌아올 수 있기 때문이다. 상대방에 대한 작은 배려를 통하여 자신이 많은 이익을 볼 수도 있고, 또 상대방으로부터 신뢰받는 사람이 될 수 있다. 그러므로 밝은사회클럽 회원은 개인적으로나 클럽의 입장에서도 항상 타인을 위한 배려와 관심은 끊임없이 가져주기를 기대한다.

넷째 자기 말을 많이 하지 마라. 남의 말을 가로채거나 자기 자랑만 하면 상대에게 불쾌감을 줄 수 있다. 자기 자랑으로 높은 평가를 얻는 사람은 거의 없다. 자신은 누구의 후손이며 또 누구와 친하다든가, 혼자서도 모든 것을 할 수 있다는 등의 자랑은 자신의 인격을 드러내 보이는 것이다. 상대에게 신뢰를 받을 수 있는 방법은 항상 상대를 배려해 주고, 자기를 낮추는 자세가 필요하다. 자기를 낮춘다는 것은 최대한도로 상대방이 모든 것을 하게 하고 자기는 필요한 것만 하는 것이다. 자기 말만 하고, 자기 자랑만 하는 것은 남의 미움을 살 염려가 많다. 자기 말은 항상 가능하면 맨 나중에 하는 것이 가장 좋다. 그리고 말을 할 때에는 겸손한 태도로 상대방을 자극하지 않도록 주의해야 한다. 상대방은 나의 작은 실수라도 그것을 유심히 살펴본다는 것을 생각하고 행동해야 한다. 상대는 나를 항상 살피고 있다는 생각을 하면서 언행이나 행동을 신중히 하는 자세가 필요하다. 밝은사회클럽 회원은 항상 남의 말을 들어 줄줄 아는 자세가 필요하고 자기를 최대한 낮추는 자세가 필요하다. 회원의 자기 계발 전략은 항상 나를 낮추고 남을 배려하는 데서부터 시작해야 한다.

다섯째 상대에게 호감을 표시함으로써 나에 대해 호감을 갖게 한다. 인간은 항상 상대적인 면이 많다. 가는 정이 있으면 오는 정도 있고, 남에 대해 배려해 주면 나를 배려해 줄 수 있는 확률이 훨씬 높다. 나만 배려를 받으려고 하면 주는 사람은 아무도 없다. 남에 대한 각별한 관심과 좋은 감정은 상대방도 그러한 감정을 나에 대해 가질 수 있는 확률이 있다는 사실을 깨달아야 한다. 그러므로 항상 남을 배려하는 자세가 필요하다. 상대방에게 보내는 호감이나 정감은 클수록 좋고, 많을수록 나에 대해 돌아오는 것이 많을 확률이 높다는 것이다. 또 자신의 체격과 자신의 일에 어울리는 복장을 한다면 남에게 호감을 받을 확률이 많다. 사람들에게 상냥하게 대하면 남에게 호감을 받는 계기가 된다. 밝은사회클럽 회원은 항상 상대방을 배려하고 상대방에 대해 밝고 건전한 호감을 갖도록 노력해야 한다. 그럼으로써 회원은 항상 남에 대해 좋은 인상을 갖도록 노력해야 한다. 남에 대한 인상을 좋게 가짐으로써 남들이 나를 보는 인상이나 호감도 좋아질 수 있다는 생각을 가지고, 항상 자기계발을 하는 자세로 임해야 한다.

여섯째 나의 장점은 가만히 있어도 상대에게 인품으로 빛난다. 자기소개 등 꼭 자신에 대한 말을 하지 않으면 안 될 경우에는 상대가 오해할 만한 말을 일체 삼간다. 필립 체스터는 인재는 주머니 속에 있어도 송곳처럼 뚫고 알아보는 법이라고 했다. 자신에 대해 너무 들어내려고 하지 마라. 너무 잘난 체하면 사람이 경솔하게 보일 염려가 있기 때문이다. 사람은 훌륭한 사람일수록 가만히 있어도 그 매력이나 풍채를 남이 알아주는 법이다. 훌륭한 사람의 인품은 멀리 있어도 그 모습을 보고 알아볼 수가 있으며, 그 말 한마디만 들어도 그 인품을 알 수 있기 때문이다. 자기소개가 꼭 필요한 때에는 가장 특징적인 것을 소개하도록 하고, 평범한 것은 이야기하지 않아도 남들이 다 알아주기 때문이다. 상대방에게 믿음을 주는 가장 좋은 방법은 상대방이 스스로 나를 믿어주게 하는 방법이 가장 좋다. 그렇게 하기 위해서는 평소의 대인관계를 잘 구축하는 것이 바람직하다. 상대방은 항상 나를 관찰하는 관찰자라는 생각을 하고, 평소에 많은 배려와 관심을 상대방에게 쏟는 것이 필요하다. 밝은사회클럽 회원은 항상 상대를 배려하고 나를 낮춤으로써 상대방의 신임을 받는 자세가 필요하다. 상대방이 평소 나를 칭찬해 주거나 배려해 주는 현상을 만들어 놓는 자세는 회원들의 자기계발 전략에서 가장 필요한 부분 중의 하나라고 생각된다.

6) 상대방을 설득 시키는 자기계발 전략

첫째 상대방을 설득시키기 위해서는 항상 상대방의 입장에서 생각해라. 상대를 설득하는 입장이 아니라 설득당하는 입장에서 생각한다면, 상대방의 감정을 고려할 수 있을 것이다. 상대방의 체면을 살려준다는 것은 매우 중요한 일이 아닐 수 없다. 그런데 과연 그 중요성을 이해하고 있는 사람이 얼마나 될 것인가.[73] 상대방을 설득시키기기 위해서는 고도의 준비와 치밀한 계획을 세워서 진행해야 한다. 반대로 생각하면 상대방도 나를 설득하려고 할 것이다. 상대방은 항상 나를 관찰하고 있는 사람이라는 것을 잊지 말자. 사람은 자기가 설득당한다고 생각하면 기분이 좋지 않다. 그러므로 상대방을 항상 배려하면서 충분한 시간을 주고 대화하면서 상대에게 접근하는 것이 바람직하다. 상대방을 나를 어떻게 생각할까, 상대방은 나를 얼마나 신뢰할까, 상대방은 나를 어느 정도의 파트너로 생각할까 등에 대해 많은 생각과 대응책을 생각한 후 접근하는 것이 바람직하다. 상대방과 대화할 때, 내게 확신을 줄 수 있는 능력을 계발하는 것도 바람직하다. 밝은사회클럽 회원은 항상 이러한 문제에 대해 적극적인 자세로 임하는 것이 자기계발을 위한 방법 중의 하나다.

둘째 상대방의 마음에 호소하여 설득하라. 상대방을 설득하기 위해 가장 합리적이고 간단한 말을 준비해라. 나는 당신을 자랑스럽게 생각하고, 당신을 알고 있음을 기쁘게 생각한다. 상대방의 손을 잡고 따스하게 악수를 나눠 보라. 상대방을 설득하기 위해서는 상대방의 마음을 움직일 수 있는 방법을 강구하는 것이 가장 바람직하다. 상대방의 관심분야가 무엇인지를 잘 파악하고, 또 평소에 그것을 알고 있다가 필요시에 그 무기를 쓰는 것이 가장 바람직하다. 상대방의 마음을 가장 잘 알 수 있는 사람은 가족이나 친구 동료 등이 될 것이다. 이와 같이 연고지를 찾거나 아니면 상대가 좋아하는 운동을 알아서 우연히 만난 것처럼 만들어 접근한다면 가장 좋은 방법일 것이다. 그리고 상대방의 외모에 대해 포인트를 잘 파악하여 칭찬을

---

73) 카네기부처공저, 김해성·이종국 공역, 『카아네기 인생론 전집3, 우정의 비결』, 서울, 정통출판사, 1980, p.331.

하거나 유머나 옷 입는 상황 등을 잘 파악하여 매력이 있는 사람이라는 것을 칭찬한다면 마음을 움직일 수 있을 것이다. 밝은사회클럽 회원은 언제 어디서나 상대방에 대한 모든 것을 알 수 있도록 노력하고, 미리 대비해 두는 지혜와 자기계발이 필요하다.

셋째 상대방이 긍정적인 대답을 할 수 있는 화제를 선택하라. 상대방을 설득하는데 있어서 상대방이 긍정적으로 대답할 수 있는 방법은 쉽지가 않다. 상대방에 대한 세심한 준비가 없으면 불가능한 일이다. 더구나 공적인 일이나 개인적인 중요한 일일 경우에는 더욱이 철저한 사전 준비가 요구되는 사항이다. 그러므로 대화의 주제를 다양하게 선택해서 상대방과 이야기를 나누는 것이 중요하다. 대화는 상대방을 배려하는 차원에서 항상 상대방이 먼저 말을 하고, 나는 들어주는 입장을 견지할 필요가 있으며, 필요시에는 가끔씩 대답을 해주는 지혜가 필요하다. 상대방이 필요로 하는 대화의 주제가 무엇인지 미리 몇 가지의 가능성을 가지고 파악하여, 미리 스터디를 하여 몇 가지 안을 가지고 나가서, 대화중에 필요한 안으로 상대방과 대화를 깊숙이 나눈다면 분명히 긍정적인 방향으로 일이 잘 풀릴 것으로 기대한다. 밝은사회클럽 회원은 항상 상대방의 의도와 필요한 요구사항이 무엇인지를 염두에 두고서 준비를 하는 것이 바람직한 일이다.

넷째 상대의 설득을 위한 논쟁을 피하고 상대의 잘못을 가능하면 말하지 마라. 대부분 논쟁의 결말은 논쟁자로 하여금 그의 종래 생각이 절대로 옳았다는 것을 한층 굳게 하기 마련이다. 당신이 논쟁에서 졌을 경우에는 물론이고, 이겼다 해도 그것은 패한 거나 마찬가지인 것이다.[74] 상대방을 설득하기 위해서는 가능한 한 오랫동안 붙들고 늘어지는 행동은 좋지 않다. 설득이 장시간 걸린다고 생각되

---

74) 카네기부처 공저, 김해성·이종국공역, 『카아네기 인생론 전집3, 우정의 비결』, 서울, 정통출판사, 1980, p.194.

면, 대화 중 다른 주제로 바꾸어 가벼운 이야기를 하면서 상대방을 탐색하다가 상대방의 기분이 좋거나 분위기가 무르익었을 때, 핵심 주제로 들어가는 것이 가장 바람직한 일이다. 어떠한 경우이던지 협상이나 설득하는 데 있어서 설득을 하기로 마음을 먹었으면, 그 사항에 대해 불가능하다는 말은 결코 안 쓰는 것이 좋다. 불가능한 일이면 애초에 처음부터 시작을 하지 말았어야 했다. 그러므로 일단 상대방을 설득하기로 마음을 먹고 시작했으면 반드시 설득한다는 자세로 임해야 한다. 여기서도 설득에 관한한 철저한 프로정신이 필요한 것이다. 그리고 상대방과 대화 도중 상대방의 잘못이나 실수에 대해 알았다고 해도 가능하면 그 자리에서는 언급하지 않는 것이 가장 좋다. 그러한 일은 상대방도 알고 있을 수 있기 때문에 면전에서 그것을 이야기하면 대화 자체가 깨질 수도 있고, 대화가 더 이상 진전이 없을 수도 있다. 상대방을 설득하기 위한 각종의 방법은 항상 한 가지만 있는 것이 아니다. 그때그때 상황이나 환경에 따라 여러 가지 경우를 가정하여 준비한 내용을 순발력 있게 적용하는 것이 가장 바람직한 설득방법인 것이다. 회원의 경우도 똑같은 상황이라고 생각하고 접근해야 한다.

다섯째 공손하고 다정하게 말하도록 해라. 상대방의 눈을 쳐다보며 다정하게 말해 보라. 따뜻한 감정과 정열을 표현할 수 있는 인사법을 익혀서 사용하자. 사람과 사람과의 관계는 어느 나라 사람이던지 인사법이나 대화하는 내용은 비슷한 경우가 많다. 처음에는 서로 상대방의 안부나 가족의 안부, 또는 날씨에 대한 대화를 나누다가 본 건으로 들어가는 경우가 많다. 내가 상대방에게 어떤 사업에 대해 설득을 하기 위해서나 비즈니스 건으로 갔을 때는 항상 상대방을 다정하고 인자한 마음으로 바라보면서 대화를 유도해야 한다. 대화는 항상 나 자신이 의도하는 대로 이끌어갈 수 있도록 잘 유도하도록 해야 한다. 상대방의 작전이나 전술에 말려들어서 다른 이야기를 하거나 오히려 설득당하는 경우가 된다면 가장 좋지 않은 상태이다. 대화는 항상 상대방의 눈을 바라보면서 서로가 잔잔하게 대화를 나누는 방법이 가장 효과적이다. 큰소리로 대화한다고 협의가 잘 되는 것도 아니고, 너무 소곤소곤해서도 좋지 않다. 항상 서로가 할 말은 하면서 대화를 나누면 서로의 접점을 찾을 수 있고, 최종적으로 상대방을 설득하여 자기가 원하는 방향으로 이끌어가도록 노력해야 한다. 이렇게 할 수 있으려면 고도의 대화기술이 필요하다. 그 대화기술은 하루아침에 이루어지는 것이 아니다. 시간을 두고 자기계발을 하면서, 연구하면서 실습도 해보고, 시행착오를 거치면서 경험을 쌓아야 한다. 회원의 경우도 마찬가지로 대화하는 방법에 대해서는 많은 시간을 투자하여 그 방법을 터득해야 한다.

여섯째 상대방이 생각해 내도록 하고, 훌륭한 연출솜씨를 발휘하라. 오늘날은 극적인 표현이 필요한 시대이다. 단순히 진실만을 설명해서는 부족한 것이다. 이 진실은 생생하고 흥미 있고 극적으로 조작되어야 하며, 당신 스스로 흥행술을 사용하여야 한다.[75] 상대방을 기분 좋게 하고 희망을 줘라. 상대방을 가장 잘 설득하는 방법은 상대방으로 하여금 설득 당했다고 느끼지 않게끔 하고, 나의 목표를 달성하는 것이 최선이다. 그러므로 오늘날의 대화에 있어서는 일방적인 승리나 일방적인 패배는 있을 수 없다. 왜냐하면 모든 사람들이 설득이나 대화의 방법에 대해서는 조금이라도 지식을 가지고 있기 때문이다. 그러므로 항상 완전한 설득이나 완전한 일방적인 승리는 기대하지 말아야 한다. 가능하면 서로가 이겼다고 생각할 수 있

75) 카네기부처 공저, 김해성·이종국공역, 『카아네기 인생론 전집3, 우정의 비결』, 서울, 정통출판사, 1980, p.300.

는 방법, 또는 서로가 상대방을 설득했다고 생각할 정도의 느낌을 가질 수 있도록 하는 것도 바람직하다. 그러므로 상대방에 대한 사전지식을 바탕으로, 상대가 어떤 상황에 도달 할 수 있도록 스스로 유도하는 것이 바람직하다. 협상이나 대화를 할 때, 베테랑들은 절대 자기의 카드를 먼저 보여주지 않는다. 상대의 카드가 보이면 자기도 약간씩 보여주는 것이 고차원의 대화기술이다. 그러므로 대화에 있어서는 쌍방 모두가 훌륭한 연기자가 되는 것이 보통이다. 그래야만 서로 연기를 우수하게 하다가 조금씩 패를 보여주는 것이다. 서로가 기분 나쁘지 않게 하면서 희망을 가지도록 도와주고 서로 그러한 기분으로 대화를 하면 좋은 분위기에서 설득하고 당할 수 있는 것이다. 밝은사회클럽 회원도 일상생활을 함에 있어서 카드패를 보여 주듯이 한다면 대화를 나눔에 있어서도 항상 설득할 수 있는 여지가 있을 것으로 생각된다.

4. 자기계발을 위한 선결과제

자기계발은 인간의 삶에 있어서 가장 필요한 사항 중의 하나이다. 자기계발을 통해서 인간은 행복하게 살아갈 수도 있고, 보다나은 삶의 질을 추구해 갈 수도 있다. 이러한 중요한 자기계발을 위해서는 우선 선결과제가 필요하다고 생각된다. 그것은 먼저 다량의 자기계발 독서를 통한 간접경험을 해야 한다. 둘째로 국내 및 해외여행을 통한 경험의 축적을 통해서 자기계발이 필요한 것이다. 셋째로 명상과 사색을 통한 자아계발이 그것이다. 그 방법을 보자.

1) 다량의 독서를 통한 간접경험

첫째 고전탐독을 통한 역사 속으로의 산책이다. 고전이라고 하면 오랜 세월동안 많은 사람들에게 높이 평가되고 애호된 저술 또는 작품을 말한다. 소위 성경, 사서삼경, 논어, 맹자, 일리아드, 오디세이, 고전문학전집, 셰익스피어 전집 등 수 없이 많은 작품을 들 수 있다. 이들 작품들을 통해서 우리는 단순한 윤리적 가르침만을 전수받는 것이 아니라 경험을 통해서 새로운 시대와 역사인식을 갖게 하고 있다. 또한 이러한 작품을 통해서 인류에게 보편적인 감동과 교훈을 주고 있다.

둘째 위인전, 자서전, 평전 등의 다독을 통한 간접경험의 확대이다. 한 시대를 풍미했던 역사 속 위인들의 일대기와 그들의 생생한 생각과 행동, 실천경험이 담긴 자서전을 통해서 우리 삶의 깊이를 풍요롭게 할 수 있다. 예를 들면 2007년 한국인의 독서율은 국민 1인당 13.5권이라고 한다. 결국 우리나라 성인들은 1달에 1권 정도의 책밖에 읽지 않는다는 것이다. 또 중고등학생들의 예를 보면 독서량은 더욱 작아진다. 아마도 입시의 과중한 부담 때문에 독서량이 줄어들었을 것으로 생각된다. 이러한 위인전이나 자서전을 통해서 위인들의 삶을 본받아 자신도 많은 것을 느낄 수 있어야 한다. 자기계발서로서 가장 유익한 도서가 이 부류이다.

셋째 독서를 통한 인간미의 성숙이다. 독서는 인간의 다양한 삶 자체의 간접적인 경험의 창고이다. 독서를 통해서 인간의 다양한 삶을 조명하면서 이들 주인공들의 메시지를 느끼게 된다. 주인공이 우리에게 전달하려는 각자의 인생경험을 생각하면서 다양하게 간접경험을 함으로써 삶 자체가 풍요로워지기 때문이다. 그러므로 사람은 누구나 시간만 있으면 독서를 하는 습관을 가져야 한다. 남녀노소를 막론하고 독서를 함으로써 우리의 삶이 현재보다 훨씬 풍요롭고 보람 있고 재미있는 인생을 살 수 있는 것이다.

넷째 독서를 통한 사색의 광장 음미이다. 독서는 우리 인간에게 많은 생각을 하게 해준다. 인간에게만 주어진 상상력을 마음껏 펼 수 있도록 해 주는가 하면, 도서를 통해 얻은 아이디어를 통해서 창의력을 키우는 방법도 가져다준다. 그러므로 독서는 우리 인간에게 있어서 가장 귀중한 보물창고이며, 지식의 나무인 셈이다. 인간은 독서를 통하지 않으면 다양한 삶의 경험을 할 수 없으며, 다양한 시공간을 마음대로 종횡무진으로 돌아다닐 수 없을 것이다. 그러므로 인간은 남녀노소를 막론하고, 항상 책을 가까이해서 인생을 풍요롭고 행복한 생활을 할 수 있도록 하는 것이 바람직하다.

다섯째 독서를 통한 인생관, 국가관, 세계관의 정립이다. 독서는 우리 인간에게 이제까지 몰랐던 세계에 대한 새로운 넓은 세상을 열어준다. 그러므로 독서는 인간에게 미지의 세계에 대한 안내와 함께 그 속의 비밀을 알려주고 열어준다. 그러므로 인간에게 독서는 인간이 살아가야 할 방향을 제시해주고, 국가에 대한 정체성을 가지게 해주며, 복잡다단한 세계 속에서 살아가는 방법을 알려주고 있다. 그것은 우리 인간에게 인생을 얼마나 값있고 보람되게 살아야 하는가라는 인생관의 정립과 국가관의 정체성을 확립해 주는 계기가 된다. 자기계발을 위해서는 이러한 사항들이 전제되는 것이 바람직하다고 생각된다.

여섯째 자기계발의 기회로 활용해야 한다. 독서는 인생을 행복하게 해줄 수 있는 길을 간접적으로 경험하게 하는 경험의 창고이므로, 평생 책을 가지고 다니면서 자기계발을 해야 한다. 자기계발은 하루 이틀에 완성되는 그러한 사항이 아니다. 자기계발을 위한 다양한 분야와 사람들의 연구는 지금도 계속되고 있고, 앞으로도 영원히 계속될 것이다. 밝은사회클럽 회원은 자기계발을 위한 선결과제인 이러한 독서를 통한 인생관의 정립에 최선의 노력을 해야 할 것이다.

2) 국내 및 해외여행을 통한 경험의 축적

첫째 새로운 다양한 경험의 축적이다. 가장 많이 산 사람은 나이가 가장 많은 사람이 아니라 경험을 많이 한 사람이라는 말도 있다. 이는 경험을 통해서 인생 공부와 삶의 지혜를 얻을 수 있기 때문이 아닐까 생각된다. 국내외 여행을 통한 개인의 생활 분위기의 전환을 통해서 삶의 활력소를 얻게 되고, 새로운 세계로의 여행은 새로운 삶을 가능케 해주기도 한다. 미지의 세계로의 여행은 인간에게 많은 역경과 고난, 그리고 삶의 의욕을 불러일으킨다.

둘째 여행은 모험심 극복 의지를 키워준다. 여행은 우리가 전혀 모르는 미지의 세계를 가는 경우가 대부분이다. 보통의 사람들은 여행을 통해서 인간이 성숙된다고도 한다. 여행의 가장 큰 소득 중 하나는 인간의 내면에 자리 잡고 있는 모험심을 키워주고, 모험심을 극복할 수 있는 의지도 함께 키워준다는 사실이다. 모험심은 인간이 가지고 있는 미지에 대한 도전정신이라고도 할 수 있다. 인간에게 있어서 모험심이 없으면 삶 자체가 무의미하고, 또 현재의 이 순간이 그대로 유지되는 결과를 가져온다. 그러나 모험심은 그렇지 않다. 밝은사회클럽 회원은 항상 여행을 할 수 있는 여건을 만들어 모험심을 자극함으로써 우리에게 삶의 의욕과 자기계발 의욕을 북돋우어야 한다.

셋째 여행은 창의적인 사고방식의 형성을 도와준다. 여행은 미지의 세계를 탐험하면서 새로운 것을 탐구하는 역할을 한다. 여행을 통해서 미지의 세계에 대한 사항들을 새롭게 체험하면서 새로운 아이디어를 생각하게 되고, 또한 새로운 분야에 대한 창의적인 사고를 떠올릴 수 있는 기회를 제공해 준다. 여행은 우리에게 삶의 활력소를 다시 한 번 일깨워 주고 새로운 삶의 방식을 일깨워 준다. 여행을 통해서 이전의 삶을 되돌아보고, 새로이 다가오는 삶에 대한 의욕을 느끼면서 인생을 재충전하는 기회가 된다. 여행은 또 그동안의 힘들었던 나의 삶에 대한 에너지를 용광로처럼 다시 불붙게 하는 역할을 해준다. 그러므로 창의적인 사고를 일깨워주는 여행을 우리는 누구나 가고 싶어 한다. 밝은사회클럽 회원은 창의적인 자기계발을 통해서 우리사회를 밝히는데 더욱 노력해야 하겠다.

넷째 여행은 정신적인 건강과 육체적인 건강을 제공한다. 여행은 누구에게나 그동안 누리지 못했던 휴식시간을 제공해 준다. 또한 새로운 미지의 세계를 살려 볼 기회도 제공해 준다. 그러므로 여행은 언제나 나에게 그동안 삶에 억눌리고, 스트레스를 받았던 찌꺼기들을 없애고, 신선하고 새로운 마음으로 정신적으로나 육체적으로 건강할 수 있는 분위기를 제공한다. 또 실제로 경치 좋고 물 맑고 공기 좋은 바닷가나 산이나 쾌적한 도시로의 여행은 우리 삶의 새로운 휴식처이다. 자연 속으로의 여행은 현대인들에게 새로운 활력소가 되기에 충분한 공간이다. 그곳은 정신적인 건강과 육체적인 건강을 함께 북돋워주는 그러한 곳인 여행을 우리는 정기적으로 갈 수 있도록 해야 한다.

다섯째 여행은 우리에게 마음의 휴식을 제공한다. 여행은 인간이면 누구나 가고 싶어 하고 가기를 원한다. 그러나 여행은 아무나 갈 수가 없다. 여러 가지 여건이 맞아야 여행을 갈 수 있기 때문이다. 특히 해외여행은 경비가 많이 들기 때문에 치밀한 계획을 세우지 않으면 자주 갈 수가 없다. 그러므로 한번 여행을 갈 때 잘 계획하여 모든 것을 다 해결하고, 원하는 모든 것들이 충족될 수 있도록 할 필요가 있다. 여행은 인간에게 생각을 정리할 수 있는 시간과 기회를 제공해 준다. 개인여행은 자신과의 소통시간을 가질 수 있으며, 사회와 이웃의 소중함을 깨달을 수 있는 기회를 제공해 준다. 여행은 우리가 마음속으로 생각했던 새로운 풍경, 새로운 나라, 새로운 언어, 새로운 풍습 등을 경험하면서 그동안 잠재력에만 숨겨져 있었던 인간의 욕구를 몸 밖으로 끌어내는 역할을 해준다. 그러므로 여행은 우리에게 마음의 휴식처를 제공해 주며, 마음의 휴식을 가질 수 있도록 기회를 준다. 밝은사회클럽 회원은 여행을 자주 가서 마음을 전환시켜 새로운 각오로 삶에 다시 복귀하도록 해야 한다.

여섯째 여행은 인생관·세계관의 확장을 가져다준다. 여행을 통해서 우리는 그동안 겪어보지 못했던 미지의 세계를 본다. 그리고 미지의 사람들과 자연 등을 보면서, 새로운 곳에 대한 동경의 시선도 보내고, 연민의 정도 가진다. 여행은 이제 우리 인간에게 삶의 영역에서 없어서는 안 될 귀중한 분야이다. 여행을 통해서 그동안 미완성 되었던 인생관에 대한 확고한 확신도 가지고, 확고한 세계관을 확장 시키는 좋은 계기가 된다. 인생관, 세계관, 국가관 등은 단시간에 형성되는 사항은 아니다. 그러나 인생관의 형성에 있어서 직접적인 조언자 역할을 하는 것은 사실이다.

3) 명상과 사색을 통한 자아계발

첫째 정신적인 긴장과 피로 해소로 밝고 명랑한 생활을 영위할 수 있다. 명상은 조용히 눈을 감고 자기를 돌아볼 수 있는 시간을 제공해 준다. 명상을 통해서 자기 자신을 반성해 보고, 자신의 인생행로를 다시 한 번 가다듬어 보는 시간이다. 그러므로 명상은 지나온 나의 삶에 대한 생각을 정리해 보고, 새로운 삶의 비전을 생각해 본다. 명상은 무한대의 잠재능력을 개발하는 노력이다.[76] 그리하여 인간이 만물의 영장임을 생각해 볼 수 있는 사색의 기회도 가끔씩 가져 본다. 사색이란 인간의 생각이 올바로 갈 수 있도록 휴식처를 제공해 주는 것을 말한다. 밝은사회클럽 회원은 우리나라뿐만 아니라 전 세계 회원을 상대로 하는 사업과 활동을 빠른 시일 내에 마무리할 수 있도록 해야 한다. 그렇게 하기 위해서는 회원 모두가 명상과 사색을 통해 그 방법을 빨리 찾아야 한다.

둘째 주의력과 집중력이 향상된다. 명상과 사색을 정기적으로 또 꾸준하게 지속하면 그동안 생각으로만 맴돌던 여러 가지의 계획이나 구체화되지 않았던 일들을 깊이 생각하고 구체화하는 계기가 되고, 이로 인해 모든 일에 자신감이 생기게 되는 것이다. 자신감은 막연하게 생각하는 일에서는 생기지 않는다. 일에 대한 확신과 비전과 성공의 확신이 설 때 구체적으로 생기는 것이다. 또한 명상은 인간의 주의력과 집중력을 향상시켜주는 역할을 한다. 명상을 통해서 선조들은 위대한 업적을 많이 쌓아왔다. 문학작품이나 과학과 기술의 업적 등의 최초단계는 상상력을 통해서 시작되었다고 볼 수 있다. 주의력이 산만하면 모든 일에 있어서 대충하게 되는 경향이 있다. 주의력과 집중력은 인간에게 있어서 성공으로 가는 열쇠라고 해도 과언

---

76) 신대순·이환호, 『밝은사회운동의 이론과 실제』, 서울, 도서출판 신아, 1995, p.280.

이 아니다. 밝은사회클럽 회원은 이 주의력과 집중력을 향상하기 위한 구체적인 활동인 명상과 사색의 시간을 많이 활용해야 한다.

셋째 머리가 맑아지고 지능이 향상된다. 명상과 사색은 그 방법은 조금씩 다르지만 추구하는 목표는 비슷하다고 생각된다. 그러므로 명상과 사색을 오래하거나 정기적으로 하면 명상과 사색의 시간에 따라 일정시간 잠을 잔 것과 똑같은 효과를 거둘 수 있다고 한다. 그러므로 사람이 잠을 충분히 자면 신진대사가 활발해지고, 또 신체의 모든 기능이 정상적으로 돌아간다고 한다. 그러므로 머리가 맑아지는 효과가 있다. 또한 이러한 상태에서 공부를 하거나 필요한 일들을 하면 그 효과는 극대화할 수 있다. 또한 지능이 향상되고 업무 능률도 극대화된다. 그러므로 사색과 명상의 효과는 오늘날 많은 사람들이 이용하고 그것을 통해서 사회 발전에 기여하고 있는 것이 사실이다. 밝은사회클럽 회원들도 이러한 머리가 맑아지고 지능이 향상되는 사색과 명상의 저변 확대에 힘써야 한다.

넷째 학업성적과 학습능력이 향상된다. 사색과 명상은 인간에게 어떤 일에 대해 생각할 시간을 가장 많이 주는 방법이다. 이것을 통해 선조들은 모든 어려운 결정을 했다. 깊은 사색과 명상을 통해 해결책을 찾고자 했다. 그리고 모든 일에 대해 깊이 생각하면 주의력이 집중되고 새로운 아이디어와 창의력이 증대되는 것이 사실이다. 창의력 증대를 통하여 우리의 생활이나 계획한 일들을 변화를 주면서 성취시켜 나갈 수 있는 기초가 되는 것이다. 또한 이것은 학생들에게도 학습능력을 향상시킬 수 있는 기회로 된다. 학습능력과 학업성적의 향상은 학생이면 누구나 바라는 일이다. 그러므로 학생들은 이 명상과 사색에 정기적인 시간 투자를 하여 기초 능력을 함양하는 것이 바람직하다. 회원들도 이러한 학습능력 향상을 위해 정기적인 명상과 사색이 반드시 필요하다는 사항들을 가족이나 타 회원들에게 홍보하고 실행할 수 있어야 한다.

다섯째 긍정적이고 적극적인 자세가 된다. 사색과 명상을 통해서 인간의 습관과 사고방식이 많이 변화됨을 알 수 있다. 신중한 자세로의 전환이 이루어지고, 긍정적인 마인드가 생김을 알 수 있다. 세상을 살아가는 이치로서 긍정적인 마인드를 가진 사람이 성공할 확률이 대부분이라는 사실을 알 수 있다. 부정적인 생각이나 사고방식의 소유자는 조직에 있어서 융합하지 못하는 경우가 많다. 적극적인 자세는 삶을 영위해 가는 과정에서 가장 필요한 덕목 중의 하나이다. 적극적인 자세를 가진 사람은 항상 앞장서가는 사람이며, 소극적이거나 미적지근한 사람은 항상 뒤처지기 마련이다. 사람이 세상을 살아가는 데 있어서 여러 가지 방법이 있다. 한번뿐인 인생을 살아가는 데 있어서 행복하게, 그리고 즐겁고 보람 있는 삶을 살기 위해서는 항상 긍정적인 사고[77]와 적극적인 삶의 자세가 필요하다. 사물을 적극적으로 생각한다면, 적극적인 결과를 가져오는 적극적인 힘을 발휘할 수 있게 된다. 적극적인 사고방식을 하면 적극적인 결과를 초래하는데 조건이 좋은 환경을 자기신변에 만들어 내는 것이다.[78] 밝은사회클럽 회원은 이러한 적극적이고 긍정적인 사고를 향유할 수 있도록 부단히 노력하여 우리가 바라는 오토피아[79] 건설을 앞당길 수 있도록 노력하는 자기계발이 필요한 시점이다.

여섯째 화합과 협동정신의 함양이다. 명상과 사색을 하면 그동안 소원했던 부분, 그동안 잘못되었던 부분들에 대한 반성과 성찰이 될 수 있다. 이러한 미흡한 부분들을 보완하고 새로운 각오로 조직을

---

77) 조셉 머피저, 손풍삼역, 『성공에도 법칙이 있다』, 서울, 고려원, 1994, p.64.
78) 피일저, 유정식역, 『적극적 사고방식』, 서울, 동양사, 1975, pp.242-243.
79) 조영식, 『오토피아』, 서울, 경희대학교 출판국, 1996, pp.242-243.

다지고, 구성원들의 일치와 단결을 이룰 수 있는 계기가 된다. 그러므로 명상과 사색은 항상 누구에게나 개방되어 있다. 밝은사회클럽 회원은 항상 이러한 점에 착안하여 조직을 관리하고 점검하는 자세가 필요하다. 회원들은 명상을 통해 심신을 단련하고, 비전을 구상하여 자기가 바라는 일, 혹은 조직이 바라는 일들을 성실히 수행할 수 있도록 최선의 노력을 다해야 한다. 회원 한 사람 한 사람의 노력이 조직의 화합과 협동정신을 불러올 수 있다는 사실을 명심해야 한다.

5. 결론

밝은사회운동은 인류사회가 당면한 여러 가지 어려운 문제들에 대한 대안을 찾고자 하여 시작한 국제민간 사회운동이다. 이 운동은 우리나라에서 시작하여 외국으로 뻗어나가는 인류사회재건[80]운동이다. 그러므로 밝은사회운동의 핵심 전개 주체인 밝은사회클럽의 확산이 이 운동의 활성화 여부의 관건이다. 그러므로 이 운동은 조직의 확산과 함께 회원의 관리, 국제적인 사업의 전개 등이 핵심 과제로 떠오르고 있다. 그리하여 밝은사회 국제본부에서는 매년 국제적인 사업을 계획하여, 그 실천을 산하 각 국가본부에 하달하여 실천을 지원하고 있다. 밝은사회운동의 실천가인 구성원들, 즉 회원의 자질을 향상시킬 수 있는 다양한 분야의 노력이 있어야만 이 운동이 활성화될 수 있으며, 지속적인 발전을 할 수가 있다고 생각된다. 그 일환이 회원의 자기계발이다. 그래서 이제 밝은사회운동 전개 30주년을 보내면서 새로운 30주년을 향한 회원들의 자기계발에 대한 요

---

80) 조영식, 『인류사회의 재건』, 서울, 경희대학교 출판국, 1997, p.259.

구가 다양하게 나오고 있는 시점이다.

현대사회의 복잡한 사회구조 속에서 인류사회를 재건하는 사업은 대단히 어려운 것이 사실이다. 그러나 그렇다고 전혀 이 문제에 대해 언급하지 않고 있는 것은 아니다. 각 국가, 국제단체, 국제연합, 유네스코, 세계기후 회의 등 많은 단체나 국가에서 나름대로의 부분적인 사업들은 많이 전개하고 있다. 그러나 순수 민간단체가 이러한 일을 하는 곳은 극소수이다. 밝은사회운동은 이러한 소수의 민간단체 중에서도 이러한 문제에 일찍 착안하여 조영식 박사의 제안으로 시작되어 오늘에 이르렀다.

필자는 이러한 점에 착안하여 밝은사회운동이 이 시점에서 한 단계 업그레이드하여 도약할 수 있는 방법이 회원의 자기계발이라고 생각하여 이 문제를 연구하였다.

위에서 언급한 바와 같이 밝은사회클럽 회원의 자기계발전략을 3단계로 나누어 기술하였다. 먼저 자기계발에 대한 정의에 대해 연구하였다. 자기계발은 인간 자신의 내면에 잠재된 역량을 찾아서 그것을 향상 시키고 발전시키는 내용을 말하고 있다. 다음으로 밝은사회클럽 회원의 자기계발 전략에 대해 연구하였다. 그것은 첫째 회원의 시간관리 전략에 대해 살펴보았다. 그것은 즉 시간을 보석이나 생명처럼 중히 여기는 습관, 시간사용 내역을 구체적으로 파악, 핵심적인 일에 치중, 일을 기한 내에 끝내기 등에 대해 살펴보았다. 둘째 지도자가 되기 위한 전략에 대해 살펴보았다. 그것은 즉 지도자는 용기와 결단력, 도전정신과 창의력, 미래에 대한 비전, 정의감과 봉사정신, 책임감과 열정이 있어야 한다는 것을 살펴보았다. 세 번째로 일을 즐겁게 하기 위한 전략을 살펴보았다. 그것은 긍정적인 생각, 웃음으로 대하는 자세, 남의 평가에 얽매이지 않기, 인사 잘하는 습관, 친절한 마음으로 전화 통화와 사람 대하기 등에 대해 살펴보았다. 네 번째로 자신감을 기르기 위한 전략에 대해 살펴보았다. 그것은 성공하는 모습 그리기, 자신감 있는 행동과 사고하기, 반복된 연습과 훈련하기, 중간에 포기하지 않기, 부정한 방법으로 성공하지 않기, 목표를 종이에 써서 행하기 등에 대해 살펴보았다. 다섯 번째로 상대에게 믿음을 줄 수 있는 전략에 대해 살펴보았다. 그것은 상대가 좋아하는 화제 찾기, 상대방의 얘기 듣기, 타인에게 관심 갖기, 말을 적게 하기, 타인에게 호감표시하기 등에 대해 살펴보았다. 여섯 번째로 상대를 설득시키는 전략에 대해 살펴보았다. 그것은 상대방 입장에서 생각하기, 마음에 호소하기, 상대방이 선호하는 화제 선택하기, 상대의 잘못을 감싸기, 공손한 말씨사용 등에 대해 살펴보았다.

다음으로 자기계발의 선결과제에 대해 연구하였다. 첫째는 다량의 독서를 통한 간접경험에 대해 살펴보았다. 그것은 고전 탐독, 위인전 등 다독을 통한 간접경험 확대, 독서를 통한 인간미의 성숙, 사색의 범위 확장, 인생관의 성립, 자기계발의 기회로 활용 등에 대해 살펴보았다. 둘째로 국내 및 해외여행을 통한 경험의 축적에 대해 살펴보았다. 그것은 생활분위기 전환, 모험심 극복, 창의적인 사고력 증대, 정신과 육체적인 건강, 마음의 휴식제공 등에 대해 살펴보았다. 세 번째로 명상과 사색을 통한 자아계발에 대해 살펴보았다. 그것은 주의력과 집중력의 향상, 지능이 향상, 학습능력이 향상, 적극적인 자세로 전환, 화합과 협동정신의 함양 등에 대해 살펴보았다.

이상과 같이 밝은사회클럽 회원의 자기계발 전략에 대해 연구하였다. 회원들의 자기계발은 클럽 활동에서뿐만 아니라 가정에서나 사회생활을 하는 과정에서 반드시 필요한 항목이기 때문에 누구에게나 필요한 사항이다. 회원의 자기계발은 평생교육 차원에서 행복한 삶을 살아가기 위해서는 필요한 사항이다. 그러므로 밝은사회클럽 회원들은 이 분야를 개척하여 밝은사회운동을 활성화하고, 세계적으로 확산할 수 있는 지름길로 생각하고 많은 회원들이 이 분야에 관심을 갖고 참여하여 우리가 바라는 오토피아의 사회가 앞당겨지기를 기대해 본다.

우리사회에서 아직 이 분야는 그렇게 많은 사람들이 연구하고 있지는 않다. 그러나 앞으로 우리사회가 점점 복잡해 갈 것으로 생각되고, 그럼으로써 이 분야는 더욱 각광을 받을 것으로 생각된다. 앞으로 이 분야에 대한 연구가 더 발전된 모습으로 후학자들과 회원들의 연구가 계속되어 더 훌륭한 연구 성과가 있기를 기대해 본다.

4장
밝은사회 청소년클럽 활동 모델

1. 서론

인류는 구석기시대 이후 사고의 능력을 가지고 도구를 사용하여 왔기 때문에 다른 동물들과 다르며, 또 50만 년 전에 불을 발견하여 동식물을 사냥하여 익혀먹는 방법을 터득하여 타 고등동물보다 우위를 점하였으며, 언어와 문자를 발명하여 인간의 생활방법과 과학기술에 대한 기록을 전승함으로써 만물의 영장으로 살아갈 수 있게 되었다. 그리하여 인간만이 공동체를 조직하고 사회를 형성함으로써 이 세상의 만물을 지배할 수 있는 토대를 구축하였다. 인간은 18세기 영국에서부터 일어난 산업혁명을 통해 물자의 대량생산 길이 열리고, 전기와 기관차의 발명, 원자력의 발명, 전화의 발명, 컴퓨터의 발명, 인터넷의 발명 등의 과학기술의 발전을 통해 인간의 생활은 획기적으로 개선되었다. 그리하여 인류는 이제 달과 우주에 사람을 보내고 있으며, 유전자의 복제를 통해 복제 소와 개 등과 같은 동물들을 복제하고 있으며, 머지않아 인간까지도 복제할지 모르는 단계에까지 이르고 있는 실정이다.

이러한 과학기술의 발달로 인하여 그것을 응용한 과학기술의 축적과 인간의 상상력을 통해 수많은 분야를 자동화·기계화 시켰다. 그리하여 우리 사회는 과학기술의 발달과 인간의 노력으로 수많은 사람들이 편리하고도 여유 있는 생활을 할 수 있게 되었지만, 다른 한편으로는 지나치게 대중병적인 사조와 도덕과 인간성의 타락으로 인하여 우리의 전통적인 미풍양속이 붕괴되어 가고 있으며, 극도의 개인주의와 물질 만능주의적 사고로 인하여 이웃과 지역사회에서 불신의 분위기가 팽배해지고 있는 실정 또한 사실이다.

또 한편으로 인간은 산업화 도시화를 통해 인구가 도시로 모이게 되면서 이로 인해 생기는 많은 문제점을 도출하였다. 그것은 인구증가 문제, 식량부족 문제, 청소년 문제, 마약문제, 노인문제, 여성문제, 환경오염문제, 종교간 대립문제, 인종문제, 남북문제, 민족·이념·국가간의 전쟁요인이 끊이지 않고 있으며, 여전히 대량 살상무기를 포함한 군비 경쟁이 가속화되어, 지구는 마치 금방이라도 터질 것 같은 고무풍선과 같이 내일을 전망 할 수 없는 불확실한 시대가 되어가고 있다. 그리하여 오늘날 인류는 우리가 말하는 벼랑 끝 위기의 시대를 살아가고 있는 실정이다. 이러한 현대사회의 흐름 속에 있는 우리 인류는 무엇보다도 먼저 대립과 갈등의 모습을 버리고, 화합과 협동, 그리고 하나 되는 새로운 인류역사를 창조해 나가는 데 온갖 지혜와 있는 힘을 다 모아야 할 때이다. 이러한 때에 인류는 위의 모든 문제를 해결하기 위해서 다른 어느 때 보다도 우리가 전개하고 있는 밝은사회운동이 절실히 필요한 시기가 아닌가 생각된다. 그러므로 밝은사회운동[81]은 청소년 시절부터 전개하면 성인이 되어서도 인류사회를 바로잡기 위한 활동이 계속 이어져 갈 것임을 생각하

---

81) 조영식, 『오토피아』, 서울, 경희대학교출판국, 1996, p.240.

여, 우리는 밝은사회 청소년클럽의 활동을 적극 권장하고 있다.

필자는 밝은사회 청소년클럽 활동 모델에 관한 연구를 하고자 한다. 그것은 먼저 밝은사회 성인클럽과 청소년클럽에 대해서 살펴보고, 다음으로 청소년클럽 활동모델에 대해서 살펴보고, 셋째 청소년클럽 활동모델 개발을 위한 선결과제 대해 살펴보고자 한다. 그리하여 밝은사회 청소년클럽의 올바른 모델을 계발하여 이를 통해 전국적, 전 세계적인 활동모형으로 삼고자 한다.

2. 밝은사회 성인클럽과 청소년클럽

1) 성인클럽

밝은사회운동은 1975년 미국 보스톤에서 개최된 제4차 세계대학총장회 총회에서 당시 회장인 조영식 박사의 제안으로 그 자리에 참석한 600여 대학 총장들이 만장일치의 찬성으로 발기[82]된 인류사회 재건운동이다. 밝은사회운동은 이후 1980년부터 우리나라는 물론 세계 전 지역으로 확산되어 오늘날 세계 41개 국가에 국가 및 지구와 클럽활동을 하고 있으며, 우리나라에서는 전국에서 성인클럽과 청소년클럽들이 활발하게 활동하고 있다. 밝은사회운동은 선의·협동·봉사-기여의 3대 정신을 바탕으로 건전사회운동·잘살기운동·자연애호운동·인간복권운동·세계평화운동 등 5대 운동을 실천운동으로 전개하여 단란한 가정, 건전한 사회, 평화로운 세계를 건설한다는 모토를 가지고 정신적으로 아름답고, 물질적으로 풍요하고,

---

82) 밝은사회운동30년사 편찬위원회, 『밝은사회운동 30년사』, 서울, 경희대 밝은사회연구소, 2007, p.113.

인간적으로 보람있는 건전하고 평화로운 지구공동사회 건설을 목표로 한다.

밝은사회클럽은 밝은사회운동 전개의 추진주체이며, 사업전개의 핵심조직이다. 그러므로 밝은사회운동 전개의 주도적 단체가 밝은사회클럽이다. 밝은사회클럽은 밝은사회운동의 실천조직이다. 아무리 훌륭한 사회운동이라 하더라도 사람을 많이 참여시키기 위해서는 이를 주도하는 지도자가 필요하다. 밝은사회클럽은 이러한 지역사회 지도자들의 모임이며, 회원 모두가 형제자매가 되어 밝은사회운동을 전개하는 사회지도자들의 자발적인 단체이다.

밝은사회클럽은 밝고 건전한 인류사회를 건설하기 위한 결의형제자매의 가족클럽이다.[83] 오늘날 우리사회에 만연되어 가고 있는 지나친 물질주의와 그에서 비롯된 대중주의의 풍조는 인간을 타락케 하고 인간을 경시케 함으로서, 실리만을 앞세운 과도한 경쟁심이 우리를 상호 불신케 할 뿐만 아니라 인정이 메마른 각박한 인간사회로 만들어 급기야 우리사회의 아름다웠던 미풍양속을 파괴하고 있다. 우리는 이러한 뜻을 이루기 위하여 밝은사회운동을 통하여 서로 사랑하고 존경하며, 아끼고 협력하는 풍토를 조성하여 진정한 형제자매로서 인생의 동반자가 되어 우리들의 삶의 어려움을 같이 헤쳐 나갈 뿐만 아니라 새로운 시대의 역군으로서 정신적으로 아름답고, 물질적으로 풍요하여 살기 좋고, 인간적으로 보람 있는 행복하고 값있는 평화로운 사회를 이루는 것이 본 클럽의 정신이며 취지이다.[84]

밝은사회클럽의 특징은 첫째 밝고 건전한 사회, 지구공동사회 건설을 목표로 한다. 둘째 인자한 성품, 봉사정신을 가진 사회지도자를 구성요소로 한다. 셋째 클럽회원은 결의 형제자매로써 호형호제

83) 박순영·조만제·신대순, 『밝은사회운동론』, 서울, 밝은사회문제연구소, 1984, p.162.
84) 『밝은사회클럽 조직 및 운영요강』, 밝은사회문제연구소, 1978, p.1.

의 호칭을 쓰며, 친밀한 인간관계를 유지한다. 넷째 클럽회원은 명상을 통하여 심신을 단련하고, 클럽을 통하여 사회봉사활동을 추진한다. 다섯째 밝은사회클럽은 국제클럽으로써 한 지역, 한 나라의 발전만이 아니라 인류사회가 안고 있는 제문제점을 해결하는 데 중점을 둔다. 여섯째 밝은사회클럽은 UN 경제사회이사회에 등록된 사회단체로 활동한다. 일곱째 밝은사회클럽은 한국에서 출발하여 전세계로 확산되며, 한국에서의 클럽활동 모형이 전 세계에 적용되고 있다.[85]

밝은사회 성인클럽은 30명 이상 성인들로 구성된 자발적인 모임이며, 그 종류는 남성클럽, 여성클럽, 남녀 혼성클럽, 가족클럽 등으로 구성된다. 현재 국제본부 산하에는 41개국에 국가본부, 지구, 단위클럽이 활발하게 활동하고 있다. 한국본부에는 현재 187개의 성인클럽이 전국적으로 활동하고 있다. 남성클럽은 남성들로만 구성된 클럽이며, 대부분의 클럽들이 남성클럽으로 구성되어 있다. 한국본부에는 약 140여 개의 남성클럽이 있다. 여성클럽은 여성들로만 구성된 클럽이며, 한국본부에는 약 40여 개의 여성클럽이 있다. 남녀 혼성클럽은 남성과 여성으로 구성된 클럽이며, 한국본부에는 4개의 남여혼성클럽이 있다. 가족클럽은 한 가족이 모두 회원이 된 클럽이며, 한국본부에는 현재 3개의 가족클럽이 활동하고 있다. 단위클럽의 조직은 회장, 부회장, 감사, 총무부장, 기획부장, 재정부장, 사업부장으로 구성되며,[86] 단위클럽에서 필요시에는 부서를 확장할 수 있다.

이와 같이 밝은사회 성인클럽 활동에 인류 모두가 참여하여 밝은사회운동을 전개할 때, 오토피아는 이룩될 수 있을 것이다. 그러므

---

85) 신대순·이환호, 『밝은사회운동의 이론과 실제』, 서울, 도서출판 신아, 1995, pp.97-98.
86) 신대순·이환호, 『밝은사회클럽의 조직과 운영』, 서울, 경희대 밝은사회연구소, 2002, pp.37-38.

로 밝은사회 성인클럽을 전국적, 그리고 전 세계적으로 확산시키는 작업은 바로 오토피아 사회를 건설하는 지름길이며, 또한 우리가 이룩해야 할 과제다. 밝은사회 성인클럽 회원들은 지구촌의 평화와 안전을 위해 매진하고 있다.

2) 청소년클럽

청소년이라는 말은 청년과 소년을 합해 놓은 합성어로서, 소년기에서 청년기로 넘어간다는 시간적 의미가 담겨 있는 말이다. 또 청소년은 어른으로 성장해 가는 미성숙한 존재라고도 정의할 수 있다. 청소년은 우리사회에 있어서 미래의 주역이며, 청소년기는 미래의 주역이 되는 데 필요한 자질을 함양하는 중요한 시기이므로, 우리 사회의 미래는 청소년이 어떻게 건전하게 성장하느냐에 달려 있다고 해도 과언이 아니다. 밝은사회 청소년클럽[87]은 초등학생클럽, 중학생클럽, 고등학생클럽, 대학생클럽, 사이버 청소년클럽으로 조직되어 있다. 한국에 있어서 청소년 클럽은 1975년 경희대학교와 병설학교에서 대학생클럽과 초중고등학생클럽이 조직된 이후 초기에는 경희대학교와 경희대학교 병설학교에서 시범으로 결성되어 활동하였다. 그 후 1980년대 초부터 청소년클럽의 중요성을 강조하면서 대

---

87) 밝은사회 한국본부 산하의 청소년클럽 현황(학교 수, ( ) 안은 클럽 수)

구분	서울	부산	인천	울산	경기	강원	대구	전북	대전	경남	충남	학교수
대학생클럽	2(1)			2(2)				1(1)				4(4)
소계	2(1)			2(2)				1(1)				5(5)
고교생클럽	11(51)	1(1)	2(2)	3(3)	10(10)	1(1)	1(1)	2(2)	1(1)	3(3)	1(1)	35(75)
중학생클럽	2(43)				1(1)							3(44)
초등생클럽	1(1)											1(1)
소계	14(95)	1	2(2)	3(3)	11(11)	1(1)	1(1)	2(2)	1(1)	3(3)	1(1)	39(120)
총계	15(96)	1(1)	2(2)	5(5)	11(11)	1(1)	1(1)	3(3)	1(1)	3(3)	1(1)	44(125)

학생과 초중고등학생클럽을 조직하였다. 또 경희병설학교의 청소년 클럽도 형식적인 봉사가 아닌 실질적인 봉사가 되도록 많은 활동을 하였다. 그러나 1980년대 초 우리나라가 정치적으로 많은 어려움이 있던 시기에 밝은사회 청소년클럽의 활동도 어려움을 겪었다. 청소년클럽의 중요성은 인식하면서도 지지부진한 상태로 끌어오다가 1997년부터 경희대학교에서 밝은사회 선행자 상 분야 학생을 모집하면서 청소년클럽 확산이 되기 시작했다. 이것은 청소년 시절부터 봉사활동을 많이 해야만 성인이 되어서도 우리사회를 밝게 빛낼 수 있는 봉사활동에 적극적이 될 수 있다는 조영식 박사의 평소 지론 때문이었다. 이렇게 밝은사회 선행자 상을 받고 소정의 시험절차를 거쳐 입학한 학생들이 현재 약 400여명이다. 이들은 대학에 입학해서도 열심히 밝은사회운동을 전개하고 있다.

우리나라의 청소년클럽 현황을 보면 대학생클럽이 5개 대학에 5개 클럽, 고등학생클럽이 35개 고등학교에 75개 클럽, 중학생클럽은 3개 중학교[88]에 44개, 초등학생클럽은 1개 초등학교[89]에 1개 클럽 등 총 125개 클럽에서 5천여 명의 청소년 회원이 활발한 활동을 하고 있다.

국제본부 산하 외국의 청소년클럽은 아직 많지 않으며, 이는 앞으로 해결해야 할 과제라고 생각되며, 국제본부의 활동여하에 따라 조직의 다과가 결정될 것이다. 사이버 청소년클럽은 성인회원들과 함께 썩여있다. 현재 순수한 청소년클럽 회원은 약 200명 정도 가입해서 활동하고 있다. 회원의 분포는 초등학교 어린이 에서부터 60대 이상의 어른에 이르기까지 다양하다. 아직 1개의 클럽으로만 구성되어 있으며, 회원의 모집은 홈페이지에 들어와서 본인이 가입해야 하

---

88) 3개중학생클럽은 경희 중학교, 경희여자중학교, 안곡중학교이다.
89) 1개 초등학생클럽은 경희초등학교이다.

는 수동적인 회원모집에 의존하고 있다. 현재 사이버클럽은 1개 클럽에 200명의 회원90)이 전국적으로 활동하고 있다.

3. 밝은사회 청소년클럽 활동 및 사업 모델

1) 청소년클럽 활동 모델

(1) 결성식 모델

밝은사회 청소년클럽의 활동은 30명 이상의 회원을 모집하여 클럽을 결성하고부터 시작이 된다. 청소년클럽 결성식을 위한 준비물과 식순에 대한 모델을 보자. 먼저 결성식 준비물 중에서 청소년 클럽에서 준비해야 할 사항은 다음과 같다. 그것은 프랑카드, 행사 팜플렛 제작, 청소년클럽의 내빈 초청, 30명 이상이 들어갈 수 있는 장소확보, 식장준비(꽃, 방명록 등), 결성경과 보고, 입회원서 작성, 회칙제정(한국본부 정관에 준하여), 지도교사(교수) 위촉, 기타 청소년클럽에서 필요한 사항 등이다. 그리고 결성식 시 한국본부에서 준비해 줘야 될 사항은 다음과 같다. 그것은 청소년클럽 기, 회원증, 배지, 밝은사회운동 헌장, 집회선서, 청소년클럽 등록증, 타종, 밝은사회운동의 노래 테이프, 밝은사회운동 안내 팜플렛 및 각종책자, 기타 필요한 사항 등이 그것이다.91) 밝은사회 청소년클럽으로 활동을 원하는 단체는 소정의 절차를 거쳐서 한국본부의 승인을 얻어서 결성식을 개최한 후 활동한다. 결성식은 한국본부에서 주관하여 개최

---

90) 밝은사회 사이버 청소년클럽 회원 현황은(2011. 12. 28 현재) 초등학생 회원: 16명, 중학생 회원: 6명, 고등학생 회원: 94명, 대학생 회원: 22명, 총: 63명이다. 이것은 고등학생회원이 거의 다수이다.

91) 이환호, 『밝은사회 청소년클럽의 실제』, 서울, 도서출판 신아, 2008, pp.145-147.

함을 원칙으로 한다. 청소년클럽의 결성식을 개최할 시에는 아래와
같은 순서로 하되 필요에 따라 가감할 수 있다. 결성식 진행은 시종
화기애애한 분위기 속에서 진행되도록 노력해야 한다. 그러면 식순
의 모델을 보자.

<제 1 부>　　　　　　　　　　　　　사회 ○○○회원
① 개회선언 및 타종　　　　　　② 국민의례
③ 밝은사회운동헌장 낭독　　　④ 집회선서
⑤ 삼정명상　　　　　　　　　　⑥ 결성 경과보고
⑦ 입회선서　　　　　　　　　　⑧ 내빈 및 회원소개
⑨ 밝은사회 기·회원증·배지수여　⑩ 환영사

위와 같은 식순으로 결성식을 진행하며, 특히 사회자는 결성식을
진행할 시에는 위의 식순대로 진행해야 한다.

밝은사회 사이버 청소년클럽의 결성식도 회원들이 가능한 일자를
잡아서 오프라인상에서 실시하도록 한다. 그렇지 않으면 사이버 청
소년클럽 회원은 상호간에 자주 만날 기회가 거의 없기 때문에 회원
상호간에 소통과 화합에 어려운 점이 있을 수 있기 때문이다.

(2) 정기 월례회 모델

청소년클럽은 결성식을 개최한 후에 매월 정기 모임을 개최해야
한다. 필요할 때는 임시회도 개최할 수 있다. 정기모임은 지난 기간
동안 활동과 통상적인 안건을 처리하고, 앞으로의 사업계획에 대하여
토의하고 준비한다. 청소년클럽의 정기월례모임은 아래와 같이 한다.

<제 1 부>　　　　　　　　　　사회: 총무부장 ○○○
① 개회선언 및 타종　　　　② 국민의례
③ 밝은사회운동헌장 낭독　　④ 집회선서
⑤ 삼정명상　　　　　　　　⑥ 경과보고
⑦ 입회선서(있을 시)　　　　⑧ 지도교사(교수)인사
⑨ 회장인사　　　　　　　　⑩ 안건토의
⑪ 결정사항 요약발표　　　　⑫ 안내말씀
⑬ 밝은사회운동의 노래　　　⑭ 폐회선언 및 타종

<제 2 부>　　　　　　　　　① 특 강

위와 같이 실시한다. 신입회원에 대한 회원증 수여는 한국본부 총재의 위임을 받아서 회장이 대리로 수여한다. 또 안건토의는 회장이 주도한다. 월례모임회시 참석하지 못한 회원에 대해서는 결정사항에 대하여 공문 혹은 전화통신, E-mail 등으로 알려주어서 소외감을 느끼지 않도록 임원들이 각별히 배려를 해야 한다. 그러한 것들이 임원들의 보이지 않는 지도력이라고 할 수 있다.

밝은사회 사이버 청소년클럽의 월례모임은 회원들이 가능한 일자를 잡아서 사이버 상에서 월례모임을 실시하도록 한다. 그렇게 함으로써 지난 1달간의 활동 내역에 대해 상호 소통할 시간이 많지 않기 때문이다. 특히 사이버 청소년클럽 회원들은 학생들이기 때문에 시간적인 제약으로 이해서 사이버 청소년클럽에 자주 들를 기회가 많지 않기 때문이다.

(3) 초중고생클럽 신입회원 입회식 모델

초중고생 클럽의 신입회원 입회식은 매년 1회씩 학기 초에 반드시 개최해야 한다. 각급 학교마다 신입생이 입학하는 시기를 택하여 4월-6월 사이에 신입회원을 모집하여 신입회원 입회식을 결성식과 비슷한 수준으로 진행해야 한다. 초중고생 클럽에는 한국본부나 연구소에서 자주 방문하기가 어렵기 때문에 이 기회를 통해서 초중고생 클럽의 활동이나 건의사항 등을 청취하고 학생클럽과 한국본부의 사업에 참고한다. 초중고생 클럽의 신입회원 입회식 식순은 다음과 같이하면 된다.

<제 1 부>　　　　　　　　　　사회 ○○○회원
① 개회선언 및 타종　　　　　② 국민의례
③ 밝은사회운동헌장 낭독　　　④ 집회선서
⑤ 삼정명상　　　　　　　　　⑥ 경과보고
⑦ 입회선서　　　　　　　　　⑧ 내빈 및 회원소개
⑨ 밝은사회 회원증·배지수여　⑩ 환영사
⑪ 지도교사 인사　　　　　　　⑫ 회장인사
⑬ 치 사　　　　　　　　　　　⑭ 축 사
⑮ 후원클럽 회장축사(있을 시)　⑯ 격 려 사(참석시)
⑰ 안내말씀(일정소개)　　　　　⑱ 밝은사회운동의 노래
⑲ 폐회선언 및 타종

<제 2 부> (필요시)　　　　　① 특 강

위와 같은 식순[92]으로 진행한다. 초중고생클럽은 한국본부에서 자주 방문할 수 없기 때문에 치사나 혹은 특강 시에는 밝은사회운동에 대한 전반적인 교육도 겸해서 할 수 있도록 한다. 밝은사회 사이버 청소년클럽의 신입회원 입회식은 회원들이 가능한 일자를 잡아서 사이버 상에서 반드시 실시하도록 한다. 이때 가능하면 사회자가 신입회원에 대해 사이버 상에서 한사람씩 소개를 하고 본인들이 소감도 들어보는 시간을 가지도록 하는 것이 바람직하다. 왜냐하면 사이버 상에서의 활동은 보이지 않기 때문에 자기에 대한 소개시간이 거의 없

---

92) 이환호, 『밝은사회 청소년클럽의 실제』, 서울, 도서출판 신아, 2008, pp.169-170.

기 때문이다. 앞으로 회원이 장기간 혹은 수년이상 같은 사이버클럽 회원으로 활동하기 위해서는 처음의 소개가 중요하다고 생각된다. 입회식순은 오프라인상에서의 식순을 간단히 줄여서 하도록 하면 좋다.

(4) 청소년클럽 총회 모델

청소년클럽은 1년에 한 번씩 정기총회를 개최해야 한다. 정기총회에서는 청소년클럽의 예산 결산의 승인, 회장단의 선출, 회칙개정 등 청소년클럽의 중요한 사항을 심의 결정할 수 있다. 또 회원 과반수의 출석과 출석회원 과반수의 찬성으로 안건을 의결할 수 있다. 청소년클럽은 매년 신입회원들이 입회하기 때문에 임원개선이 반드시 이루어져야 한다. 정기총회 식순은 다음과 같다.

<제 1 부>   사회 : 총무부장 ○○○
① 개회선언 및 타종   ② 국 민 의 례
③ 밝은사회운동헌장 낭독   ④ 집회선서
⑤ 삼정명상   ⑥ 경과보고
⑦ 입회선서(있을 시)   ⑧ 내빈 및 회원 소개
⑨ 표 창   ⑩ 결산보고 및 감사보고
⑪ 지도교사(교수)인사   ⑫ 회장인사
⑬ 치 사   ⑭ 축 사
⑮ 후원클럽 회장축사(있을 시)   ⑯ 격 려 사
⑰ 임원개선   ⑱ 예산안 심의
⑲ 안내말씀   ⑳ 밝은사회운동의 노래
㉑ 폐회선언 및 타종

<제 2 부> (필요시)   ① 만찬 및 여흥

위와 같이 정기총회 개최 시에는 본부 혹은 연구소, 후원클럽의 내빈을 초청하여 총회를 개최해야 하며, 또한 본부에 표창을 건의하여 수상할 수 있도록 하고, 초중고생 클럽회장의 표창장(혹은 표창

패)도 함께 줄 수 있다. 총회 시에는 초중고대학 내의 타 클럽이나 타 초중고대학의 밝은사회클럽 임원단을 초청하거나 자매결연 클럽을 초청하여 기쁨을 나누도록 하여 밝은사회운동의 기본정신을 고취시키도록 한다. 또한 1년 동안 월례회시 1회도 결석하지 않은 회원, 또는 출석성적이 지극히 좋은 회원에 대한 표창도 하여 타 회원에게 모범이 되도록 하는 것도 대단히 중요하다. 새로운 임원의 선출은 청소년클럽이 앞으로 발전하는 데 중요한 역할을 함으로 대단히 중요하다. 그러므로 임원선출은 신중하게 진행돼야 한다.

밝은사회 사이버 청소년클럽의 총회는 회원들이 다 모일 수 있는 가능한 일자를 잡아서 사이버 상에서 반드시 실시하도록 한다. 이때는 가능하면 사회자가 총회의 목적에 대해 자세히 설명하도록 해야 한다. 왜냐하면 사이버상에서의 총회는 미리 사이버상에 올려진 각종 자료를 가지고 하는 것이기 때문에 형식적으로 흐를 염려가 있기 때문이다. 임원선출이나 예결산 심의 등은 자료를 충분히 검토한 후에 결정할 수 있도록 시간적 여유를 주도록 해야 한다.

(5) 수련회 모델

청소년클럽 수련회는 청소년클럽에서 지도교사(교수)를 모시고 자체로 실시하는 경우와 연합회나 국가본부차원에서 실시하는 경우가 있다. 수련회는 회원들 간의 단합과 친목도모, 밝은사회운동 이념에 대한 재교육, 공지사항, 새로운 분야에 대한 교육 등 다양하게 전개될 수가 있다. 수련회는 1년에 1회 정도 실시하는 것이 바람직하며, 특강연사는 한국본부나 연구소에 요청하여 지원을 받는 것이 바람직하다. 청소년클럽 수련회는 1일, 혹은 1박2일, 길게는 2박3일 정도로 실시하는 것이 보통이다.

<제 1 부>   사회 ○○○회원
① 개회선언 및 타종   ② 국민의례
③ 밝은사회운동헌장 낭독   ④ 집회선서
⑤ 삼정명상   ⑥ 경과보고
⑦ 입회선서(있을 시)   ⑧ 내빈 및 회원소개
⑨ 지도교사(교수) 인사   ⑩ 회장인사
⑪ 치 사   ⑫ 축 사
⑬ 후원클럽 회장축사(있을 시)   ⑭ 격 려 사(참석시)
⑮ 안내말씀(일정소개)   ⑯ 밝은사회운동의 노래
⑰ 폐회선언 및 타종

<제 2 부> (필요시)   ① 특 강

위와 같은 식순으로 기념식을 개최하며, 기념식 후에는 계획된 일정에 따라 진행한다. 기념식의 안내말씀에서는 수련회의 전반적인 일정을 소개 한다. 수련회는 대개 1박 2일 일정으로 하는 것이 보통이며, 그 일정을 보면 대개 아래와 같이 진행하는 것이 보통이다. 경희대학교 사우대학생클럽 일정을 소개하면 다음과 같다.

시간	1일차(토)	2일차(일)
07:30 - 08:30		기상 및 세면
08:30 - 09:30		아침 식사
09:30 - 10:30		분임조별 발표 및 종합토의(사우발전계획)
10:30 - 11:30		퇴소식
11:30 - 12:00		출발
12:00 - 13:00		도착 후 점심
14:00 - 17:00	경희대 출발, 행사장 도착	해산
17:00 - 17:30	조배정 및 방배정, 짐정리	
17:30 - 18:30	회장단 이·취임식	
18:30 - 19:30	특강 1 :이환호 지도교수	
19:30 - 21:00	저녁식사	
21:00 - 22:00	분임토의(대학생활이란)	
22:00 - 23:30	특강 2: 김민균 고문	
23:30 -	취침(친교의 밤)	

밝은사회 사이버 청소년클럽의 수련회는 회원들이 다 모일 수 있는 가능한 일자를 잡아서 실제 오프라인상에서 하는 것이 좋다. 실제로 회원들의 방학이나 국경일 등의 날짜를 선택하여 수련회를 개최하면, 그동안 몰랐던 회원들의 면면을 익히고 화합과 협동심도 배양할 수 있는 장점이 있다.

2) 청소년클럽 사업 모델

청소년클럽의 사업은 대학생과 초중고등학생의 연령층이 차이가 있기 때문에 각각 다른 사업을 할 수도 있다. 그러므로 대학생클럽은 비교적 자유로운 시간이 많기 때문에 거기에 맞는 사업을 선택하고, 초중고생클럽은 초중고등학교나 방과 후 혹은 주말에 할 수 있는 사업을 선정해야 한다.

(1) 대학생클럽 사업 모델

청소년클럽의 봉사는 대가없이 스스로 하는 봉사여야 하며, 강요에 의한 봉사활동은 지속적이거나 꾸준한 봉사활동이 되지 못한다. 그러므로 봉사활동은 나 자신과 가족, 그리고 회원, 사회를 위한 봉사활동이 되도록 해야 한다. 대학생클럽은 청소년클럽 활동의 핵심 주체중의 하나이다. 대학생클럽의 봉사활동은 회원 스스로 적극적으로 참여하도록 유도해야 한다. 대학생클럽 사업 모델을 살펴보자.

첫째 대학의 강의실 주변부터 깨끗하게 하는 사업이다. 현대의 대학생들은 대학안의 쓰레기나 휴지 같은 것을 줍지 않는 습관이 있다. 청소 용역원들이 당연히 하는 것이라고 생각한다. 이것을 다시 한 번 생각해 보면 이러한 것을 버리는 사람은 결국 대학생 자신들이다. 그러므로 내가 공부하고 하루의 대부분의 시간을 보내는 대학안에서 우리가 버린 쓰레기나 오물은 스스로 수거하거나 청소하여 쓰레기통에 버리는 습관부터 들이도록 해야 한다. 다른 동료들이 보던 안 보던 꾸준히 청소를 한다면 나 자신부터 많은 수양이 되고, 또 청소에 동참하는 학생들도 생길 것이라 생각된다. 그렇게 된다면 면학분위기나 학교의 분위기도 좋아질 것이라고 생각된다.

둘째 내가 할 수 있는 쉬운 일부터 하는 사업이다. 대학생으로서 실천하는 밝은사회운동은 주위의 작고, 쉬운 일부터 실천하는 습관을 들이자. 작은 개울의 물이 모여서 큰 개천이 되고 강물이 되고 바다가 되듯이 꾸준히 작은 것에서부터 밝은사회운동을 전개한다면 우리사회가 협동의 사회로 바뀌어 갈 것이다. 대학생클럽 회원들이 내 주변과 대학 근처에서부터 쉬운 일부터 실천한다면 학교와 지역사회 발전에 기여하게 될 것이다. 그러므로 우리는 실천 가능한 작은 일부터 추진하자. 대학생클럽도 크든 작든 행사를 하지 않으면 의욕이 상실되고 봉사에 대한 보람을 찾지 못한다. 그러한 예를 든다면 교내 주차 질서 지키기, 시험부정 안하기, 학교 앞 교통정리 하기, 교내 폐품수집 및 재활용품 분리하기 등 다양한 사업을 할 수 있을 것이다.

셋째 이웃돕기운동을 전개해야 한다.[93] 대학생클럽에서 학생들이 할 수 있는 가능한 방면으로 주위의 어려운 사람들을 도와야 한다. 독거노인에게 도시락배달, 지체 부자유아 시설방문 노력봉사 및 노래봉사, 고아원이나 양로원 등을 방문하여 봉사하기, 장애인 수용시설을 방문하여 위로하기 등 다양한 사업을 전개할 수 있으며, 대학생으로서 금전적인 봉사보다는 노력봉사를 한다는 자세가 대단히 중요하다.

---

93) 이환호, 「공동체의식 함양을 위한 밝은사회클럽의 활동사례」, 『밝은사회연구』(제27집), 서울, 경희대밝은사회연구소, 2006, pp.176-177.

넷째 클럽회원을 위한 체육대회의 개최이다.[94] 대학생클럽에서 체육대회를 매년 1회 정도 정기적으로 개최하는 것이 바람직하다. 젊은이들이 서로 몸을 부딪치고 함께 뛰면서 운동을 함으로써 참여의식과 형제의식을 고취시킬 수 있다. 체육대회는 축구·배구·농구·족구·계주·탁구·발야구 등 클럽실정에 알맞게 종목을 선택하여 개최한다. 경기 시에 이기겠다는 승부욕 때문에 회원끼리 의견의 대립이 있을 수 있다. 이런 때에는 형제애로써 극복할 필요가 있다. 특별히 경기 시에는 회원들의 안전사고에 대비하여 철저히 준비운동을 하도록 하는 것이 바람직하다. 체육대회는 대학생클럽이 자체적으로 하는 것도 좋고, 다른 동아리와 승부를 가르는 것도 바람직하며, 타 지역의 밝은사회 대학생클럽과 연계하여 개최하는 것도 좋은 방법이다.

다섯째 절약의 습관화가 중요하다. 대학생 때부터 모든 것을 절약하는 습관을 가지는 것은 앞으로의 사회생활에서도 대단히 중요하다. 절약하는 습관이야 말로 잘살기운동의 지름길이라고 생각된다. 이러한 절약하는 습관은 대학생클럽 회원의 기본자세로 자리 잡아야 한다. 즉 용돈 아껴쓰기, 식생활 개선, 검소한 옷차림, 대중 교통수단 이용하기, 전등 아껴쓰기, 수돗물 아껴쓰기, 각종 자원의 절약, 폐품 재활용 및 분리수거 등은 절약의 지름길이라 생각된다.

여섯째 등산대회의 정기적인 개최를 통해 대학생클럽 회원들의 심신을 단련해야 한다. 등산은 우리 인간에게 심신을 단련하게 해주고 집중력을 키워주며, 용기와 극도의 인내심을 키워주는 운동이다. 특히 자기 체력의 한계와 체력측정을 할 수 있는 좋은 기회가 된다. 또한 등산을 하면서 회원들과 오랜 시간 이야기를 나눌 수 있기 때

---

94) 이환호, 『밝은사회 청소년클럽의 실제』, 서울, 도서출판 신아, 2008, pp.98-99.

문에 클럽활성화 문제, 클럽이 당면한 문제, 개인적인 애로사항 등 다양한 사항에 대해 이야기할 수 있고, 또 회원들에 대한 인간성과 가족에 관한 사항 등도 자연스럽게 이야기할 수 있는 기회가 된다. 그러므로 대학생클럽에 있어서 등산대회는 대학생클럽 화합의 지름 길이라고 해도 과언이 아니다. 그리고 등산대회가 끝난 후의 뒤풀이나 식사 등은 회원단합과 화합의 지름길이라 할 수 있다.

일곱째 클럽에 대한 홍보활동을 강화해야 한다. 대학생클럽 회원들의 동정 및 클럽의 활동과 사업내용에 대해 홍보할 수 있는 인터넷 카페를 개설하여 운영한다면 회원들도 이것을 이용하고, 타 학생들도 이것을 보면서 밝은사회운동에 대한 이해를 하여 밝은사회 대학생 클럽에 대해 호의적으로 바뀔 수 있다고 생각된다.

여덟째 하루의 시작을 명상으로 시작하자. 오늘날 대학생들은 스트레스를 많이 받으면서 대학생활을 한다. 학점문제, 군대문제, 취직문제, 대인관계 문제, 시험문제 등에서 오는 많은 어려움을 극복하기 위해서는 정기적인 명상생활이 절대적으로 필요하다. 명상은 자아를 발견할 수 있는 통로가 되기도 하고, 자기의 앞으로의 삶에 대한 의욕과 인생에 대한 목표를 생각해 볼 수 있는 길이 되기 때문이다. 밝은사회 대학생클럽 회원들은 하루의 바쁜 일과 중에서도 잠시나마 명상을 하는 습관을 기르는 것이 바람직하다. 명상을 열심히 하는 대학생과 그렇지 않은 대학생을 먼 훗날 비교하면 정기적인 명상을 하고 자기의 앞날에 대해 깊이 생각한 학생이 성공할 확률이 많다는 것은 통계학적으로도 나와 있는 사실이다.

아홉째 클럽 회원의 생일 시에 뜻있는 추억을 만들어 주자. 대학생클럽에서는 월례모임 시에 그달의 생일 회원을 파악하여 추억을 만들어 주는 행사가 필요하다. 누군가가 자기의 생일이나 즐거운 날을 기억해 주는 것은 기쁜 일이며, 특히 추억에 남을 만한 이벤트를 해준다는 것은 참으로 간직하고픈 일이다. 클럽에서는 작은 정성이지만 받는 당사자는 그것을 대단히 고마워하는 마음을 가질 수 있다. 꽃 한 송이를 선물한다든가, 즐거운 추억이 담긴 사진을 액자에 넣어준다든가, 필요한 간단한 선물을 한다든가, 평소에 즐겨하는 노래를 불러준다든가 등은 오래오래 추억으로 간직할 수 있기 때문이다.

열 번째 임원회의를 정기적으로 개최해야 한다. 대학생클럽에서는 임원회의를 정기적으로 개최하여 필요한 사업을 계획적이고 합리적으로 추진하도록 노력해야 하며, 회원들이 적극적으로 참여할 수 있는 방안을 모색하는 것도 이 임원회의에서 토론해야 한다. 그러므로 임원회의를 통해서 임원들의 단합과 형제의식을 고취할 수 있고, 사업계획을 보다 신중하게 수립할 수 있다. 임원회의를 정기적으로 개최하는 것은 임원끼리 먼저 단합하여 솔선수범을 보일 때 회원들도 따라서 할 수 있는 방편이 된다고 생각된다.

열한 번째 회원 배가운동을 전개해야 한다. 대학생클럽은 매년 학기 초에 신입회원 영입을 위해 힘써야 한다. 클럽회원의 배가운동은 아무나 영입하자는 뜻이 아니라 우리주위에서 유능하고 활기찬 학생들을 입회시키는 일에 적극적이어야 한다는 것이다. 회원 영입 시에는 클럽이 추구하는 목표를 명확히 알리고, 본인이 자발적으로 참여하겠다는 의사를 피력할 때 영입해야 하며, 이때는 임원회에서 반드시 검토하고 입회시키는 것이 바람직하다. 회원 입회 시에는 신입회원의 자질에 대해 충분한 토의가 있어야 한다. 정기적으로 회원 배가운동을 전개하여 회원을 확보하고 잘 안 나오는 회원에 대해서도 잘 나올 수 있도록 적극적인 관심을 가지도록 하는 것이 바람직하다.

(2) 초중고생클럽 사업 모델

초중고 학생클럽의 봉사활동은 스스로 자발적으로 하는 봉사여야 하며, 강요에 의한 봉사활동은 지속적인 활동이 되지 못하는 경우가 많다. 청소년클럽은 밝은사회운동을 전개하는 모든 활동의 핵심 주체 중의 하나이다. 이제 초중고 학생클럽의 사업모델을 살펴보자.

첫째 1일 1선을 하는 학생이 되자.95) 초중고 학생클럽 회원은 학생들 주변에서 선한 일을 찾아서 하면 된다. 1일 1선은 거창하게 생각할 것이 아니라 작은 선행도 가볍게 생각지 않고, 매일매일 한 가지씩 실천하는 것을 습관화하자. 예를 들면 노인들에게 길을 안내한다든가, 내 집 앞의 청소를 우리가 한다든가, 길가의 무질서한 쓰레기봉지를 정리한다든가 등 이 모든 일들이 선행을 하는 것이다. 이렇게 함으로써 초중고 학생클럽의 회원은 점차 봉사에 대한 자신감과 자긍심을 갖게 되는 것이다.

둘째 학용품 등을 절약하여 합리적인 생활을 해야 한다. 초중고생 때부터 근검·절약하는 습관을 가지는 것은 잘살기운동의 실천 강령 중의 하나이다.96) 오늘의 과학기술 사회, 자원 대량 소비시대에는 기분에 따라 삶을 영위할 수 없다. 모든 생활을 계획성 있게 조직적으로 능률 있게 꾸려 나가야 한다. 그러므로 과학적인 사고를 통하여 소비생활을 간소화하고 물자의 무모한 낭비를 삼가야 한다. 생활비 사용을 규모 있게 해야 하며, 수입 내 지출을 원칙으로 하고, 가계부를 반드시 기록하여 가정경제를 규모 있게 꾸민다. 그리하여 쓰고 남기는 정신이 아니라, 남겨두고 쓰는 습관을 길러서 계획성 있게 저축생활을 하자. 우리는 흔히 쓰고 남는 돈을 저축한다고 생

---

95) 이환호, 『밝은사회 청소년클럽의 실제』, 서울, 도서출판 신아, 2008, p.128.
96) 이환호, 「밝은사회클럽 활동 모형에 관한 연구」, 『밝은사회연구』(제18집), 서울, 경희대밝은사회연구소, 1998, p.110.

각하기 쉽다. 이런 생각을 가지고서는 저축을 할 수 없다. 우선 수입 가운데 일부를 저축하고서 규모 있는 경제생활을 영위해야 한다. 그러기 위해서는 1가족 1통장과 1클럽 1통장 이상을 갖고서 사업을 규모 있게 전개하는 것이 바람직하다.

셋째 명상을 생활화하는 습관을 가지자. 초중고교 학생클럽 회원들은 학교 공부에 대한 중압감 등으로 스트레스를 많이 받기 때문에 명상생활이 꼭 필요하다. 또한 공부를 잘 하기 위해서는 집중력이 필요하다. 집중력을 기르는 데는 명상이 효과가 있다. 명상은 눈을 감고 깊이 생각하여 마음을 가다듬어 몇 번이고 생각을 하여 진실된 삶을 생각하는 것이 명상이다. 청소년클럽 회원들은 이 명상을 수시로 할 수 있도록 해야 한다. 명상은 아침에 일어나서 하고, 그리고 잠자리에 들기 전에 5분 정도 한다. 이 명상을 할 때는 하루의 일과에 대하여 반성하고 또 자기 자신에 대해서도 여러 각도에서 살펴보는 습관을 가지도록 한다. 그리고 자신의 앞으로의 목표를 설정하고, 그 목표의 달성을 위한 방법을 모색한다. 명상 장소는 어디든지 시간이 날 때 가능하다. 학교나 가정 등에서도 가능하며, 명상은 자신의 자아발견 및 자아완성을 위해 대단히 필요한 사항이다.

넷째 고운말 바른말 쓰기운동을 전개하자. 사람이 사용하는 말은 그 사람의 사람됨을 나타낸다. 그러므로 누구든지 말을 골라 쓰면 인격도야에 도움이 되지만 잘 못 쓰면 많은 문제를 낳는 것이 또한 말이다. 그러므로 청소년클럽에 소속된 회원들은 저질적인 말을 사용하지 말아야 하며, 욕설이나 변명, 비방이나 중상모략 등의 말은 하지 않도록 하는 것이 바람직하다. 친한 친구 사이에도 말을 함부로 하지 않는 습관을 길러야 하며, 외국어를 함부로 우리말에 섞어 쓰지 않도록 해야 한다. 또한 청소년클럽 회원들은 바른말을 사용하는 습관을 길러야 한다. 후배들에게도 경어를 쓰도록 노력해야 하며, 동료나 후배들에게 칭찬하는 말을 많이 하고, 표준어를 사용하여 우리말을 순화하는 마음자세로 임해야 한다.

다섯째 거리질서 및 미화운동을 전개하자.[97] 인간은 사회적 동물이므로 사회를 떠나서는 살 수 없다. 그러므로 자라나는 청소년들도 혼자서는 살아갈 수 없다. 그러므로 밝은사회 청소년클럽 회원들은 사회 속에서 일어나는 여러 가지의 문제를 해결하고, 슬기롭게 살아가기 위해서는 규정과 규칙, 공중질서를 잘 준수하는 습관을 길러야 한다. 예를 들면 지하철이나 버스, 기차 안 등 공공시설에서 노인이나 임산부, 어린이나 노약자 들을 보면 자리를 양보하는 미덕을 가져야 한다. 그리고 길거리에서 침을 함부로 뱉지 말아야 하며, 공공장소에 낙서나 손상을 가져오는 행동을 하지 않도록 해야 하며, 또 그런 것을 보면 말릴 수 있는 용기를 가져야 한다. 또한 회원들은 학교에서도 교칙이나 학교에서 강조하는 규범을 잘 지키도록 해야 한다. 그리고 청소년클럽 회원들은 항상 약속시간을 잘 준수하도록 해야 하며, 남에게 불쾌감을 주지 않도록 하며, 교통규칙을 잘 지키는 학생이 되어야 한다. 즉 육교와 횡단보도를 이용하고, 신호를 잘 지키는 습관을 가져야 한다.

여섯째 회원들은 모든 일에 감사하는 마음을 갖는다.[98] 청소년클럽 회원들은 자기의 존재가 자기 자신의 의지로 만들어진 것이 아니라는 것을 알고, 자기를 길러준 분들께 고마운 마음을 가져야 한다. 그것은 부모님께 효도하는 마음을 갖고, 문안인사를 수시로 드리도록 하며, 어버이날이나 생신 때에는 작은 선물을 사 드린다. 또한 청

---

97) 이환호, 「공동체의식 함양을 위한 밝은사회클럽의 활동사례」, 『밝은사회연구』(제27집), 서울, 경희대밝은사회연구소, 2006, pp.178-179.
98) 신대순·이환호, 『밝은사회운동의 이론과 실제』, 서울, 도서출판 신아, 1995, pp.181-182.

소년클럽 회원들은 학교에서 선생님에 대한 고마움을 항상 느끼면서 생활하도록 해야 한다. 그것은 선생님의 생신을 기억하여 축하하거나, 명절에는 전화를 드리거나 찾아뵙고 고마움을 표시하도록 한다. 그리고 평소에 도와주신 분들을 위해 항상 고마움을 느끼면서 문안전화를 하는 습관을 기른다. 그리고 나라를 위해 헌신하는 국군 아저씨와 경찰에게 감사하는 마음과 위문편지, 위문품 등을 마련하여 전달한다.

일곱째 건전노래를 보급하는 활동을 한다.[99] 청소년클럽 회원들은 항상 밝은 마음과 함께 마음을 순화시킬 수 있는 건전노래를 행사시나 사람들이 많이 모인 곳에서 불러서 시민들의 마음을 순화시키도록 한다. 건전노래는 우리 인간이 기지고 있는 아름다움의 표현이라고 한다. 그러므로 밝고 건전한 노래를 명랑하게 수시로 부르도록 하는 것이 좋다. 인간이 물질적인 것만 추구하면 개인의 정서가 메마르기 쉽다. 밝고 좋은 노래를 불러서 우리들의 마음을 아름답고 명랑하게 해 주도록 한다. 그것은 각종의 집회 시에 건전노래를 지정하여 합창을 하고, 그 노래에 대한 해설도 들으면서 감상하는 시간을 갖는다. 청소년클럽 회원들은 시민들이 많이 모인 장소에서 선곡하여 건전노래를 부르면 밝은사회클럽의 홍보차원에서도 아주 바람직하다고 생각한다.

여덟 번째 회원생일 축하행사를 한다.[100] 초중고 학생클럽에서는 월례모임 시에 그달의 생일 회원 등을 파악하여 축하해 주는 것이 바람직하다. 누군가가 자기의 생일이나 즐거운 날을 기억해 주는 것은 대단히 기쁜 일이다. 그러므로 축하받는 당사자는 더욱 기쁨을 느낀다. 회장단은 회원들의 동정을 잘 파악하여 축하해야 할 일은

99) 신대순·이환호, 『밝은사회운동의 이론과 실제』, 서울, 도서출판 신아, 1995, pp.187-188.
100) 이환호, 『밝은사회 청소년클럽의 실제』, 서울, 도서출판 신아, 2008, p.129.

적극적으로 회원들에게 알려주는 것이 바람직하다.

아홉 번째 어려운 학우 돕기 및 이웃을 돕는 행사를 하자. 초등학교 때부터 길러지는 봉사의 자세는 즐겁고 보람 있고 행복한 사회를 건설하는 기초가 된다. 청소년클럽 회원들은 반의 친구가 어려움에 처하면 도와주는 마음자세를 가져야 한다. 도시락을 나누어 먹는다든가, 거동이 불편한 친구를 도와준다든가, 입원한 친구의 입원비를 보태준다든가, 어려운 일을 당했을 때 회원들이 힘을 합쳐 도와주는 일 등은 봉사정신을 함양하는 기초가 된다. 그리고 청소년클럽 회원들에게 맞는 일을 찾아서 행한다. 이웃의 집 봐주기에 협력한다든가, 이웃집 앞을 청소해 준다든가 등 우리이웃에 일손이 모자라는 사람들을 위해 기꺼이 도와주는 자세는 밝은사회 청소년클럽 회원들이 가져야 할 마음자세다.

열 번째 푸른환경 가꾸기 운동을 전개하자.[101] 국가가 선진국가로 가면 갈수록 그로 인해 일어나는 각종 환경오염을 관찰하여 이를 줄일 수 있는 방안에 대해 청소년들도 토의 하고 이 운동에 동참하는 것도 이 시대를 살아가는 시민의 자세이다. 그 방법은 축하할 일이 있을 때 기념식수를 한다든가, 공공장소나 공원 등의 잡초를 뽑아 주는 일, 낙엽을 줍는 일, 잔디밭을 아름답게 가꾸는 일, 집집마다 화단을 가꾸는 일, 꽃씨를 모아 교환하는 일, 길거리에 꽃을 심거나 가꾸는 일 등의 활동은 밝은사회 청소년클럽에서 전개할 수 있는 사업이다.

이러한 각종의 청소년클럽 사업을 통해 청소년 시절부터 할 수 있는 여러 가지 일들을 전개함으로써 성인이 되어서도 청소년 시절에 전개했던 이러한 사업들을 생각하면서 우리사회를 위해 봉사한다면 우리사회는 밝고 건전한 인류사회로 점차적으로 발전해 갈 것이라

---

101) 이환호, 「밝은사회클럽 활동 모형에 관한 연구」, 『밝은사회연구』(제18집), 서울, 경희대밝은사회연구소, 1998, p.104.

확신한다.

(3) 사이버 청소년클럽의 사업 모델

사이버 청소년클럽의 사업은 첫째 청소년들에게 해로운 유해 사이트를 없애는 캠페인을 전개한다. 사이버 공간에서 청소년들에게 불필요한 각종 저속언어 사이트, 비방광고 사이트, 기타 유해사이트 등에 대한 추방캠페인을 벌이는 것도 밝은사회 청소년클럽의 사업 중의 하나이다.

둘째 청소년들에게 맞는 사이버 신문고를 설치하여 운영하는 것이다. 사이버 상에서 일어나는 각종의 청소년 문제를 사이버 청소년클럽의 신문고에 올리게 하여 이 문제를 공론화하고, 해결을 도와주고 결과를 통보해 주는 일이다.

셋째 사이버 상에서 청소년들이 고운 말을 쓸 수 있도록 계몽하는 운동이다.[102] 사이버 공간에서는 상대방을 알아볼 수 있는 것이 아니기 때문에 저속한 말을 사용하는 예가 많다. 그러므로 사이버 청소년클럽 회원들은 고운 말을 골라서 사용함으로써 언어 순화운동에 나서도록 하는 것도 바람직하다.

넷째 청소년을 위한 사이버 뉴스 레터를 만드는 작업이다. 사이버 청소년클럽에서는 국가본부나 지역 단위클럽 활동, 혹은 사이버 청소년클럽의 활동을 간단하게 사이버 뉴스레터로 만들어 회원들과 일반인들이 볼 수 있도록 하는 방안이다.

다섯째 사이버 청소년을 위한 사이버 건전 감시반을 만들어 활동하는 일이다. 사이버상에서 일어나는 청소년들의 각종 비리와 언어들에 대한 건전한 감시를 하여 단속반에 알려주는 일이다. 그렇게

---

102) 이환호, 「밝은사회 사이버클럽 활성화 방안」, 『밝은사회연구』(제23집), 서울, 경희대밝은사회 연구소, 2002, p.194.

함으로써 조금이나마 청소년 사이트가 정화될 수 있도록 하는 것이다. 이들에 대한 교육은 사이버 전문가들에게 오프라인상에서 받도록 하여 감시하는 방법이다.

여섯째 사이버 청소년클럽의 홍보를 하는 사업이다.[103] 사이버상에서의 청소년클럽의 활동도 홍보가 대단히 중요하다고 생각된다. 그동안 단위클럽에 대해서만 홍보하던 것을 지양하고, 사이버상에서도 청소년클럽의 활동을 다양하게 홍보할 수 있도록 해야 한다.

4. 밝은사회 청소년클럽 모델 연구를 위한 선결과제

1) 청소년클럽 회원에 대한 정신교육이 선결과제

밝은사회 청소년클럽이 지속적인 활동을 전개하기 위해서는 먼저 뚜렷한 목표를 설정하고, 그에 대한 세부계획을 수립하고, 실천하는 것이 중요하다. 그러므로 목표를 실천하기 위해서는 회원들에게 목표를 확실하게 각인시켜야 하고, 적극적으로 참여할 수 있는 분위기를 조성해야 한다. 인간이 사회생활을 할 수 있다는 것은 교육이 있기 때문이다. 특히 청소년 시절부터 교육을 통해서 자아발견과 자아완성을 해 가게 된다. 그러므로 교육은 우리 인간에게 특히 청소년 시절에는 절대적으로 교육이 필요하다. 청소년클럽 회원은 입회 시 호기심에서 클럽회원이 되기도 하고, 친구의 권유로 되기도 한다. 만일 이들에게 밝은사회운동을 알릴 수 있는 교육이 없다면 클럽에 대한 매력을 갖지 못할 것이며, 회원이 된 것을 후회할 수도 있다.

---

103) 이환호, 「밝은사회 사이버클럽 활성화 방안」, 『밝은사회연구』(제23집), 서울, 경희대밝은사회연구소, 2002, p.196.

그러므로 교육은 절대적으로 필요하다. 청소년클럽의 가입 초기에는 밝은사회운동에 대한 명확한 철학을 갖지 않고 참여할 수도 있다. 그러므로 회원들에 대해 자체교육 및 상급기관의 계속적인 재교육이 수시로 이루어져야 한다. 청소년클럽 회원들을 위한 교육을 보자.

첫째 청소년클럽 월례회시 실시하는 회원들에 대한 교육을 들 수 있다.[104) 청소년클럽 월례회시는 지난 한달 동안의 활동보고와 앞으로 해야 할 사업에 대해 협의한다. 회장은 인사말을 통해 회원으로서의 긍지와 자부심을 가질 수 있도록 독려한다. 특히 청소년클럽은 대화와 토론을 통하여 밝은사회운동에 대해 배운다. 이 월례회를 통해 배우는 계기가 된다. 월례회의 전 과정이 회원들에게 교육이 되도록 할 필요가 있다. 둘째 매년 개최하는 신입회원 입회식시 실시하는 특강을 통해 교육하는 방법이다. 초중고대학의 밝은사회 신입회원은 밝은사회 이론을 배우고 습득할 수 있도록 여건조성이 중요하다. 회장단에서는 신입회원에 대해 항상 관심을 갖고 이들을 보살피도록 해야 한다. 신입회원에 대한 관리와 교육은 청소년클럽 발전에 대단히 중요하다. 청소년클럽은 신입회원이 입회하여 1-3개월 동안이 대단히 중요한 시기이다. 이 시기에 신입회원이 적응을 잘 할 수 있도록 각별한 주의가 필요하다. 셋째 한국본부에서는 청소년클럽에 대한 정기적인 수련회를 개최해 줘야 한다.[105) 한국본부에서는 청소년클럽이 활성화될 수 있도록 관심을 지속적으로 가지고, 1년에 1회 정도 대학생클럽 수련회와 초중고생클럽에 대한 수련회를 개최하여 청소년클럽 회원들이 소속감과 자긍심을 가질 수 있도록 해야한다. 사람은 누구나 남의 관심의 대상이 되는 것을 바란다. 남의 이목에서 사라진다면 존재할 가치가 없어지기 때문이다. 그러므로 회

---

104) 신대순·이환호, 『중고교 밝은사회운동』, 서울, 밝은사회 한국본부, 2000, p.51.
105) 신대순·이환호, 『대학 밝은사회운동』, 서울, 밝은사회 한국본부, 2001, p.60.

원에 대한 관심은 청소년클럽을 이끌어 가는 가장 기초적인 일이다. 그러므로 이 수련회를 학생들에게 본부에서 대단한 열정을 가지고 청소년클럽을 육성하고 있다는 긍지를 심어 주어야 한다. 그러므로 이들에 대한 재교육은 수시로 있는 것이 바람직하다. 왜냐하면 이들 청소년들이 다른 분야나 다른 단체에 신경 쓸 여유가 없을 정도로 밝은사회운동에 대한 내용만 교육한다면 이들은 밝은사회 청소년 지도자로서의 자질을 충분히 습득할 수 있기 때문이다. 그러므로 이들 청소년클럽 회원들에 대한 정신교육은 아무리 강조해도 지나치지 않다고 생각된다.

2) 청소년클럽 조직확산이 선결과제

밝은사회 청소년클럽을 전국적으로나 전 세계적으로 확산하기 위해서는 청소년클럽 조직에 대한 전반적인 모델이 필요하다. 그러한 모델을 개발하기 위해서는 청소년클럽의 확산 방법이 선행되어야 하며, 회원 확충에 대한 방법도 병행하여 선행되어야 한다고 생각된다. 그러므로 먼저 청소년클럽 조직 확산의 방법에 대해 알아보자. 첫째 전국 단위클럽을 통한 확산 방법이다. 단위클럽의 협조를 받아서 클럽의 회원이 조직하는 방법이다. 이때는 지역 단위클럽에서 그 지역의 초중고에 일정액의 장학금을 지급하면서 교장이나 교감에게 청소년클럽 조직을 권유하도록 하는 방법이다. 또 성인클럽의 회원이 교사로 있는 학교에서 교장의 허락을 받고 청소년클럽을 조직하도록 하는 방법이다. 이 경우에도 계속적인 지원이 있어야 한다는 것이 전제되어야 한다.

둘째 각 국가본부는 지역의 각급 학교 교사들을 지도교사로 위촉하고, 그들을 통해 조직하는 방법이다. 이때는 그 지역의 성인클럽에서 후원클럽 역할을 해야 한다. 이 경우에는 단위클럽에서 계속적으로 학교에 지원을 해주겠다는 전제가 있어야 가능할 것으로 생각된다.

셋째 각종 청소년 단체에 소속된 청소년클럽을 밝은사회 청소년 클럽에 가입시키는 방법이다.106) 우리나라에는 수많은 청소년단체 들이 활동하고 있다. 이와 같은 단체들에 안내책자를 발송하여 청소 년클럽의 활동상황을 소개하고, 가입하도록 권유하는 방법이다. 이 러한 청소년 단체의 밝은사회 청소년클럽으로의 전환은 많은 시간 과 노력이 필요하며, 사업내용이나 활동이 비슷해야 성과가 있을 것 으로 기대된다.

넷째 대학생클럽의 조직은 클럽 회원 중에서 대학의 교직원이 있 을 경우 그 회원을 통해서 대학에서 뜻있는 학생들을 선발하여 밝은 사회운동 취지 설명을 하고 조직한다. 또 클럽에서 지정된 대학에 일정액의 장학금을 지급하고, 그 학생으로 하여금 대학생클럽을 조 직토록 유도한다. 다음으로 대학에 교직원으로 있는 클럽 회원의 친 구를 통해서 조직하는 방법도 있다. 또 밝은사회 고교생클럽에서 대 학으로 진학한 학생들을 찾아서 그들로 하여금 대학생 클럽을 결성 토록 하는 방법도 있다. 이 방법은 혼자서는 벅찰 수 있기 때문에 본 부의 지원이 필요한 사항이다.

다섯째 교과부의 청소년 단체 승인을 통한 청소년클럽의 조직방 법이다. 이 방법은 교과부로부터 밝은사회 청소년클럽이 건전한 청 소년 단체로 지정을 받으면 청소년클럽은 폭발적으로 증가할 수 있 다. 그러나 이것은 그 자격요건이 무척 까다롭기 때문에 앞으로 한 국본부가 역점사업으로 해야 할 부분이다.

다음으로 청소년클럽 회원 확충방안에 대해 살펴보자. 그것은 첫

---

106) 이환호, 「밝은사회 청소년클럽의 활성화와 과제」, 『밝은사회연구』(제24집), 서울, 경희대밝은 사회연구소, 2003, p.226.

째 성인클럽 회원 자녀들이 초중고생클럽에 가입하는 일이다. 지역
단위의 성인클럽에서 그 자녀들을 학생클럽 회원으로 가입시키는
방법이다. 둘째 인터넷을 통해서 초중고 학생들을 입회하도록 하는
방법이다.107) 셋째 각종 청소년 단체의 회원을 밝은사회 청소년클럽
회원으로 가입토록 권유하는 일이다. 이 영입방법은 기존의 다른 단
체의 회원을 영입하는 것이기 때문에 밝은사회운동에 대한 교육을
필히 해야 한다. 넷째 한국본부에서 실시하는 밝은사회 선행자 상에
입상한 학생들을 대상으로 하여 회원 영입을 하는 방법이다. 다섯째
한국본부에서 청소년을 대상으로 하는 각종 활동을 전개하여 여기
에 참여하는 학생들을 대상으로 회원으로 영입하는 방법이다. 여섯
째 현재 활동하는 청소년클럽에서 회원 배가운동을 전개하는 방법
이다. 이는 각 학교에 공문을 발송하여 밝은사회운동 확산을 위한
회원 배가운동에 적극적으로 참여해 주도록 학교장이나 지도교사가
적극적으로 앞장설 때 가능하다. 일곱째 성인클럽 회원 중에서 학생
과 연관되는 학교나 종교단체 등의 업무에 근무하는 회원을 통해서
학생들을 회원으로 입회시키는 방법이다.108)

5. 결론

현대에 있어서 인간의 행동은 정신의 표현이라고 할 수 있다. 인
간이 어떤 정신과 가치관을 가지고 있느냐에 따라서 인간행동의 원

---

107) 이환호, 「밝은사회클럽의 회원 및 클럽 확산 방안」, 『밝은사회연구』(제20집), 서울, 경희대밝
    은사회연구소, 1999, pp.116-117.
108) 이환호, 「밝은사회클럽의 회원 및 클럽 확산 방안」, 『밝은사회연구』(제20집), 서울, 경희대밝
    은사회연구소, 1999, pp.115-116.

천이 된다고 볼 수 있다. 인간의 올바른 가치관은 올바른 태도와 행동을 가능하게 한다. 과학기술의 발달은 인간을 물질적이고 경제적인 이해타산을 중심으로 인간행동을 몰아넣는 경향이 있다. 그러므로 인간의 행동은 도덕과 윤리성을 중요시하기보다는 자기와의 이해타산을 우선적으로 받아들이는 경향이 많다고 할 수 있다. 그러므로 현대의 인간은 부정을 저질러서라도 돈만 벌면 되는 듯 행동하는 경향이 많다. 이는 현대인들의 철학과 도덕의 결핍현상에서 오는 문제라고 생각된다.

청소년 시기는 자아가 형성되는 시기이며, 이상으로 치닫는 시기이기도 하다. 청소년 시절은 고민과 불만, 가치혼란의 시절이라고도 할 수 있다. 또한 청소년은 가정을 넘어 학교, 친구, 사회로 그 접촉 범위를 넓혀가고 있는 시기이다.

이러한 중요한 청소년시기에 있어서 청소년을 미래 사회의 주역으로서 올바른 가치관을 갖도록 하기 위한 활동을 교육하는 것은 대단히 중요한 일이다. 밝은사회 청소년클럽을 조직하여 밝은사회운동을 전개하는 것은 청소년들이 이러한 어려운 시기를 건전하게 극복하고 사회의 당당한 일원으로 참여할 수 있도록 하였다.

필자는 위에서 언급한 바와 같이 밝은사회 청소년클럽 활동 모델에 관한 연구를 하였다. 그 내용을 보면 먼저 밝은사회 성인클럽과 청소년클럽에 대해 살펴보았다. 그 내용은 첫째 성인클럽에 대해서는 밝은사회 클럽의 특성, 구성요건과 성인클럽 종류, 한국본부 산하의 성인클럽 현황, 조직체계 등에 대해 고찰 하였다. 둘째 청소년클럽에 대해서는 청소년에 대한 개념정의와 청소년클럽의 종류, 청소년클럽의 역사, 한국본부의 청소년클럽 현황에 대해 고찰하였다.

그 다음은 밝은사회 청소년클럽 활동 및 사업 모델에 대해 살펴보앉다. 그 내용은 첫째 청소년클럽 활동 모델에 대해서는 청소년클럽의 결성식, 정기월례회, 초중고생클럽 신입회원 입회식, 총회, 수련회 등의 모델에 대해 고찰하였다. 둘째 청소년클럽 사업모델에 대해서는 대학생클럽 사업모델, 초중고생클럽 사업모델, 사이버 청소년클럽 사업모델에 대해 상세하게 고찰하였다.

다음으로 밝은사회 청소년클럽 모델 연구를 위한 선결과제에 대해 살펴보았다. 그 내용은 첫째 청소년클럽 회원에 대한 정신교육에 대해 고찰하였다. 그것은 월례회시의 정신교육, 신입회원 입회시의 정신교육, 수련회 등에서 실시하는 정신교육 등이다. 둘째 청소년클럽 조직 확산에 대해 고찰하였다. 그것은 초중고대학생클럽을 통한 조직 확산과 회원 확충을 통한 확산 등에 대해 상세하게 고찰하였다.

이상과 같이 밝은사회 청소년클럽 활동 모델에 관한 연구를 하였다. 밝은사회운동은 밝은사회클럽을 통해서 전국적, 전 세계적으로 확산해야 우리가 목표로 하는 지구공동사회를 건설할 수 있다. 그러므로 전 세계적인 단체가 되기 위해서는 모든 규정과 규범, 그리고 각종 의식이나 형식이 국제적으로 통일되어야 한다. 왜냐하면 통일된 규범과 규정을 통해 전 세계적으로 같은 이념과 철학으로 활동하고 사업을 전개해야 하기 때문이다. 그러므로 위와 같이 청소년클럽의 활동모델도 앞으로 국제적인 청소년클럽의 확산에 필수 불가결한 요소이기 때문이다. 또한 밝은사회 국제본부에서도 청소년클럽에 대한 조직과 활동은 미약하기 때문에 이와 같은 연구는 앞으로도 계속 이어져야 할 것으로 생각된다. 이 청소년클럽 모델에 대한 연구는 아직 초보단계이기 때문에 앞으로 후학들의 정진을 기대해 본다. 이러한 연구가 앞으로 지구공동사회 건설의 초석이 되길 기대해 본다.

5장
밝은사회 청소년클럽의 활성화와 과제

1. 서론

인류의 조상은 지금부터 약 210만 년 전[109] 이상으로 거슬러 올라가 호모하빌리스에서 찾을 수 있다고 한다. 당시의 인류는 동물과 다름없는 생활을 하였으며, 그 후 인류는 차츰 문화와 문명을 창조하면서, 가정과 사회를 이루는 공동체 생활을 시작하였다.

고대 인류의 삶은 힘의 논리가 지배하였으나, 중세에서는 종교가 이 세계의 모든 논리를 지배하게 되었다. 또한 중세는 극단적인 종교 지상주의로 인하여 인간의 존엄성이 추락하게 되어, 그 여파로 르네상스·종교개혁운동 등이 일어났다. 18세기에 들어오면서 인류는 산업혁명으로 대량생산·대량소비 시대를 열게 되었다. 이러한 물질중심의 사회구조는 극도의 이기주의와 인간부재의 현상을 낳게 되었다.

그로 인해 인간은 기계의 노예가 되고, 물질이 인간을 지배하는 역현상을 초래하게 되었다고 해도 과언이 아니다. 그 후 사회는 도

---

109) 조영식, 『밝은사회운동의 이념과 기본철학』, 서울, 밝은사회연구소, 2003, p.5.

덕과 인간성이 땅에 떨어지고 감각적·충동적인 행동에만 익숙하게 되어 온갖 범죄와 부조리가 우리사회에 판을 치게 되었다.

인간은 청동기시대 이래 국가를 만들어 경계선을 긋고, 국가중심의 애국과 정의를 내세우며 자국이 아닌 타국에 대하여는 살상과 파괴와 약탈을 일삼게 되었다. 그리하여 지난 세기는 전쟁과 투쟁의 역사였고, 물질중심의 이기주의 사회였고, 자연에 대한 대량파괴를 가져오게 되었다.

이제 이러한 인류사회의 모순은 시정되어야 하고, 전쟁이 없는 사회, 국경을 초월하여 인류 모두가 협동하는 지구협동사회를 구축해야 한다.

인간이 중심이 되는 지구협동사회를 건설하기 위해서는 무엇보다 먼저 의식개혁이 이루어져야 한다. 이를 이루기 위해서는 첫째 인류가 국경이나 민족을 초월하여 한 가족임을 인식하고, 서로 협동하는 지구촌 인류 한 가족 의식을 가져야 한다. 둘째 인류 모두는 우리사회의 주인임을 인식하고, 만민평등의 공존공영의 사회를 이루어야 한다. 셋째 지구상의 모든 전쟁과 갈등은 인간의 마음속에 타인에 대한 적개심을 가지고 있기 때문임을 자각하고, 선의의 마음을 키워 화합과 협동하는 건전한 사회를 건설해야 한다.

우리는 인간이 중심이 되는 지구협동사회를 건설하기 위해 인간과 자연이 공존하는 사회를 이루어야 한다. 자연파괴와 대기오염 등 각종의 유해 행위는 근절해야 하며, 자연을 사랑하고 보살피는 자연애호사상[110]이 일반화되어야 한다. 우리는 인간사회의 가장 큰 해악의 주범이 인간이라는 잘못된 역사를 되풀이하지 않도록 전쟁예방에 노력해야 한다.

---

110) 위의 책, p.36.

밝은사회운동은[111] 이러한 인류사회를 선의·협동·봉사-기여의 3대 정신을 바탕으로 건전사회운동·잘살기운동·자연애호운동·인간복권운동·세계평화운동 등 5대 운동을 실천하여 정신적으로 아름다운 사회, 물질적으로 풍요한 사회, 인간적으로 보람 있는 인류공동사회를 건설하고자 하는 인류사회재건운동이다. 이 운동의 실천을 위한 핵심조직이 밝은사회클럽이다. 이러한 밝은사회클럽의 핵심조직 중의 한 분야가 청소년클럽이다.

필자는 이와 같이 중요한 한 분야인 청소년클럽의 활성화와 과제에 대하여 고찰해 보고자 한다. 먼저 청소년 역할의 중요성에 대하여 고찰해 보고, 밝은사회 청소년클럽의 현황, 활성화 방안, 활성화를 위한 과제에 대하여 고찰해 보고자 한다.

2. 밝은사회를 위한 청소년 역할의 중요성

1) 청소년의 개념과 위치

누가 청소년인가 하는 정의에 관한 질문은 대답하기가 매우 어렵다. 그것은 분야마다 청소년을 지칭하는 범위가 다르기 때문이다. 일반인들은 청소년이란 개념을 한정짓는 것이 그렇게 어렵지 않은데 그것은 우리사회에서 청소년이라 지칭함은 중고등학교에 해당하는 사람을 가리키는 것으로 무언의 합의가 이루어져 있기 때문이다. 그러나 청소년 발달학에서나 제도적으로 볼 때, 청소년의 범위는 이보다 훨씬 넓기 때문이다. 용어상으로 볼 때 청소년이란 말은 청년과 소년을 합해 놓은 것으로서 여기에는 소년기에서 청년기로 넘어

---

111) 신대순·이환호, 『밝은사회운동의 이론과 실제』, 서울, 도서출판 신아, 1995, p.77.

간다는 시간적 의미가 담겨있다. 또 청소년은 어른으로 성장해 가는 아직은 미성숙한 존재라고 개념적으로 정의할 수 있다. 이것은 청소년이 아동과 성인 사이의 과도기적 존재라는 것을 나타내는데, 청소년과 관련된 대부분의 이론들도 청소년기를 발달과정에서의 과도기로 설명하고 있다.112) 청소년은 미래사회의 주역이며, 청소년기는 미래사회의 주역이 되는데 필요한 자질을 개발하는 중요한 시기이므로 우리 사회의 미래는 오늘의 청소년이 건전하게 성장하느냐에 달려있다고 생각된다.

오늘날 청소년들은 어른들이 이해하기 힘든 이유 없는 반항과 방황을 하고, 갈등과 고민 속에서 괴로운 시간을 보내는 경우가 많다. 어른들과의 마찰이 자주 생기고, 사회구성원으로서의 성숙하지 못한 행동을 하는 경우도 가끔씩 있다. 신체적으로는 급격한 성장을 하지만 마음은 그만큼 성숙해지지 않고, 하고 싶은 일은 많은데 할 수 있는 여건은 제한되고, 이성에 눈을 뜨지만 현실적으로 해결할 수 있는 방안이 많지 않다는 점, 이상과 실제의 차이 등을 들 수 있다.

---

112) 이종복 외, 『현대청소년복지론』, 서울, 양서원, pp.10-12.

관계법령에서 규정하고 있는 청소년의 명칭과 연령범위를 보면

청소년 기본법	청소년	9-24세	
청소년 보호법	청소년	19세 미만	청소년금지
아동 복지법	아 동	18세 미만	요보호
근로 기준법	근로소년	15세 미만	사용금지
		15-18세	근로시간 제한
		18세 미만	금지직종 사용금지
소년경찰직무요강	범법소년	12-20세	우범소년
		12-13세	촉법소년
		14-20세	범죄소년
형 법	미성년자	14세 미만	형사미성년자
공 연 법	미성년자	18세 미만	관람금지
공중위생법	미선년자	18세 미만	출입금지

위의 책, p.14. 혹은 위의 책, pp.313-378.

위와 같이 규정하고 있으나 밝은사회 청소년클럽은 청소년 기본법에 준하여 조직하고 있다.

이와 같은 현실 속에서 오늘날의 청소년의 위치에 대하여 생각해 보자. 첫째 청소년 시절은 미래를 준비하는 단계이다. 정신적으로나 육체적으로 미성숙한 청소년 시절은 미래의 꿈과 희망을 설계하는 시기이다. 그러므로 이 기간 동안의 가치관과 사고의 완성도에 따라 장래의 인생관과 세계관, 국가관이 달라질 수 있기 때문에 이 시기는 대단히 중요한 시기라 생각된다.

둘째 청소년 시절의 생각과 행동은 바로 미래의 태도와 행동을 가늠하는 지렛대이다. 그러므로 이 기간 동안에 청소년들이 올바른 생각과 행동을 할 수 있도록 가정과 학교, 사회의 꾸준한 관찰과 계몽이 필요하다고 생각된다.

셋째 가정교육의 부재현상과 학교교육의 문제점을 안고 생활하고 있다. 오늘날 우리나라에서는 어릴 때부터 암기 위주의 주입식 교육으로 인해 합리적인 사고가 절대적으로 부족한 현상을 가져오고 있다. 학생들은 방과 후의 과외 교육으로 인해 친구들과 함께 어울릴 시간이 부족하여 어릴 때부터 대인관계를 통한 공동체 생활의 체득 기회가 부족하게 된다. 이로 인해 왕따를 당하거나, 소외되는 현상을 볼 수 있다. 또한 이웃과 부모, 사회의 중요성에 대한 인식이 부족하다.

넷째 사회에서는 청소년들을 위하여 윤리도덕을 가르치기보다는 입시 위주의 교육을 더욱 중요시하는 현상이다. 청소년들은 오늘날 입시를 위한 공부에만 전념하고 다른 것은 모두 부수적인 것이라는 사고를 가지게 하고 있다. 행정기관의 입시 정책이 이를 부채질하고 있는 현상이다. 또 대학에 가지 못하는 학생이나 이와 상관없는 학생들은 사회의 낙오자로 전락할 수밖에 없도록 제도적으로 되어 있다. 결국 이들의 종착점은 마약, 강도 등 청소년 범죄행위로 이어질 수밖에 없도록 되어 있다.

다섯째 청소년들은 너무 일찍 경쟁사회의 혹독함을 배우게 된다. 성적이나 통계, 개인능력, 개인의 장점을 통한 선의의 경쟁보다는 사회의 부정, 부패, 부조리, 학연, 지연 등을 통한 잘못된 경쟁에 더욱 민감한 반응을 하게 된다.

2) 청소년 문제의 발생

청소년기는 성인이 되는 준비를 하는 시기이며, 자아가 형성되는 시기이며, 이상에 사는 시기라고들 한다. 또한 이 시기는 문제의 시기이며, 불만의 시기이며, 고민의 시기이기도 하다. 청소년은 아동도 아니고 성인도 아니기 때문에 아동과 같이 의존적일 수도 없고, 성인과 같이 독립적인 생활을 할 수 있는 형편도 아니다. 이와 같이 청소년들은 많은 제약을 받고 있음에도 불구하고 등하교 시의 거리나 차속에서, 학교주변과 집 주변에서, TV나 각종 매스미디어, 부모나 이웃을 통해서 직간접적으로 사회를 배운다. 그들은 어른들이 만들어 놓은 주위 환경과 대중매체를 통해 비뚤어진 사회를 배우며, 퇴폐풍조의 만연, 각종 범죄의 빈발, 가치관의 부재, 돈이 제일이라는 황금만능주의를 보고 배운다. 이러한 결과로 청소년들은 다른 사람에 대한 배려 없이 자기 기분대로 행동하고 자신을 위해서 거침없이 행동하며, 극히 타산적이거나 인내심이 없고, 만사를 요령주의로 생각하며, 적당히 타협하고 매사를 쉽고 편하게 살려고 하고 있다는 평가를 어른들로부터 받고 있는 실정이다. 또한 학교 교육의 부적합성 때문에 많은 청소년들이 학교교육에 흥미를 잃고 있으며, 이들은 또 학교로부터 소외되고 방치되어 문제의 청소년으로 전락하고 있다. 강도, 폭행, 강간 등 청소년에 의해 저질러지는 각종 범죄가 증가하고 있으며, 미혼 10대의 임신과 성범죄의 증가, 마약 등의 약물 남용, 가출, 자살 등이 증가하고 있는 실정이다.

이러한 청소년들의 부정적인 측면에도 불구하고, 이 땅의 많은 청소년들은 아직도 건전하게 생각하고, 건전하게 느끼며 건강하게 성장하고 있다. 청소년 문제는 문제청소년 자신에 기인한다고 보거나 청소년 자신들에게만 책임이 있다고 할 수는 없다. 이것은 청소년들을 둘러싸고 있는 성인문화와 사회제도 및 환경에 가장 중요한 책임이 있다는 것을 간과할 수 없다. 이 문제의 해결방안은 부모의 자녀에 대한 무관심과 과잉보호, 방치, 타락된 사회환경 등 청소년을 둘러싸고 있는 제반 사회제도 및 환경의 문제점을 파악하고 개선하려는 노력이 전제되어야 한다.

근래에 들어와 청소년 문제는 청소년 비행과 동일시 취급하고 있으며, 이에 대한 연구에 초점이 모아지고 있는 것도 사실이다. 청소년 비행이라는 말은 폭력, 강도, 살인 등 형법에 저촉되는 범죄행위는 물론 음주, 흡연, 등 각종 풍기문란 또는 불량행위를 포함하는 광범위한 개념으로 사용하고 있다. 청소년문제를 청소년 비행에만 국한시키는 것은 청소년문제가 성인의 입장에서 일방적으로 규정되고 있는 것을 반영한다고 생각된다. 그러나 청소년 문제는 일반적으로 포괄적인 사회문제의 하나로서 청소년에 관한 사회문제라고 규정할 수 있다.113)

3) 청소년 문제와 밝은사회클럽

청소년과 관련된 가장 중요한 문제는 청소년을 건전한 사회인으로 성장시키는 문제이다. 즉 청소년의 사회화 문제이다. 사회화란

---

113) 도종수, "청소년문제", 『현대사회문제』, 서울, 사회문화연구소, pp.265-269.

사회성원이 되는데 필요한 태도·가치·사고 및 행동의 여러 가지 방식을 습득하는 과정이다. 사회의 관점에서 볼 때 사회화는 개인들을 확립된 문화전통과 조직화된 생활방식에 적응하게 하는 과정으로서 그 사회의 지속과 안정에 중요하다. 개인의 관점에서 볼 때는 개인의 성장발달을 위한 여러 가지 잠재능력을 실현함으로써 자아정체감을 획득하는 과정이다. 청소년의 사회화가 실제 수행되는 곳은 가정, 학교, 친우집단, 대중매체, 기타 사회환경 등이다. 현대사회의 급속한 변화는 가정과 학교의 사회화 내용이 친우집단과 대중매체 등 사회환경을 통한 사회화 내용과 상충되는 경우가 있다.

가정은 청소년 사회화 담당 기관 중에 가장 오래된 제도이다. 인간은 결혼하기 전까지는 대개 가정에서 성장하고 생활한다. 부모의 아이에 대한 양육방식과 가정교육은 아이의 정서적인 발달과 행동방식에 절대적 영향을 준다. 오늘날 가정의 기능이 약화되는 대신에 학교나 친우집단 등과 같이 밖에서의 활동이 증가하고 가정으로부터 독립을 추구하려하고, 가족과의 접촉이 점차 줄어들고 있다. 핵가족화가 진행됨에 따라 가족 간의 대화부족, 가정교육 미흡, 부모의 자녀에 대한 과잉보호, 지나친 기대 등의 문제점도 낳고 있다. 이것을 해소하기 위해 자녀와의 충분한 대화를 통해 그들을 이해하고 원하는 바를 충족시키려는 노력은 부족하다. 부모들은 자녀들을 이해하여 그들이 원하는 삶을 자율성과 책임감과 진취성을 가지고 스스로 개척하도록 도와주며, 자녀 중심적인 교육태도로 의식이 바뀌어야 한다.

학교는 청소년의 사회화 과정에서 오늘날 가정에 버금가는 역할을 담당하고 있다. 학교는 청소년들에게 사회의 축적된 지식과 기술을 가르치며, 사회생활에 필요한 가치와 규범을 가르친다. 학교에서 각종 규칙과 예의범절을 지키는 행동을 통해 규칙준수, 권위에 대한 복종 등을 배우며, 친구들과의 접촉을 통해 상호협력, 타협 등 사회생활에 필요한 기술을 배우기도 한다. 그러나 우리나라에서도 해방 이후의 학교와 교원, 학생의 급속한 증가에 따른 많은 문제점을 노출하고 있는 실정이기도 하다.

친우집단은 가족이나 학교와는 달리 사교를 위해 존재하는 청소년 사회화 담당기관이다. 청소년의 친우집단은 취미, 의복, 은어, 가치들을 공유하며, 여가활동을 같이 하며, 부모가 가르쳐주지 않는 정보나 학교가 가르쳐주지 않는 정보를 습득하는 통로이다. 이들은 상하관계이기보다는 대등 관계가 중심이 되고, 이들이 반사회적인 특성을 가지며 불량집단이 되고, 이들 청소년들은 사회적인 제반지식을 친우집단을 통해서 얻으려는 경향이 크며, 이는 청소년의 사회화에 많은 중요한 역할을 하게 된다고 생각된다.

대중매체는 전 세계를 하나의 생활권으로 하는 정보전파 및 문화확산, 정보교류에 중요한 역할을 하게 되므로 청소년의 사회화에 중요한 역할을 담당하고 있다. 이것은 대중매체가 유용한 정보교환 및 습득, 건전 문화의 확산 등 청소년들에게 긍정적인 역할을 수행할 수도 있지만, 악용 또는 남용되면 허위정보 유통 및 정보통제를 위한 조작, 저급문화의 전파 등 청소년들에게 부정적인 기능을 수행하기도 하며, 근래에는 대중매체가 지나친 상업주의와 편파적인 보도 등으로 인하여 많은 문제를 일으키며 청소년들을 오염시키고 있다고 해도 과언이 아니다.

이 밖에도 청소년의 사회화에 영향을 미치는 사회환경은 퇴폐·향락산업·청소년 유해업소의 증가현상이며, 사이버 상에서의 음란 사이트, 퇴폐 사이트 등을 들 수 있다. 위와 같은 청소년의 사회화를

담당하는 각종 제도들이 많은 문제점을 가지고 있으나 지속적으로
문제해결 노력을 하는 것이 필요하다.

다음으로 청소년 문화에 대해 살펴보자. 우리나라는 사회전체의
주도 문화 자체가 분명하지 않다. 그러므로 전통적인 주종관계의 강
조, 타율적인 학교교육의 영향으로 독특하고 창조적인 청소년 문화
가 생성되지 못하고 외래문화와 성인문화를 모방하는데서 크게 벗
어나지 못하고 있다. 청소년들의 생활양식을 보면 언어, 의상, 음악,
디스코, 자유스런 이성교제 등이 있다. 그러나 이러한 양식들이 청
소년들의 창조적이고 독특한 문화라고 보기는 어렵지 않을까 생각
된다. 오늘날 많은 청소년들이 성인들보다도 오히려 학교에서 더 오
랜 시간을 보내고 있는 실정이다. 청소년문화의 한 부분으로 청소년
들의 여가생활을 통해 그 문화의 일부를 살펴보고자 한다. 청소년들
이 하루에 갖고 있는 여가시간 조사한 최근 통계에 의하면 14.4%가
2-3시간, 27.1%는 1-2시간, 7.9%가 3-4시간, 46.2%가 1시간 미만을
여가시간으로 활용하고 있어서 하루 평균 여가시간이 1-2시간인 것
으로 나타났으며, 좋아하는 여가활동은 컴퓨터 통신·게임이 25.0%,
텔레비젼 시청과 라디오 청취 19.9%, 음악감상 11.3%, 수면·휴식
11.1%의 순서였다.[114] 또 이보다 18년 전의 조사보고를 보면 청소
년들이 하루에 갖고 있는 여가시간을 보면 24.4%가 2-3시간, 20.6%
는 1-2시간, 18.8%가 3-4시간을 여가시간으로 활용하고 있어서 하

114) 김광웅, "서울시내 초·중·고생 277명을 대상으로 '방과 후 여가활동 실태' 조사결과"(2003).
김교수(숙명여대)에 의하면 청소년의 45.1%가 만족한다고 응답했으며, 41.4%는 보통, 13.0%
는 불만족이라고 응답했다고 발표. 특히 초등학생과 중학생은 각각 54%, 53%로 비교적 높
은 편이었으나, 고등학생은 27%로 고교 진학 뒤 만족도가 예전의 절반 수준으로 급감하는
것으로 나타났다. 이번 조사에서 77.6%인 215명이 여가활동을 하고 있다고 답변했으며,
19.5%인 54명은 하지 않는다고 답변했다. 여가활동에 대한 저해 요인으로는 과도한 수업, 장
소부족, 방과 후 자율학습, 시설부족 등이 꼽혔다. 또 학생들이 사회에 바라는 여가시설은 체
육시설, 공원, 청소년 전용극장, 청소년 동아리 방, 댄스 연습실 등이었다.

루 평균 여가시간이 3시간인 것으로 나타났으며, 근로청소년인 경우는 2시간 40분으로 나타났다.(김영모 외, 『한국청소년연구』, 1985) 또 이들은 여가시간이나 주일의 쉬는 시간을 PC게임, TV시청, 낮잠, 독서, 라디오 듣기, 신문잡지 읽기 등을 하고 있는 실정이다.

이와 같이 시간적 차이가 있는 두 조사를 살펴보면 청소년들의 대부분은 여가시간이 훨씬 감소하는 현상을 보이고 있으며, 활동 자체도 컴퓨터 통신·게임 등에 많은 시간을 할애하고 있음을 볼 수 있다. 또 청소년들의 여가시간이 창의성이 없이 단조로운 것은 입시와 공부에 대한 무거운 중압감과 또 청소년들이 자유롭게 창의적인 활동을 할 수 있는 공간과 청소년들만의 휴식공간이 너무 부족하다는 것을 알 수 있다.

청소년들은 성인세대에 대하여 대체로 부정적인 견해를 갖고 있으며, 빈부 격차, 노동문제, 도시 농촌간의 격차 등에 대해서도 부정적인 시각을 갖고 있으며, 충동적인 성향이 높은 것을 알 수 있다. 이것은 대학입시와 공부에 대한 부담 때문에 활발한 친구와의 교제를 못하고 정서적으로도 불안한 상태에 있으며, 사회분위기가 황금만능주의와 퇴폐 향락 풍조가 만연하여 청소년들이 무방비 상태로 노출된데 그 원인이 있을 것으로 생각된다.

이와 같은 청소년들의 각종 문제에 대하여 건전한 여가선용과 교우관계의 원활, 사회활동에 대한 적극적인 참여 등을 유도할 수 있는 활동이 밝은사회 청소년클럽의 각종 활동이다. 청소년클럽은 여가시간을 이용하여 각종 프로그램을 통하여 건전한 봉사활동을 전개하며, 삼정명상을 통하여 심신을 수련하고, 공동체 속에서의 건전한 활동은 청소년들의 건전한 가치관을 형성하는 계기가 될 수 있다.

3. 청소년클럽의 현황

1) 청소년클럽의 조직 현황

밝은사회운동을 전개하는 핵심 수단인 밝은사회클럽은 성인클럽과 청소년클럽으로 분류된다. 청소년 클럽은 초등학생클럽, 중학생클럽, 고등학생클럽, 대학생클럽, 사이버 청소년클럽으로 구성된다. 현재 청소년 클럽은 1975년 경희대학교에서 대학생클럽이 조직된 이후에 초창기에는 경희대학교와 병설학교에서 시범으로 운영되어 오고 있었다. 그 후 1980년대 초부터 청소년클럽의 중요성을 강조하면서 대학생클럽을 조직하기 시작하였다. 또한 병설학교의 밝은사회클럽도 형식적인 아닌 실질적인 지역사회봉사가 되고 인류사회재건을 위한 기초작업이 될 수 있도록 개편하여 활동하기 시작하였다. 그러나 1980년대 우리나라의 어려웠던 여러 가지 상황은 성인클럽의 활성화를 도모하는데도 어려움이 많았다. 청소년클럽의 중요성을 인식하면서도 그에 부응하지 못하는 상황이었다. 그 후 1997년부터 시작된 경희대학교 입시 2학기 수시 모집에 밝은사회 선행자·효행자 분야를 모집하면서 청소년클럽 확산의 계기가 마련되었다. 이것은 밝은사회운동의 제창자이시고 국제본부 총재이신 조영식 박사께서 청소년 시절부터 봉사활동을 많이 하고, 효행선행을 많이 하여 심성이 착한 학생들을 성적과는 상관없이 선발하여 미래의 사회지도자가 될 수 있도록 배려해주시어 경희대학교에 입학을 하도록 제도화하여 주었다. 이렇게 선발되어 입학한 학생들이 현재 약 250여 명이다. 이들은 대학에 입학하여 선행자 대학생클럽을 조직하여 사랑과 우정이라는 이름으로 밝은사회 활동을 현재도 열심히 하고 있는 실정이다.

현재 청소년클럽 현황을 보면 대학생클럽이 전국의 10개 대학에

13개 클럽, 고등학생클럽이 20개 고등학교에 44개 클럽, 중학생클럽은 2개 중학교115)에 40개, 초등학생클럽은 2개 초등학교116)에 2개 클럽 등 총 99개 클럽에서 4,700여 명의 회원이 활동하고 있다.

외국에 있어서의 청소년클럽은 아직 거의 조직되어 있지 않으며, 그것은 앞으로의 과제라고 생각된다.

사이버 청소년클럽은 현재 회원이 성인들과 섞여 있는 실정이다. 밝은사회 홈페이지를 개설하면서부터 모집을 하였기 때문에 그 역사는 약 2년 반 정도밖에 되지 않는다. 회원의 분포는 초등학교 어린이에서부터 60대 이상의 어른에 이르기까지 다양하다. 아직 1개의 클럽으로만 구성되어 있다. 회원의 모집은 홈페이지에 들어와서 스스로 가입해야 하는 수동적인 회원모집에 의존하고 있다. 현재 사이버클럽은 1개 클럽에 200명의 회원117)이 활동을 하고 있다.

2) 청소년클럽의 사업 및 활동 현황

청소년클럽은 결성식 이후 각 클럽이 임원단과 지도교사(수)를 중심으로 치밀한 계획을 세워서 사업 및 활동을 전개하게 된다. 그 활동은 단기계획과 장기계획을 세워서 진행하게 된다.

대학생클럽의 활동을 보면 전국의 13개 클럽에서 자체적으로 월례회, 주기적인 고아원·양로원 등을 방문118)하여 자원봉사를 하거나 체육대회, 자연애호운동 등 다양한 활동과 사업을 전개해 오고 있다. 또한 각 클럽의 특성을 살려서 연극을 정기적으로 개최하여

---

115) 2개 중학교는 경희 중학교, 경희여자중학교이며, 전교생이 회원으로 등록되어 있다.
116) 2개 초등학교는 경희초등학교와 인제초등학교이며, 두 초등학교는 자매결연관계임.
117) 밝은사회 사이버클럽 회원 현황은(2003. 10. 20 현재) 초등학생 회원: 16명, 중학생 회원: 6명, 고등학생 회원: 94명, 대학생 회원: 22명, 일반인 회원: 63명이다. 이를 보면 고등학생회원이 다수이며, 다음으로 일반인이 관심을 많이 가지고 있는 실정이다.
118) 이환호, "밝은사회클럽 활동모형에 관한 연구", 『밝은사회연구』(18집), 서울, 밝은사회연구소, 1997, pp.104-106.

밝은사회정신을 알리는 클럽, 레크리에이션을 통하여 홍보하는 경우
도 있다. 경희대학교의 사우클럽은 의정부의 나눔의 샘 양로원에 정
기적으로 방문하여 봉사를 하고 있다. 또한 이들 대학생클럽을 통괄
하는 전국대학 밝은사회클럽 연합회가 조직되어 정기적으로 등산대
회와 자연애호운동, 하계수련회, 체육대회를 개최하여 회원들의 재
교육을 담당하고 있다. 또한 울산대학교의 문수클럽은 지역의 대학
생클럽으로서 영남지구의 각종행사에 자원봉사를 하면서 자체적인
수련회와 사업을 실시하고 있는 우수클럽이다. 대학생클럽은 사업계
획을 수립시에 지도교수와 임원, 그리고 차기임원들이 모여서 협의
한 후에 실시하고, 또 매번의 행사나 월례회의시에는 지도교수가 참
석할 수 있도록 임원단에서 연락을 하고 있다.

중고등학생클럽의 활동을 보면 다양하다. 그 내용을 보면 중랑천
의 쓰레기 줍기, 북한산이나 도봉산에서의 쓰레기 되가져오기 캠페
인, 양로원을 방문하여 노인 목욕시켜드리기, 청소해드리기, 빨래해
드리기, 양로원 노인들 다리어깨 주물러 드리기, 독거노인 식사 배
달해드리기 등 다양한 활동을 하고 있다. 특히 이렇게 각 클럽에서
봉사활동을 실시한 내용을 요약하여 1년에 1회씩 발표대회를 개최
하여 표창을 하고, 부상도 수여하는 제도를 내의 선동·동심·선황·
경황·동산 연합회 학생클럽에서는 전개해 오고 있다. 이들 학생클
럽에서는 봉사의 효과를 높이기 위해서 학부모들과 함께 봉사활동
을 가는 경우가 많다. 또한 이들 각 연합회에서는 봉사활동 한 내용
을 가지고 책으로 편찬하여 자료가 되게 하고 신입회원들이 본받고
귀감이 될 수 있도록 배려하고 있다. 특히 경희고등학교와 경희중학
교, 경희여중에서는 전교생이 밝은사회클럽 회원이 되어 1-3학년 학
생들을 알맞게 나누어서 클럽활동을 하고 있다. 이들은 선후배간의

우의도 돈독해지며 봉사활동도 재미가 있다는 이야기를 하는 것을 볼 때, 대견함을 느낄 수 있었다. 또 다른 학교의 중고등학생클럽도 지도교사가 학기 초에 1년 계획을 수립하여 교장선생님께 재가를 받아 시행을 하고 있다. 그러므로 중고등학생클럽에서는 지도교사의 위치가 대단히 중요하다.

초등학생클럽의 활동은 지도교사의 지도 아래 실시하고 있다. 매년 자체 수련회와 봉사활동을 하고 있다. 또 동산 어린이클럽은 현충일을 전후하여 국립묘지를 방문하여 무명용사들의 묘지 풀을 뽑아주는 봉사활동도 매년 실시하고 있다. 노인정을 방문하여 할아버지 할머니들을 위문하기도 하고, 보훈병원을 정기적으로 방문하여 환자들을 위문하는 활동 등 다양한 행사를 하여 밝은사회를 이룩하는데 앞장서고 있다.

또한 한국본부에서는 홍보수단의 일환으로 밝은사회 한가족 대행진 행사를 개최하여 서울경기 충청지역의 청소년클럽 학생들을 참가케 하여 종묘공원에서 광화문 열린 시민공원까지 거리질서 확립운동과 캠페인을 함께 벌이는 행사를 개최하여 1,000여 명의 청소년클럽 회원들이 참가하였다. 금년 2월에는 서울지역 청소년클럽 회원들이 참가하여 사랑의 찐빵 나누기 행사를 종묘공원에서 개최하여 1,000여 명의 노인들에게 찐빵을 나눠주고 위로하였다.

4. 청소년클럽 활성화 방안

1) 조직 확산을 통한 활성화

밝은사회국제클럽 한국본부에서는 청소년클럽의 활성화를 위해서 많은 토의와 협의를 거친 끝에 첫째 청소년운동본부를 결성하여 청소년클럽을 대대적으로 조직하고 청소년을 위한 제반 사업과 청소년 클럽과 관련된 모든 것을 담당하도록 할 예정이다. 이 운동본부에서는 조직을 한국본부의 조직과 유사하게 총재, 부총재, 감사, 지도위원, 자문위원 등을 두어서 각급 학교의 교장과 지도교사를 영입하여 활성화되도록 하고, 청소년클럽의 결성 등을 비롯한 모든 사무를 처리하도록 계획하고 있다. 처음에는 한국본부 산하의 조직으로 활동을 하면서 궁극적으로는 법인체로 발족하여 밝은사회 청소년운동을 전담하도록 한다는 계획이다.

앞으로 이 운동본부에서는 청소년클럽을 결성하고 이끌어갈 지도자를 양성할 계획이다. 청소년클럽 결성을 위한 지도자 양성프로그램인 중등교원 전문직 인성교육과정 특수분야 직무연수를 장기적으로 실시하여 중등교사들이 60시간씩 자발적으로 참여할 수 있도록 할 계획이다. 중등교사들은 이 프로그램에 참여하여 수료증을 받으면 승진에 가산점이 붙는 제도이다.

또 이 운동본부에서는 청소년 지도자 배출을 위한 다양한 프로그램을 개발하고자 한다. 초중고생을 위한 1일(혹은 1박2일) 학교를 개강하여 즐겁고 유익한 교육이 되도록 노력한다.

이 운동본부에서는 청소년클럽 지도교사의 선정 및 교육을 전담하도록 한다.

이 운동본부에서는 청소년클럽 활동을 위한 기금의 확보이다. 전문 행정요원을 통하여 인터넷을 통하거나 실제로 관련행정부서와 접촉하여 외부프로젝트를 확보하도록 노력한다. 금년에는 행자부에 신청하여 사이버 범죄예방을 위한 세미나 및 책자발간을 위해 4,000만 원의 예산을 확보한 것은 그 좋은 예이다. 앞으로도 계속하여 문광부 혹을 보건복지부, 관련 지방자치단체 등과 접촉하여 이러한 예산을 확보할 수 있도록 노력할 계획이다.

둘째 청소년클럽의 확산을 위해서는 성인클럽을 통해서 확산하도록 한다. 전국적으로 활동하고 있는 성인클럽의 협조를 받아서 성인클럽의 회원으로서 초중고대학의 교사나 교직원이나 이와 관련 있는 회원을 통해서 그들을 조직책임자로 위촉하여 청소년클럽을 조직하도록 한다. 청소년클럽은 학생들 스스로 클럽을 결성하기는 대단히 어렵다. 그 예는 영남지구의 학생클럽 조직과 내장산클럽에서 고등학생클럽을 조직한 것을 들 수 있다. 또 가족클럽의 확산을 통한 청소년 회원의 확산을 들 수 있다. 가족클럽은 말 그대로 온 가족이 모두 밝은사회클럽의 회원이 되어 활동하는 클럽이다. 2001년 12월에 처음으로 가족클럽이 조직된 이래 현재 2개 클럽 100여 명이 활동을 모범적으로 하고 있다. 가족클럽이 많이 결성될수록 그 만큼 청소년회원이 증가하기 때문이다. 또 초중고교에 청소년클럽 결성이 여의치 않을 시에 먼저 학부모클럽을 결성한 후에 청소년클럽을 결성할 수 있다.

셋째 청소년클럽을 대대적으로 조직하도록 노력한다. 초·중·고교학생클럽의 조직은 국가본부나 밝은사회연구소에서 정책적으로 조직하는 것이 바람직스럽다. 왜냐하면 학생들은 아직 밝은사회클럽의 개념과 사전 지식이 전혀 없는 상태이기 때문이다. 자생적으로 조직되도록 바라서는 안 된다. 이러한 초·중·고교의 학생클럽 조직도 조직적이고 체계적으로 해야 한다. 그것은 국가본부에서 각급학교의 교사들과 연결하여 지도교사로 위촉하고, 그 사람을 통해 청소년클럽을 조직케 하는 방법이 효과적이다. 이때는 지도교사가 모든 중간 매개역할을 하고, 그 지역의 성인클럽이 후원클럽 역할을 해야 한다. 또 지역의 단위클럽에서 그 지역의 초·중·고교에 일정 액의 장학금을 지급하면서 교장이나 교감에게 클럽을 조직토록 권 유하여 운영하도록 하는 방법이다. 이 경우에는 단위클럽에서 계속 적으로 학교에 지원을 해주겠다는 전제가 있어야 가능할 것으로 생 각된다. 다음으로 성인클럽의 회원이 교사로 있는 학교에서 교장의 허락을 받고 청소년클럽을 조직하여 운영하는 방법이다. 이 경우에 도 클럽의 계속적인 지도와 지원이 뒤따라야 학생클럽은 유지되고 발전할 수 있다. 청소년 클럽의 조직은 이들이 미래에는 성년이 되 어서 나라를 이끌어 갈 일꾼이 된다는 것을 생각할 때, 이들에 대한 투자와 조직지원은 가능한 한 많은 지원과 지도가 필요하며, 그렇게 함으로써 밝은사회는 앞당겨질 수가 있다고 생각된다. 대학생클럽의 조직은 성인클럽 회원 중에서 대학의 교직원이 있을 경우에는 그 회 원을 통해서 대학에서 뜻을 같이하는 총학생회 및 단과대학·학과 의 간부 혹은 일반 학생들을 모아서 밝은사회운동에 대한 필요성과 취지 설명을 하여 밝은사회 건설을 다짐하고 대학생클럽을 조직한 다. 또 성인클럽에서 지정된 대학에 밝은사회 정신이 투철한 학생을 선발하여 일정액의 장학금을 지급하고, 그 학생으로 하여금 조직케 한다. 다음으로 대학에 있는 성인클럽 회원의 친구교수나 선배·후 배·스승 을 통해서 지도교수가 되도록 권유하여 전폭적인 지원을 성인클럽에서 해주면서 조직한다. 또 고교생클럽에서 대학으로 진학 한 학생들을 선발하여 그로 하여금 자기 대학에 클럽을 결성토록 하 는 방법이다. 이 방법은 혼자하기에는 너무 벅차기 때문에 몇 명의 학생이 함께 조직할 수 있도록 지구나 국가본부나 성인클럽에서 지 원해 주는 것이 바람직하다.

넷째 인터넷을 통한 사이버 청소년클럽의 조직을 들 수 있다. 오

늘날 사이버상에서의 활동이 폭발적으로 확산되고 있는 이 시기를
잘 이용하여 전담요원을 배치하여 계속적인 활동공지와 새로운 사
업의 계획을 통하여 청소년들의 관심을 끌어서 사이버 회원의 증가
나 클럽이 확산되도록 노력해야 한다.

다섯째 청소년클럽의 확산을 위해서는 교육기관을 통한 활성화가
바람직하다. 청소년클럽 조직을 대대적으로 하기 위해서는 동기유발
이 필요하다. 그 중에 가장 큰 것이 밝은사회 선행자상 제도를 통한
동기유발이다. 이제 밝은사회 선행자 상 제도가 금년으로 8년째를
맞고 있기 때문에 전국의 각 고등학교에서도 이 상에 관심이 점차
많아지고 있다. 이러한 기회를 이용하여 청소년클럽의 조직을 독려
하고 클럽조직을 통하여 앞으로 밝은사회운동도 하고 선행자 상도
지속적으로 관심을 갖도록 한다면 일서이조의 효과가 있을 것이다.
또 이제 4회를 맞이하는 전국어린이 밝은사회 글짓기대회는 초등학
교에 청소년클럽을 결성할 수 있는 좋은 기회라고 생각된다. 앞으로
이러한 기회를 통하여 초등학교 교사와 교장들과의 유대를 강화하
여 점차적으로 클럽확산을 한다면 청소년클럽은 활성화가 되지 않
을까 생각된다.

여섯째 교육청을 통한 청소년클럽 조직으로 활성화하는 방안이다.
한국본부에서는 교육부 혹은 교육위원회, 교육청 등을 통하여 밝
은사회운동이 청소년들에게 가장 적합한 의식개혁운동이라는 것을
인식시켜 교육청이나 초·중·고교에 공문하달 형식을 취하거나 전
언통신문으로라도 인정해 주는 형태를 취한다면 밝은사회 청소년클
럽은 빠른 시일 내에 활성화될 수 있을 것이다. 이러한 청소년클럽
이 각급 학교에서 정규 과외활동으로 인정되어 조직할 수 있도록 학
교에서 허가하여 적극적으로 조직할 수 있도록 해 주는 방법은 대단

히 중요하다. 그러나 아직 거기까지 미치지 못한 것을 대단히 유감
스럽게 생각하며, 계속해서 한국본부에서는 노력하고자 한다.

일곱째 각종 청소년 단체의 밝은사회클럽 가입 및 연대를 통한 활
성화이다. 우리나라에는 수많은 청소년단체들이 활동하고 있다. 이
와 같은 단체들에 안내책자를 발송하여 청소년클럽의 활동상황을
소개하고, 가입하도록 권유하는 방법이다. 이것은 이들 사회단체들
에 밝은사회 성인클럽의 회원들이 관계하거나 관계가 있는 인사들
을 통하여 적극적으로 참여하도록 하는 방법이다. 그리고 이러한 청
소년 사회단체의 전환은 많은 시간과 인내가 필요하다. 만약에 청소
년클럽으로의 전환이 어려우면 단체가 회원으로 가입하는 방법도
검토할 만하다. 또 이들과 연대하여 각종의 행사를 하는 방법도 바
람직하다.

2) 사업 및 활동의 특성화를 통한 활성화

청소년클럽의 사업 및 활동의 특성화를 통한 활성화를 위해서는
첫째 각종 캠페인을 통한 청소년클럽의 활성화를 도모해야 한다. 지
난 6월에 개최했던 제1회 밝은사회 한가족 대행진 행사는 서울 경
기 충청지역의 청소년들이 참석하여 대성황을 이루었다. 캠페인은
한 가지만 할 것이 아니라 2-3가지 행사를 같이하는 것도 바람직하
다. 예로써 종로에서의 기념식과 거리질서 캠페인과 쓰레기 줍기,
오토바이 인도로 다니는 사람들 계몽하기 등도 겸하여 행사를 실시
하여 많은 호응을 얻었다. 그러므로 앞으로 매년 정기적으로 이 밝
은사회 한가족 대행진 행사를 개최할 계획이다. 또 사랑의 찐빵 나
누기운동도 정기적으로 실시하여 지역을 옮아가면서 전개하도록 하
고자 한다. 그리고 자연애호를 위한 각종 캠페인, 즉 유명한 등산로

의 입구에서 쓰레기 되가져오기 팜플렛을 나눠 준다던가 산불조심 리본을 달아주기 등 각종 캠페인을 벌이고, 또 등산로에 있는 쓰레기 줍기, 새집 달아주기운동 전개, 자연을 훼손하지 않기 등 많은 캠페인을 정기적으로 개최하여 청소년클럽을 활성화하도록 한다.

둘째 이웃돕기운동의 지속적인 전개를 통한 활성화이다. 청소년 클럽의 학생들이 실천할 수 있는 이웃돕기운동을 지속적으로 전개하는 것이 바람직하다. 소년소녀 가장들에게 일정액의 생활비를 조금씩 보태 준다던가, 장학금의 명목으로 보조해 준다던가, 이외에도 극빈자, 병들어 있는 노인, 생활 능력이 없어서 벌어먹지 못하는 사람, 결손가정, 모자가정, 환경미화원 등 우리 사회의 어두운 곳에서 빛을 보지 못하고 허덕이며, 어렵게 살아가고 있는 이들을 관심을 가지고 우리가 가진 것을 조금씩이나마 나누어주도록 하자. 그것이 물질적 봉사든 노력봉사든 가능한 만큼의 봉사를 하자. 또한 고아원, 양로원, 지체부자유아 시설 등을 방문하여 그들에게 하루를 노력 봉사해 주는 일은 정말 청소년들 스스로에게도 많은 생각을 가질 기회가 될 것이다. 또 청소년들이 학교에서 개인 간에 맺어주는 자매결연으로 시간을 정하여 정기적으로 해주는 봉사는 정말 값진 교훈이 될 것이며, 청소년클럽의 활성화에 많은 도움을 줄 것이다.

셋째 밝고 명랑한 학교 만들기 운동의 전개를 통한 활성화이다. 청소년클럽의 구성원들이 학교 내에서 모든 일에 솔선수범하고, 맡은 일은 최선을 다하며, 하루 한 가지씩 선한 일을 하며, 친구들이나 선생님께 서로 인사 잘하고 친절함으로써 학교에서 인정받고 신뢰받는 청소년클럽이 되도록 노력한다. 또 선생님께 대한 예의를 깍듯이 하고 인사를 잘하며, 학교 운동장과 실내 및 실외 등 주변 청소를 정기적으로 철저히 함으로써 학생들뿐만 아니라 이웃 주민들에게까지 칭찬 받는 클럽이 되도록 노력한다. 방과 후에 또 청소년클럽이 자율방범대를 편성하여 면학분위기를 조성하도록 하고, 이러한 모든 활동에 대하여 자원봉사 체험발표대회에도 참석하여 타 학생들이 귀감을 가지게 된다면 청소년 클럽의 활성화는 더욱 앞당겨질 것이다.

넷째 지도교사(수) 및 학교장과의 간담회의 정기적인 개최를 통한 활성화이다. 밝은사회 청소년클럽을 활성화하기 위해서는 이들 클럽을 맡고 있는 학교장과 지도교사에 대한 각별한 관심을 가지고 조언을 구해야 한다. 이들의 지도여하에 따라 청소년 클럽이 활성화될 수도 있고, 침체에 빠질 수도 있는 것이다. 그러므로 이분들을 정기적으로 초청하여 간담회를 개최하여 현재 클럽이나 학교에서 가장 시급히 해결해야 할 현안문제라든가 클럽의 활동에 대하여 상호 정보를 교환하는 등의 모임을 개최하는 것이 바람직하다. 지도교사들과 한국본부 임원들이 서로 만나는 횟수가 많아질수록 서로 신뢰감도 쌓이고 상호협조도 잘 됨으로써 활성화할 수 있는 기틀을 마련할 수 있을 것이다. 또 이러한 간담회는 서울에서만 개최하는 것보다는 지방을 순회하면서 골고루 개최하여 지방의 분위기도 파악하고 청소년클럽도 순회하는 계기가 되고 청소년 클럽의 활성화도 앞당겨지리라 생각된다.

다섯째 밝은사회 선행자 대회를 정기적으로 개최하여 활성화하는 방안이다. 이 대회는 청소년클럽 회원과 일반 초중고등학교의 학생들도 같이 참여하게 축제분위기가 되도록 유도한다. 여기에서 표창을 받은 학생들은 선행자 효행자상과 동일하게 취급할 수 있도록 대회의 성격을 한 단계 올려서 활동하도록 해야 한다. 이 선행자대회 프로그램은 웬만큼 정착이 되면 경희대학교의 수시2학기 입학시험에 지원할 수 있는 자격을 준다는 점에서 호응을 얻는 대회가 될 것으로 생각된다. 또한 이번으로 제8회째로 접어드는 선행상제도의 확산을 통하여 청소년클럽을 활성화할 수 있는 좋은 기회라 생각된다.

여섯째 전국적인 각종대회의 개최를 통한 활성화이다. 전국적으로 청소년들을 대상으로 하는 각종대회 즉 스피치대회, 글짓기대회, 사생대회, 어린이 음악회 등을 개최함으로써 이 대회에 정기적으로 참가하여 클럽의 위상을 높임과 동시에 참가인원들과의 유대강화를 할 수 있는 기회도 가질 수 있다고 생각된다. 이러한 대회를 개최하기 위해서는 많은 자금이 소요되고 인력도 소요된다. 그러한 조건들이 이 행사를 좌우하는 관건이다. 이와 같은 행사에 도우미로 참여함으로써 회원 상호간에 유대강화와 클럽의 발전에도 많은 도움을 줄 수 있을 것이다.

3) 청소년클럽 회원 재교육을 통한 활성화

인간이 사회생활을 할 수 있다는 것은 교육이 있기 때문이다. 우리가 학교교육을 받는 것도 결국은 교육을 통해서 남이 일찍 계발해 놓은 이론을 배워 사회생활을 조금이라도 쉽게 하기 위해서라고 생각된다. 조직생활에 있어서 무엇보다 중요시 되는 것은 교육이라 할 수 있다. 청소년클럽의 가입 초기에는 밝은사회운동에 대한 명확한 철학을 갖지 않고 참여할 수도 있다. 호기심에서 클럽회원이 되기도 하고, 친구의 권유로 마지못해 참석할 수도 있다. 경우에 따라서는 클럽회원이 되면 자기에게 어떤 이익이 있지 않을까 하는 기대심리의 작용으로 참여할 수도 있다. 이러한 그들에게 교육이 없다면 청소년 클럽에 대한 매력을 갖지 못할 것이며, 회원이 된 것을 후회할지도 모른다. 그러므로 학교별로 청소년클럽 자체교육 및 본부의 계속적인 재교육이 이 수시로 이루어져야 한다.

첫째 월례회 시 재교육을 할 수 있다. 청소년클럽도 원칙적으로는 매월 정기적으로 월례회를 개최하도록 되어 있다. 월례회에서는 기념식을 갖고 한 달 동안의 활동실적 보고와 앞으로 해야 할 사업방향을 토론한다. 그리고 회원간의 우의를 도모하면서 더욱 더 협동정신으로 회원들에게 밝은사회 이념을 고취시키고 클럽에 보다 적극적으로 참여할 수 있도록 독려한다. 사회자는 월례회가 회원교육장이라는 의식을 가지고, 기회 있을 때마다 밝은사회 정신을 회원들에게 고취시키는 데 역점을 두어야 한다. 지도교사와 회장은 인사말을 통해서 회원으로서의 긍지와 자부심을 가지고 보다 적극적으로 참여할 것을 당부한다. 월례회를 통하여 무엇인가 배워가는 계기가 되도록 하자. 월례회의 전 과정은 회원의 교육과 연관되어야 한다.

둘째 신입회원 입회 시 교육을 들 수 있다. 신입회원은 클럽에 가입한 것으로 모든 것이 끝나는 것이 아니다. 신입사원이 수습기간을 거쳐야 하듯이 신입회원은 밝은사회 이론을 배우고 습득할 수 있도록 여건조성이 중요하다. 강요형식이 아닌 자연스러운 방법으로 배울 수 있도록 회장단에서는 신입회원에 대하여 세심한 배려를 하여야 한다. 집회선서나 헌장을 낭독하도록 권유하고, 팜플렛이나 책자를 주고, 연구하여 발표하도록 배움의 기회를 제공해 준다. 신입회원에 대한 관리와 교육은 클럽활성화에 중대한 영향을 미친다. 최초 2~3개월 동안이 신입회원들에게는 대단히 중요한 시기이다. 청소년클럽의 신입회원은 대개 학기 초에 영입하기 때문에 본부나 연구소에 요청을 하여 특강연사를 초빙하여 교육하는 것도 바람직하다.

셋째 수련회 및 세미나를 통한 재교육을 들 수 있다. 수련회란 프로그램에 따라 일정장소에 집합하여, 회원 상호간 또는 클럽상호간의 친목을 도모하고, 협동정신을 고취하며, 목표의식을 명확히 하는 교육의 한 과정이라 할 수 있다. 수련회에는 청소년클럽의 자체 수련회, 클럽간의 합동수련회, 연합회 차원에서의 종합수련회를 들 수 있다. 청소년클럽에서는 적어도 1년에 1회 이상 자체수련회를 개최하여 밝은사회정신을 고취하고, 참여의식을 고취시키면서 재교육을 해야 한다.

자체 수련회는 청소년클럽 자체에서 실시하거나 초중고등학교의 계획에 따라 실시하는 경우 등 다양하게 할 수 있다. 수련회의 목적이 회원 상호간의 협동과 팀워크를 조성하자는 데 있기 때문에 화기애애한 분위기 속에서 진행되어야 한다. 외적으로는 부드럽고 친절하면서도 보이지 않는 가운데 엄한 규율과 질서가 포함되도록 해야 한다. 집단행동은 청소년클럽 규율의 범위 내에서만 자율이 인정되어야 한다.

합동수련회는 이웃 청소년클럽 또는 수개 청소년클럽이 합동으로 수련회를 개최하는 것을 말한다. 1개 클럽 단위로 추진하는 것보다 규모가 크기 때문에 수련회의 권위가 있고, 수준 높은 수련회를 할 수 있다는 장점을 지니고 있다. 그러나 연합회가 결성되어 있지 않은 상태에서 수 개 클럽의 결합은 신중을 기해야 한다. 여러 가지로 청소년클럽 회원들의 성격이나 지역이 다르고, 또 그들이 서로 잘 알지 못하는 사이이기 때문에 한자리에 모여 행동통일을 하는 데는 많은 어려움이 따른다. 그러므로 각 클럽의 회장단들이 사전에 모여 충분한 토론을 하고, 수련회에 대한 준비를 해야 한다.

합동수련회를 위하여 수련회 추진 위원회를 둘 수도 있으며, 일시적으로 연합회를 구성하여 연합회를 주도할 임원을 선정할 수도 있다. 또한 연합회 형식을 취하지 않고, 각 클럽회장이 공동으로 합의하면서 회의를 진행할 수도 있으며, 특정클럽으로 하여금 수련회를 주관하도록 할 수도 있다.

종합수련회는 지역 또는 국가본부 차원에서 전 청소년클럽 회원을 대상으로 실시하는 수련회를 의미한다. 종합수련회에서는 지도자로서의 자질을 함양하고, 밝은사회운동의 이념과 철학을 숙지하며, 밝은사회건설을 위한 지도자로서의 사명을 갖도록 하는데 목표를 둔다. 청소년클럽 회원 상호간에 친목을 도모하는 계기가 되며, 서로 모르는 사람끼리 대화를 나누고, 클럽의 성격을 자유스런 분위기 속에서 대화를 나눔으로써 청소년클럽에 대한 인식을 새롭게 하는 계기가 된다.

종합수련회에서는 친목을 도모하는 장도 마련해야 하고, 지도자로서의 자질을 함양하는 프로그램이 있어야 하며, 앞으로 추진해야 할 사업방향과 실천적 전략이 논의되어야 한다. 인간은 심리적으로 잘 아는 사람과 함께 있으려 하고, 대화를 나누려고 하므로 서로 모르는 타 학교 청소년클럽의 회원과도 가까워 질 수 있도록 노력하는 것이 바람직하다.

5. 청소년클럽 활성화를 위한 과제

1) 연수원 건립으로 지속적인 전문지도자 양성

밝은사회운동은 우리가 바라는 당위적 요청사회인 오토피아가 건설될 때까지 지속적으로 전개되어야 한다. 그러므로 국내에서 밝은사회클럽이 계속적으로 결성된다면 그들을 지도할 인력이 한국본부에는 계속적으로 충원되어야 할 것이다. 그렇게 되기 위해서는 우수 인재양성을 위한 전문 교육기관 즉 연수원을 건립[119]하여 장기적인 발전에 대비를 하는 것이 바람직하다고 생각된다. 이 건립된 연수원은 초기에는 성인클럽과 청소년클럽이 함께 사용할 수 있도록 해야한다. 청소년클럽에서는 평일에 사용하고 성인클럽에서 토요일과 휴일에 사용하면 효율적인 수 있다고 생각된다. 또한 청소년클럽을 조직할 전문지도자 양성을 위한 교육은 규정상 60시간의 교육을 받아야하기 때문에 방학을 이용하여 운용하고, 이들에게는 명사초청 특강과 밝은사회 지도자 과정의 특별과정을 더 할애하여 이론교육도 함께 실시함으로써 명실공히 밝은사회 지도자로서 청소년클럽을 이끌어갈 지도교사로서 충분한 자질을 키워주는 교육이 절대적으로 필요하다. 방학 때에는 청소년들을 위한 1박2일 혹은 2박3일의 전문 프로그램을 편성하여 운용하면 더욱 효과가 있을 것으로 생각된다. 청소년클럽 회원들에게는 재교육의 중요성을 인식시키고 점차 교육을 강화하여 1년에 1-2회씩 의무적으로 교육을 받도록 규정할 필요가 있다. 인간은 교육을 통하여 새로운 지식을 습득하고, 또 그 동안 잊고 있었던 자기의 소질도 다시 발견할 수 있기 때문이다.

또한 이 연수원은 1년 내내 교육을 할 수 있도록 프로그램을 운용하는 것이 바람직하다. 회원교육이 없는 날이면 정기적인 교양강좌나 밝은사회운동에 대한 강좌를 개설하여 시민들도 함께 이 운동에 동참할 수 있도록 유도한다.

이곳에서 배출하는 청소년 지도자는 앞으로 우리나라의 미래지도자로서 활동할 수 있도록 계속적으로 관심을 가지고 뒷받침해 주어야 한다. 교육을 받음으로써 끝나는 것이 아니라 평생동안 이 운동에 동참할 수 있는 지도자의 배출이 바람직하다. 이 연수원에는 전담요원을 배치하여 모든 업무를 수행할 수 있도록 하는 것이 바람직하다.

---

119) 이환호, "GCS클럽과 국내 NGO의 연대방안", 『밝은사회연구』(22집), 서울, 밝은사회연구소, 2001, p.150.

2) 성인클럽 및 사이버클럽의 확산 및 활성화

밝은사회운동은 어떤 한 개인이나 한 나라만의 운동이 아니라 전 세계적인 운동이며, 인류사회를 재건하자는 운동이다. 그러므로 이 운동은 전국적인 운동이 되어야 하고 전 세계적인 운동이 되어야 한다. 청소년클럽이 활성화되기 위해서는 먼저 성인클럽이 활성화되고 전국적으로 분포가 되어있어야 한다. 그러므로 성인클럽이 1개 지역에 1개 이상의 클럽 결성을 해야 한다. 성인클럽은 30명 이상의 회원이 확보되어 하나의 클럽을 결성하고 그 클럽을 통하여 밝은사회운동을 전개하게 된다. 밝은사회클럽의 확산은 한 지역에만 치중하는 것은 바람직하지 않다. 전국의 각 지역에 골고루 밝은사회클럽이 결성되어 사업을 펼칠 때, 가장 바람직한 형태이다. 그러므로 성인클럽은 전국적으로는 시, 군, 읍에 한 개 이상씩의 클럽이 결성되는 것이 가장 이상적인 형태이고, 그렇지 않을 경우 시, 군 지역에 한 개 이상씩 클럽이 결성되는 것이 좋다. 또한 성인클럽이 소재해 있는 곳에서의 청소년클럽의 조직은 그리 어렵지 않다고 생각된다. 청소년클럽의 조직은 성인클럽 회원들을 통해서 조직되는 경우가 많이 있기 때문이다. 이들 성인 클럽 회원들을 통해서 지도교사나 학교를 추천받아서 접촉을 하여 결성하는 경우가 대부분이기 때문이다. 지방에서의 청소년클럽 결성이나 청소년클럽 활동은 대부분 성인클럽과 연계하거나 함께 활동하는 경우가 많다.

또한 성인클럽이 없는 지역에서는 사이버클럽 회원을 확보하여 청소년클럽을 조직하도록 해야 한다.

현재 한국본부에서는 초등학생클럽과 중고등학생클럽 조직 확산을 위해서 계속적으로 노력하고 있다. 더욱이 금년에는 청소년을 위한 활동에 한국본부가 역점을 두고 있는 형편이므로 더욱 더 청소년클럽이 확산될 수 있도록 해야겠다.

3) 매스미디어를 통한 지속적인 밝은사회운동의 홍보

첫째 매스미디어를 통한 홍보이다. 청소년클럽을 홍보하는데 있어서 가장 효과적인 방법이다. 청소년을 위한 각종 행사를 주최시에 언론사와 공동주최로 하거나 혹은 후원 단체로 각종 매스미디어를 이용하면 효과적이다. 그 예로써 전국어린이 밝은사회 글짓기대회를 개최함에 있어서 소년동아일보와 교육부의 후원을 얻어서 행사를 하고 있음은 고무적이라 할 수 있다. 또 청소년클럽의 회원들이 각종 대회에 입상하여 매스미디어에 출현할 때, 청소년클럽에 대하여 소개하면서 청소년들에게 호감을 갖게 하여 클럽을 홍보하는 방법이다. 다음으로 모든 청소년클럽의 행사, 책자발간 등의 홉할 만한 내용이 있을 시에는 신문사나 방송국 등에 팩스로 내용을 알려서 기사화 혹은 동정란 등에 게재해 주도록 하는 홍보 방법이다.

둘째 적극적인 봉사활동을 통한 홍보이다. 우리사회의 그늘진 곳과 어려운 이웃을 돕는 봉사활동은 당연하다. 또 봉사활동은 보람된 일이다. 왜냐하면 어릴 때부터의 봉사를 통한 삶은 일생을 살아가는데 귀중한 체험이 될 수 있기 때문이다. 학생들이 농번기 등에 농촌 일손 돕기·캠페인 등을 매년 지속적인 사업으로 전개하여 신문이나 TV, 라디오 등을 통하여 홍보가 자연적으로 될 때, 그것은 가장 가치 있는 홍보가 되고 보람을 찾을 수 있다. 이 사업을 통한 홍보는 장기적이고 지속적으로 꾸준히 전개할 때만이 많은 효과를 거둘 수가 있다.

셋째 회원을 통한 홍보이다. 청소년클럽의 회원들이 주변의 친구·가족·친척·학원·기타 공공장소에서 만나는 각 부류의 청소년들에게 이 운동을 보급한다면, 이러한 홍보활동은 대단히 효과적이라 할 수 있다. 이 방법은 소극적인 홍보방법이지만 앞으로 청소년클럽의 조직이 확산될 때에는 많은 효과를 거둘 수 있다고 생각된다. 예로 1995년에 국제본부와 UN이 공동주최로 개최된 세계 청소년지도자 대회는 밝은사회운동의 홍보와 청소년클럽의 홍보에 대단히 효과적이었다고 생각된다.

넷째 각종 청소년단체를 통한 홍보를 들 수 있다. 우리나라에는 청소년들의 문제를 다루기 위한 각종 사회단체가 무수히 많다. 이들 단체들에 청소년클럽의 활동을 소개하고, 이들 각 단체에 청소년클럽 안내 책자와 회보·신문 등을 배부하여 홍보한다면 청소년클럽 활성화에 많은 도움이 될 것이다. 또한 타 청소년단체들과 자매결연을 맺음으로써 청소년클럽의 활동을 대외적으로 홍보할 수 있고, 또한 그 위상을 높일 수 있다고 생각되며, 이러한 각종 홍보활동은 청소년클럽의 활성화의 지름길이라고 생각된다.

다섯째 인터넷을 통한 홍보를 들 수 있다. 밝은사회운동이 전국적으로 확산되기 위해서는 유능한 인재와 재력가들이 많이 참가하여 이 운동을 전개하여야 한다. 또한 현대 사회는 고도의 정보사회이므로 밝은사회운동도 이러한 세계 조류에 편승하지 않으면 안 된다. 그렇게 되기 위해서는 밝은사회클럽의 홍보가 잘 되어야 한다. 그러기 위해서는 매스미디어의 각광을 받도록 해야 한다. 오늘날 첨단 정보매체를 이용하는 것이 바람직하다. 인터넷은 그 좋은 예이다. 이 인터넷 홈페이지에 청소년분야의 각종 설문조사와 청소년들에게 필요한 각종 지식을 전달해 줄 수 있는 코너를 효과적으로 개설하여 많은 청소년들이 이 홈페이지를 방문하여 홍보가 되도록 많은 노력을 기울이는 것이 중요하다고 생각된다. 이 홈페이지의 내용은 밝은사회클럽을 소개할 수 있는 밝은사회운동의 이념과 배경, 청소년클럽이 이룩한 각종 사업 및 앞으로의 계획 등 기본적인 것들을 소개하고 오늘날 청소년들에게 재미있는 분야의 코너를 개설하여 활용한다면 많은 홍보가 되고 밝은사회 청소년클럽에 대해서도 많은 관심을 가지며 궁극적으로는 청소년클럽의 홍보가 많이 될 것이다.

4) 청소년클럽 지원을 위한 기금의 확충

한국본부에서는 법인과는 별도의 장학기금[120]을 모금하여 전국적인 조직확산과 청소년운동본부 사업의 활성화에 기여하도록 하고자 한다. 예를 들면 첫째 청소년클럽 조직확산을 위한 각종 프로그램의 개발과 조직경비에 사용하여야 한다. 국내의 각 분야 지도자들에게 밝은사회를 이루기 위한 서신을 보내는 것 등이다. 둘째 밝은사회를 이룩하기 위해 자원 봉사자 및 청소년들을 위한 각종 사업 지원에 쓰여야 한다. 셋째 각종 청소년 시설 불우단체들의 지원에 쓰여야 한다. 갑자기 재앙을 당한 단체나 복지시설 등의 요청에 쓰이도록 해야 한다. 넷째 청소년들을 위한 수련 교육 사업에 쓰여야 한다. 청소년들의 수련 교육에 대한 투자는 국가의 장래에 많은 영향을 미치기 때문에 이 방면의 지원은 대단히 유익하다. 또한 이 기금으로 청소년지도자 양성을 위한 장학금 지급도 유익할 것으로 생각된다. 다섯째 청소년 직업훈련을 위한 각종 사업에 쓰여야 한다. 이것은 직장을 가지고자 하는 청소년들이 직장을 구하기 위해 준비하는 동안의 최소의 숙식비 등의 지원에 쓰이도록 해야 한다. 그리하여 장학재단에서 쓰이는 자금이 밝은사회 건설에 항상 유익한 도움을 줄 수

---

120) 김종대, "로타리 재단의 활동", 『로타리 코리아』 11월호, 서울, 로타리 코리아 편집위원회, 1992, pp.14-16.

있도록 철저한 기금의 관리가 요구되는 것도 사실이다.

이와 같은 기금의 확보를 위해 한국본부에서는 청소년운동본부 내에 장학위원회를 두고 이 사업을 추진할 계획이다. 또 전국의 회원이 참여할 수 있도록 독려할 예정이다. 현재로서는 국가경제의 어려움으로 인하여 그 발족시기가 조금 지연되고 있을 뿐 금명간 발족될 것으로 판단된다. 또한 한국본부와 재단법인 국제 밝은사회재단이 재경부의 공익성기부금 단체로 지정되어 있기 때문에 기부금은 면세 처리가 될 수 있기 때문에 기업인이나 봉급자들의 세액 공제혜택도 받을 수 있어서 일석이조의 효과를 볼 수 있다. 기부금액은 많고 적음에 전혀 구애받지 않고 본부에서 접수하고 있음을 알려두고자 한다.

6. 결론

밝은사회운동은 1975년 보스턴에서 개최된 제4차 세계대학총장회에서 한국의 조영식 박사에 의해서 제창되어 그 자리에서 600여 대학 총장들의 만장일치로 통과되어 전개되어 오는 인류사회재건운동[121]이다. 그동안 여러 가지 어려움 속에서도 한국 전역에서 밝은사회클럽이 결성되었고, 또 세계적으로 확산 일로에 있다. 이러한 밝은사회운동은 인류 모두가 전개해야 할 시대적운동이라 할 수 있다. 그러나 밝은사회클럽을 확산하고 사업을 전개함에 있어서 지금까지의 밝은사회운동의 경험을 바탕으로 세계적인 확산에 힘써야 하며, 클럽확산을 통해서 인류사회재건운동을 전개해야 한다.

---

121) 조영식, 『인류사회의 재건』, 서울, 을유문화사, 1975, p.262.

이상과 같이 청소년클럽의 활성화와 과제에 대하여 고찰해 보았다. 청소년클럽의 활성화는 성인클럽의 활성화를 전제로 하고 있는 만큼 인류사회재건연구원의 실천방법 연구와 실천의지도 대단히 중요하다고 생각된다. 이제 밝은사회 청소년클럽의 조직이나 사업은 아직 성인클럽에 비하면 대단히 미흡하지만 인내를 가지고 꾸준히 계속해서 조직과 사업을 전개한다면 우리가 바라는 인류협동사회는 앞당겨질 수 있을 것으로 기대된다.

우리 인간은 진정 인간이 중심이 되는 인류협동사회를 바라고 있다. 인류 모두는 한 가족으로써 평화를 정착시키고, 인간이 대우받고, 인간이 보람을 느끼고 모두가 공존공영하는 인류협동사회를 건설해야 한다. 이러한 인류협동사회를 건설하기 위하여는 UN이 중심이 되는 PAX UN[122)]을 만들어 인류 모두가 UN을 중심으로 평화와 번영을 추구할 수 있도록 해야 할 것이다. 그러므로 인간은 물질이나 제도에 노예가 되어서도 안 되며, 인간이 존중되고, 보호받는 인간중심의 사회를 건설하여야 한다. 즉 정신적으로 아름답고, 물질적으로 풍요하고, 인간적으로 보람 있는 사회, 즉 오토피아를 이루어야 한다.

이러한 인류사적 과제는 인류가 함께 동참하는 사회운동을 통해서 실현될 수 있다고 생각된다. 밝은사회 정신을 인류의 의식 속에 각인시키고, 또 인간이 인류사회재건의 주역임을 깨닫고, 인류협동사회 건설에 매진해야 할 것이다. 밝은사회운동을 인류모두가 전개할 수 있도록 하는 길이 인류사회재건의 지름길이며, 또 오토피아를 이루는 지름길이 될 것이다.

---

122) 조영식, 『Pax UN을 통한 지구공동사회 건설』(제21회 세계평화의 날 기념 국제학술세미나 기조연설), 서울, 경희대학교, 2002, pp.38-43.

하영애

건국대학교 정치외교학과 졸업
건국대학교 대학원 정치학 석사
국립대만대학교(National Taiwan University) 정치학 박사
경희대학교 후마니타스칼리지(Humanitas College) 교수
북경대학(2010), 청화대학(2011) 방문교수
사단법인 한중여성교류협회 회장
사단법인 한중우호협회 부회장
민주평화통일 자문위원회 위원
고등 검찰청 항고심사회 위원 (역임)
사단법인 밝은사회 국제클럽 한국본부 서울클럽 회장
한국여성단체협의회 이사, 국제 관계 위원장 (부회장 역임)
경희대학교 여교수회 회장

조영식과 평화운동, 2015.
한중사회속 여성리더, 2015.
韓中 사회의 이해, 2008.
臺灣省縣市長及縣市議員 選擧制度之硏究, 2005.
밝은사회운동과 여성, 2005.
지방자치와 여성의 정치참여, 2005.
중국현대화와 국방정책, 1997.
한국지방자치론(공저), 1996.
대만지방자치선거제도, 1991.

이환호

경희대학교 사학과 졸업
경희대학교 대학원 문학 석사
경희대학교 대학원 문학 박사
경희대학교 인류사회재건연구원 교수
사단법인 밝은사회국제클럽한국본부 사무총장
사단법인 한국 대학교수 새마을 연구회 부회장
사단법인 한국 지역복지정책연구회 감사
제17기 민주평화통일자문회의 자문위원
서울시 녹색 서울시민위원회 위원
서울시 쓰레기 함께 줄이기 시민운동본부 위원
대통령 직속 사회통합위원회 세대분과위원 (역임)
동대문구 구정 자문교수단 자문교수 (역임)

밝은사회클럽의 규정과 의전, 2000.
밝은사회클럽의 의식 길잡이, 2003.
밝은사회 청소년클럽의 실제, 2008.
밝은사회운동 용어사전, 2010.
밝은사회운동 용어사전(개정판), 2012.
동양문명의 역사(공저), 1998.
밝은사회운동의 이론과 실제(공저), 1995.
밝은사회로 가는 길(공저), 1997.
새로운 천년 밝은사회 건설(공저), 1999.
그 외 20여 편 논문

조영식과 사회운동

초판인쇄 2016년 12월 30일
초판발행 2016년 12월 30일

지은이 하영애·이환호
펴낸이 채종준
펴낸곳 한국학술정보㈜
주소 경기도 파주시 회동길 230(문발동)
전화 031) 908-3181(대표)
팩스 031) 908-3189
홈페이지 http://ebook.kstudy.com
전자우편 출판사업부 publish@kstudy.com
등록 제일산-115호(2000. 6. 19)

ISBN 978-89-268-7808-8 93330

이 책은 한국학술정보㈜와 저작자의 지적 재산으로서 무단 전재와 복제를 금합니다.
책에 대한 더 나은 생각, 끊임없는 고민, 독자를 생각하는 마음으로 보다 좋은 책을 만들어갑니다.